U0101081

王保顶 著

前四史 解读

江苏人民出版社

图书在版编目(CIP)数据

前四史解读/王保顶著.—南京:江苏人民出版社,2023.6(2023.11重印)
ISBN 978-7-214-27366-6

Ⅰ.①前… Ⅱ.①王… Ⅲ.①中国历史-古代史-纪传体-史籍-研究 Ⅳ.①K204.2

中国版本图书馆 CIP 数据核字(2022)第 126427 号

书 名	前四史解读
著 者	王保顶
责 任 编 辑	朱晓莹
装 帧 设 计	周伟伟
责 任 监 制	王 娟
出 版 发 行	江苏人民出版社
地 址	南京市湖南路 1 号 A 楼,邮编:210009
照 排	江苏凤凰制版有限公司
印 刷	南京爱德印刷有限公司
开 本	890 毫米×1240 毫米 1/32
印 张	11.875 插页 4
字 数	220 千字
版 次	2023 年 6 月第 1 版
印 次	2023 年 11 月第 6 次印刷
标 准 书 号	ISBN 978-7-214-27366-6
定 价	78.00 元

(江苏人民出版社图书凡印装错误可向承印厂调换)

目　录

《史记》解读

一、作者及成书过程 / 003

（一）源远流长的世系 / 003

（二）壮游、奉使与扈从 / 006

（三）"李陵之祸"与发愤著史 / 015

（四）《史记》的注释及版本 / 021

二、《史记》的概况 / 028

（一）体例及结构 / 028

（二）《史记》的写作目的 / 036

（三）《史记》的思想 / 045

（四）《史记》的文学成就 / 066

三、《史记》的影响 / 088

《汉书》解读

一、作者及成书过程 / 099

（一）任侠与尚儒的家风 / 099

（二）由私撰到官修 / 104

（三）白虎观会议、大漠从军及窦氏之狱 / 107

（四）《汉书》的注释及版本 / 114

二、《汉书》的概况 / 118

（一）《汉书》的体例 / 118

（二）《汉书》的内容 / 124

（三）理性、民本思想与正统观念 / 142

（四）不朽文章骨，长垂山水清 / 154

三、《汉书》的影响 / 167

《后汉书》解读

一、作者及成书情况 / 175

（一）世代为官 / 175

（二）恃才傲物与宣城之贬 / 177

（三）谋逆之诛 / 181

（四）《后汉书》的补作、注释及版本 / 184

二、《后汉书》的概况 / 188

（一）《后汉书》的结构及体例特点 / 188

（二）正一代之得失 / 205

（三）贵德义与薄公卿 / 229

（四）以意为主，以文传意 / 248

三、《后汉书》在中国史学史上的地位 / 260

《三国志》解读

一、作者及成书过程 / 267

（一）陈寿与《三国志》的著述 / 267

（二）《三国志》的注释及版本 / 272

二、《三国志》内容及裴松之的《三国志注》 / 275

（一）体例及结构 / 275

（二）《三国志》的思想 / 287

（三）《三国志》的文笔 / 291

（四）别具一格的裴松之《三国志注》 / 297

（五）从《三国志》到《三国演义》 / 318

三、《三国志》的评价 / 326

附录 / 331

论董仲舒与司马迁《史记》著述之关系 / 333

后汉风谣、清议与士人品格 / 347

以史证经：章学诚"六经皆史"意义新诠 / 358

后记 / 373

《史记》解读

司马迁的《史记》是一部非常重要的史书，开创了以人物传记为中心的纪传体史书体裁，在中国史学史上产生了深远的影响，清代将历代纪传体史书合称为"二十四史"，成为举世无匹的五千余年文明史的完整记录；《史记》中体现了非凡的思想，在政治、经济、文化等各个领域都展现出炫目的光辉；《史记》又是一部优秀的文学作品，其历史散文风格成为后世仰慕、效法的典范，在中国文学史上占有重要的一席之地。　司马迁为我们留下了一笔丰厚的文化遗产。

一、作者及成书过程

（一） 源远流长的世系

司马迁，字子长，西汉左冯翊夏阳（今陕西韩城）人。据他在《史记·自序》中叙述，其祖先远溯到颛顼时代为掌管星象历法的天官重、黎氏。颛顼之时，重为南正，黎为北正，"正"即长官。南正为天官，掌观星象、定历法；北正为地官，执掌农事。周宣王时，重黎的后人程伯休甫军功显赫，为司马，于是居官为姓，称司马氏，世为周室太史。春秋、战国时期，礼崩乐坏，天下纷争，王室名存实亡，史官制度当然难以存留，司马氏史职中绝。东周惠、襄王时，司马氏去周适晋，到了五霸之首的晋国。可是好景不长，晋文公之后，大夫势力凸显，晋公室陷入一场持久的内乱，结果酿成韩、赵、魏三家分晋，司马氏各奔前程，一支到卫国，一支到赵国，另一支到秦国。

在卫国的一支司马氏后来在政治上颇有作为，司马喜做了中山国的相,《战国策·中山策》言"司马喜三相中山"。20 世纪 70 年代,河北平山出土一铁足大鼎,长篇铭文证实为中山王赐予国相司马贮的器物。而在赵国的一支司马氏似乎染上燕赵慷慨任侠之风,与刀剑结下深缘。司马凯生蒯聩,即《史记·刺客列传》中与著名刺客荆轲论剑的盖聂,其后人司马卬在秦末助项羽灭秦有功,被封殷王。据《晋书·宣帝纪》载,司马卬即是三国时期与诸葛亮较量斗法的名将司马懿的祖先。

司马迁属于入秦的一支。入秦的司马氏定居少梁(今陕西韩城南西少梁),累世不徙,约过了三百年,司马错显于秦,官至蜀郡守,这是司马迁有确切世系可考的始祖。自司马错始司马氏世代仕宦,秦有事白起的司马靳及铁官司马昌。入汉后昌子司马无泽为汉市长,无泽子司马喜为五大夫,喜子即太史令司马谈,司马谈子司马迁。

由上述司马氏世系可以看出,五帝时重、黎氏的史迹渺不可考,历春秋、战国、秦至汉的建立,天下兵戈不息,司马氏分道扬镳,更无缘从事史职这样的斯文事业,一直到汉兴几十年后的武帝时期司马谈才据史职。司马迁强调司马氏的史职渊源,无非是加强自己的使命感,以先人自励,坚定遭受奇耻大辱后著史的信念与决心。

在司马氏家世中,对司马迁影响最著的当推其父司马谈。司马谈生年不详,生活在文、景、武帝时期,武帝建元、元封间为太史令。太史令官阶不高,秩六百石,职掌天官,即天时星历之事,与其远祖重黎氏相同。司马谈勤于问学,向当时著名的天文学家唐都学天官,跟随《易》学家杨何习《易》,又向黄生学黄老之术。司马谈生活在"休养生息"的文景时代,切身感受到无为而治的黄老政治为汉初带来"文景之治"的繁盛景象,又目睹了好大喜功的武帝内外"兴作"对汉王朝造成的危害,在对战国诸子思想的总结比较中,明显地体现出服膺黄老的倾向,撰成《论六家要旨》。这是一篇非常重要的文献,载于《史记·太史公自序》中,对司马迁《史记》的撰述产生了深刻影响。

在《论六家要旨》中,司马谈把战国以来各家学说概括为阴阳、儒、墨、名、法、道六家,认为"天下一致而百虑,同归而殊途",指出六家学说都是为治理天下而开出的药方,这点上比先秦各家间党同伐异、相互攻讦要高明得多。接着司马谈逐一分析六家学说的长处和不足:儒家以六艺为教条,繁文缛节,"博而寡要,劳而少功",但言君臣父子之道,序夫妇长幼之别,即注重社会和人伦秩序,"虽百家不能易也";墨家讲求俭朴,过分吝啬,不别尊卑,"俭而难遵",但主张强本节用,人给家足,"虽百家弗能废也";法家不别尊卑贵贱,一断于法,"严而少恩",但主张君尊臣卑,谨上下之别,"虽百家弗能改也";阴阳家言吉凶灾祥,"未必然也",但言春夏秋冬四时之大顺,"不可失也"。六家之中只有道家切于人事世道,使人精神专一,与时迁移,应物变化,遵循自然,以"虚无"为本,以"因循"为用,无为无不为,"指约而易操,事少而功多"。

很显然,司马谈《论六家要旨》的写作是以汉初文、景时代为背景的,对道家的肯定也就是对无为而治、休养生息政策的肯定,主张以道家思想为本,兼收各家的长处,实现一个长治久安的社会。司马迁吸收了其父的思想见解,《史记》之中洋溢着对文、景太平盛世的赞赏与憧憬,同时流露出对"今上"武帝劳民兴作的批评与刺讥。

作为一名史官,司马谈谨守职责,参与了很多朝廷重大礼仪的制订,如元狩二年(公元前 121 年)冬与祠官吕宽舒议定了祭祀后土的仪式,元鼎五年(公元前 112 年)冬参与制订封建国家最隆重的礼节——封禅大礼。可惜时运不济,两年之后的元封元年,武帝正式东巡泰山举行封禅,司马谈侍从武帝中途患病滞留洛阳,抱憾撒手尘寰。临终前司马谈把著史的重任托付给司马迁,要他弘扬祖先的业绩,完成著史的宏业。司马迁受公临终嘱托,成为后来著史的精神支柱。

(二) 壮游、奉使与扈从

景帝中元五年(公元前 145 年)司马迁出生在夏阳①。在其家乡东北方向近百里即今山西河津县与陕西韩城县交界处有一山名龙门山,黄河横穿峡谷而过,《尚书·禹贡》言"导河积石,至于龙门",传说由大禹为疏通黄河开凿而成。这里山高谷

---

① 关于司马迁的生年学术界仍有不同看法,主要有中元五年(公元前 145 年)与建元六年(公元前 135 年)二说,两者相差十年。本文认为前说较妥,故采前者。

深,水流湍急,充满神奇色彩,传说每年江海的鱼溯游群集于此,争跳龙门,跳上去者即化为龙腾空而去,跳不上去者便点额暴腮,触岩而亡,这就是"鲤鱼跳龙门"的神话故事。司马迁生于韩城,在《自序》中自豪地宣称"迁生龙门",以百里之外的龙门作为自己的出生地望,是否蕴含着龙门神话的文化意味呢?他就是一条从龙门腾飞的华夏文明史上的文化巨龙。

司马迁在家乡度过了近二十年的耕读生活。《自序》说:"迁生龙门,耕牧河山之阳,年十岁则诵古文。"他出生在一个小康之家,祖父司马喜为五大夫,父亲司马谈为太史令,官阶不高,秩禄自然也不丰厚,这样的家境却为司马迁的成长提供了十分优越的条件。一方面,他耕牧桑梓,切身体验社会下层人民的生活,少却富家子弟游手好闲的恶习;另一方面,尚称殷实的家境为他读书提供了可靠的物质保障,使他自幼受到良好的文化熏陶。家乡秀丽的田园风光及文化知识的陶冶,成为他日后壮游天下、踏勘史迹的诱因。

"年十岁则诵古文","古文"相对于汉代通行的文字"今文"而言,指战国时文字。春秋、战国是文化昌明的时代,诸子百家为阐发各自的政治见解,著书立说,开坛授徒,形成"百家争鸣"的繁盛局面,留下了大量典籍。秦始皇统一六国,实行愚民的文化钳制政策,焚灭诗书。汉兴以后,典籍匮乏,只有少量藏匿下来的先秦典籍流传世间,称"古文"书。汉廷在鼓励天下献书的同时,又鼓励年长儒士凭记忆口授经典,派专人笔录,因用汉代通行文字记载,故称"今文"书。司马迁少时去秦未远,僻居乡间,无缘见到今文典籍,只能看到先秦的古文文献。战国各诸侯国文字各不相同,加之年代久隔,年仅十岁的司马迁阅读古文文献难度是可想而知的。幼年的读书经历也为他打下了坚实的史学基础,他在《史记》中常有提及,如《五帝本纪》赞:"总之不离古文者近是。予观《春秋》、《国语》,其发明《五帝德》、《帝系姓》章矣。"《三代世表》序:"余读《谍记》,黄帝以来皆有年数。稽其《历谱牒》、《终始五德之传》,古文咸不同,乖异。"《吴太伯世家》赞:"余读《春秋》古文。"如此等等,不胜枚举。

建元二年(公元前 139 年)武帝在其母王太后的原籍槐里县(治今陕西兴平东南)茂乡修建自己的陵园,称茂陵。次年,以钱财为诱饵,鼓励人民迁徙茂陵。元朔二年(公元前 127 年),武帝为加强对天下豪强的控制,采纳主父偃的建议,强令天下郡国豪强及家赀在三百万以上者迁徙茂陵。论家产司马氏不够迁移的资格,更与"豪强"无涉,因司马谈为太史令,是皇帝近臣,也于这年举家迁到茂陵,司马迁时年 18 岁。

茂陵与长安近在咫尺,司马迁并不迷恋京师的声色犬马,两年之后便踏上了壮游的旅途。这次游历地区主要在江淮地带,也是汉以前人类历史活动的主要区域,《自序》中说:

> 二十而南游江淮,上会稽,探禹穴,窥九嶷,浮于沅、湘;北涉汶、泗,讲业齐、鲁之都,观孔子之遗风,乡射邹、峄;厄困鄱、薛、彭城,过梁、楚以归。

结合《史记》中的有关记载,我们可以绘出司马迁的壮游路线图:

从京师长安出发东南行,出武关(今陕西商南县境),经南阳(今河南南阳),南下由南郡(今湖北江陵)渡长江,溯沅水至湘西,又折向东南到九嶷,传说舜南巡卒后葬于此处。后北上长沙,至屈原自沉的汨罗江,深为屈原的悲惨遭遇而叹息,"适长沙,观屈原所自沉渊,未尝不垂涕,想见其为人"(《屈原贾生列传》赞)。

凭吊屈原后,越洞庭,出长江,顺流东下,登庐山,考察禹疏九江的遗迹,"余南登庐山,观禹疏九江"(《河渠书》)。又顺江东下,辗转到钱塘(今浙江杭州),上会稽山(今浙江绍兴南),传说禹在此大会诸侯庆功,因名会稽,山上有禹穴,即禹当年下榻之处。越王勾践在此卧薪尝胆,十年生聚,十年教训,终报吴灭国之仇。北上吴(今江苏苏州)观看了战国四君子之一楚春申君的宫室及吴王阖闾的古迹,登姑苏山,远眺五湖,湖水烟波浩渺,横无际涯,感叹:"甚哉!水之为利害也。"(《河渠书》)

司马迁北上渡江至淮阴(今江苏淮阴西南),这里是汉名将韩信的故乡及封地,聆听了乡绅遗老叙说的有关韩信的故事,他说:"吾如淮阴,淮阴人为余言:韩信虽为布衣时,其志与众异,其母死,贫无以葬,然乃行营高敞地,令其旁可置万家。余视其母冢,良然。"(《淮阴侯列传》赞)接着北渡淮水,沿泗水向北,到达故鲁都城曲阜(今山东曲阜),这里是孔子的故乡、儒家文化的发祥地。司马迁至此亲身感受到儒家文化的礼乐氛围,诗书传家，习礼讲乐，一派斯文景象，不由得赞道："余读孔氏书，想见其为人。适鲁，观仲尼庙堂车服礼器，诸生以时习礼其家，余低回留之不能去云。"（《孔子世家》赞）敬仰徘徊，不忍离去。又到齐国都城临淄（今山东临淄），在邹县仔细察看了邹峄山的秦始皇颂德石刻，并在此习饮酒、射箭的礼节。

告别齐、鲁礼义之邦，司马迁南下至风俗迥异的薛（今山东滕州东南）、彭（今江苏铜山）。薛是齐孟尝君的封地，"其俗间率多暴桀子弟，与邹、鲁殊"（《孟尝君列传》赞）。彭为项羽的都城，相毗邻的沛（今江苏沛县）、丰（今江苏丰县）是秦末农民战争及楚汉战争的主要战场，陈胜、吴广在沛郡蕲县（今安徽宿州）起义。项羽籍属下相（今江苏宿迁），与沛相隔不远，刘邦及其文士武将卢绾、萧何、曹参、周勃、樊哙、夏侯婴、周昌等皆属沛郡。这里经长时间战乱，民风强梁横暴，民生凋敝，司马迁在此常受困扰，不过还是收集了大量口碑材料，如刘邦早年的种种无赖行为及其文士武将的轶事，为他们的传记积累了珍贵的口碑材料。最后，司马迁过大梁（今河南开封），回到京师长安。

这次漫游的目的非常明确，就是对历史进行实地踏勘。"读万卷书，行万里路"是古人对完整人格的要求，文献中的理性知识与考察的感性体验相结合，印证了历史文献，增加对历史的感性认识，乃至对其文学风格亦产生深刻的影响。明清之际学者顾炎武评论说："秦楚之际，兵所出入之途，曲折变化，惟太史公序之如指掌。……太史公胸中固有一天下之势，非后代书生之所能讥也。"①宋文学家苏辙评论司马迁的文章风格说："太史公行天下,周览四海名山大川,与燕、赵间豪杰交游,故其文疏荡,颇有奇气。"②陆游《感兴》诗赞道："饱以五车读,劳以万里行。险艰外备尝,愤郁中不平。山川与风俗,杂错而交并。邦家志忠孝,人鬼参幽明。感慨发奇节,涵养出正声,故其所述作,浩浩河流倾。"我们今天阅读《史记》,对上述学者所言都会有切身的感受。

司马迁回到茂陵,向古文大师孔安国习古文,向经学大师董仲舒学《公羊春秋》。孔安国为孔子后裔,学识渊博,元朔二年(公元前127年)为博士,元狩六年(公元前117年)出为临淮(治今江苏泗洪南)太守。司马迁问学当在孔安国出守之前,年在23至29岁之间。董仲舒是儒学的重要人物,其思想深刻影响了汉武帝,并进而对封建政治产生深刻影响。他于元狩二年(公元前121年)致仕,居茂陵,卒于元狩六年(公元前117年),司马迁问学当在此期间,差不多与问学孔安国同时。司马迁问学孔安国、董仲舒时间虽短,对他的影响却很大。汉人治学甚重师承家法,如果说问学孔安国为《史记》撰述准备了史学上的基础,问学董仲舒则为《史记》的撰述准备了思想理论上的基础。

司马迁大约在元狩五年(公元前118年)、27岁时走上仕

① 顾炎武:《日知录》卷二六。
② 苏辙:《栾城集》卷二三《上枢密韩太尉书》。

途,出仕郎中。郎中是宫廷内职位并不高的官职,据《汉书·百官公卿表》载,郎官俸禄甚低,比三百石,"掌守门户,出充车骑",即皇帝在宫时守卫宫门,出巡时侍从车驾,因而是皇帝的近侍。职位不高,却是贵胄子弟梦寐以求的美差。出仕郎中后与父亲太史令司马谈侍从武帝出巡,元鼎五年(公元前112年)西行至雍(今陕西凤翔),过陇,登崆峒山(今甘肃平凉市西)。次年,奉武帝之命出使西南,《自序》中说:"奉使西征巴蜀以南,南略邛、筰、昆明,还报命。"奉使西南是司马迁游历生涯的重要组成部分,对司马迁的民族观及《史记》中西南民族的记载有重要影响。

汉武帝是一个雄才大略的君主,时当国力强盛,他致力于开拓疆土,经略西南夷。西南夷是西夷和南夷的总称,其地域以巴、蜀为中心,以南称南夷,以西称西夷。武帝经营西南夷早在建元六年(公元前135年)就开始了,派唐蒙攻略西南,然后两度派辞赋家司马相如出使安抚。元鼎年间,武帝为对西南夷建立有效的统治,在边地推行郡县制度。司马迁此行就是奉武帝之命在西南设郡置吏,由长安西行至巴郡(今重庆和四川部分区域)、犍为(今四川宜宾),往西入滇,由昆明、邛、筰然后取道蜀郡(今四川成都)回京师复命。

西南地区在武帝时代仍是蛮荒之地,高岸深谷,层峦叠嶂,司马迁于西南之行中亲自踏勘西南的山川形势,目睹了当地人文风俗,这些在《史记·西南夷列传》中留下了可靠的记载。他生逢盛世,担负出使西南的重任,也是政治上的极大荣耀。从维护大一统政权出发，司马迁摒弃了《春秋》以来严华、夷之别的观念，认为周边民族与中原同出一脉，体现出可贵的民族观。

武帝天性好动，在位五十四年中见诸记载的巡幸即达三十四次之多，巡幸的目的也五花八门，或行兵用武，或祭祀封禅，或访求仙道。司马氏父子作为侍臣，几乎每次都随武帝巡行，在逶迤数里的车马旗幡之中，一面加深了对历史的认识，一面目睹君权的威严，加深了对"今上"的认识，因而能写出别具一格的当代史。

征服南越，安抚西南，出击匈奴，这时的西汉王朝达到鼎盛状态。武帝踌躇满志，于元封元年（公元前 110 年）即司马迁奉使西南的次年，准备举行封禅大礼。封禅是祭祀天地的隆重礼节，先到泰山极顶设坛祭天，再到泰山脚下梁父山祭地，表明天子承顺天命，代表上天统理万民。是年正月，武帝巡幸到缑氏（今河南偃师南），然后准备东去泰山。司马谈侍从武帝至此，因病滞留洛阳无法东去，其时司马迁奉使西南回归拜见父亲。司马谈身为太史令，参与制订封禅大礼，但封禅这样隆重的礼节无法前往，认为是莫大遗憾，焦虑攻心，沉疴不起，临终前"执迁手而泣"说：

> 余先周室之太史也。自上世尝显功名于虞夏，典天官事。后世中绝，绝于予乎？汝复为太史，则续吾祖矣。今天子接千岁之统，封泰山，而余不得从行，是命也夫，命也夫！余死，汝必为太史；为太史，无忘吾所欲论著矣。（《太

史公自序》)

司马迁"俯首流涕"说:"小子不敏,请悉论先人所次旧闻,弗敢阙。"(《太史公自序》)父亲临终遗命成为司马迁著史的主要动力。忠孝难以两全,司马迁君命在身,匆匆料理父亲后事,东去追赶武帝大队封禅人马,回复奉使西南之命,参加隆重的封禅大礼去了。

司马迁日夜兼程,很快跟上武帝车马。燕、齐多方术之士,诳称有长生不老术,武帝企求长生不老,听信方士,先东巡海上,听方士谈"神怪奇方者以万数","令言海中神山者数千人求蓬莱神人"(《封禅书》),结果如同秦始皇派童男女入海求仙及徐福东渡一样,泥牛入海无消息。武帝求仙不成,便登泰山举行祭祀天地的封禅大礼。下泰山后求仙之心仍不灭,又"东到海上,冀遇蓬莱焉"(《封禅书》),北到碣石(今河北昌黎北)、辽西(郡治今辽宁义县西),沿秦长城至九原(今内蒙古包头市西),然后沿秦始皇修筑的九原至甘泉(今陕西淳化西甘泉山)的直道回到长安。

扈从武帝封禅及巡幸北疆,司马迁目睹了武帝求仙的愚昧行为,在《封禅书》中予以记载和讥讽。从秦修筑长城、直道等浩大工程中看到了秦亡的缘由,他说:"吾适北边,自直道归,行观蒙恬所为秦筑长城亭障,堑山堙谷,通直道,固轻百姓力矣。"(《蒙恬列传》)

元封二年(公元前109年)司马迁又侍从武帝祠祭泰山,取道濮阳(今河南濮阳)回京。黄河在濮阳瓠子决口二十余年,南面十六郡人民饱受灾害,武帝路过此处,派九卿汲仁、光禄大夫郭昌招募数万民众堵塞决口。塞河需要大量木桩、柴薪等器材,武帝下令砍伐淇县境内的竹苑,人力不足,武帝下令扈从官员自将军以下至士卒每人负一捆柴草以塞河,司马迁当然参加了负薪塞河的行动。武帝临河边,举行祭河仪式,沉白马玉璧于河,并作歌二首,史称《瓠子之歌》,祭告河伯为生灵造福。在武帝的督率下,终于堵住决口,消除水患。司马迁亲逢其事,感到水之为利大,为害也烈,在《史记》中作专记天下水道形势利害的《河渠书》,他说:"余从负薪塞宣房,悲《瓠子》之诗而作《河渠书》。"(《河渠书》)

(三) "李陵之祸"与发愤著史

在汉代,史官是世袭的,确如司马谈临终所预言,在他卒后第三年即元封三年(公元前 108 年),司马迁做了太史令,时年37 岁。任太史令后,能有机会阅读朝廷贮藏的文书档案,"绌史记石室金匮之书","百年之间,天下遗文古事靡不毕集太史公"(《太史公自序》)。这样,经过游历考察与遍观博览,具备著史的主客观条件,实现父亲遗命的时机成熟了,司马迁正式开始了《史记》的撰述工作。

任太史令后,司马迁积极从事《史记》的修撰。政治上除扈从武帝巡行外,一项非常重要的活动就是修订历法,这件事不可简单地视作太史令的分内职责,与封禅一样,是西汉政治生活中的一件大事,标志着刘汉"天命"的最后确立。

战国齐人邹衍创立"五德终始"学说,认为水、火、木、金、土五种物质按其自然属性相生相克,并将这种体系附会到社会历史之中,创立了自黄帝以降的五德更替体系,为政权的更替、新政权的建立提供理论依据。这种理论第一次为秦始皇所利用,周为火德,秦便以水德自居,水克火就是天经地义的了。新王当政,必须改朔易色,以示重新承顺天命,"王者易姓受命,必慎始初,改正朔,易服色,推本天元,顺承厥意"(《历书序》)。汉兴后为证明其政权为天所授,也纳入五德体系之中,但在汉承何德问题上一直存有分歧。高祖自认黑帝,得水德,因袭秦制。儒生公孙臣认为:"秦得水德,今汉受之,推终始传,则汉当土德,土德之应黄龙见。宜改正朔,易服色,色上黄。"(《封禅书》)"改正朔"即更改历法。著名学者贾谊也持此见:"悉草具其事议法,色尚黄,数用五,为官名,悉更秦之法。"(《屈原贾生列传》)但公孙臣意见遭到丞相张苍的反对,文帝十五年(公元前165年)据传成纪(今甘肃静宁南)出现一条黄龙,应验了公孙臣之言,于是文帝确信汉为土德,"乃召公孙臣,拜为博士,与诸生草改历服色事"(《封禅书》),但并未实行。

从本质上看,改朔易色归根结底是为了建立一套新的礼仪制度,武帝即位后着手解决这样一个关系到刘汉统治的重大理论问题,但遭到信奉黄老术的祖母窦太后的反对,不敢轻举妄动。至元封间,国力强盛,举行了承顺天命的封禅大礼,令太史令司马迁与壶遂等修订历法。从历法的科学性看,修订后的历法较秦使用的《颛顼历》有了很大进步,"晦、朔、弦、望皆最密,日月如合璧,五星如连珠"(《汉书·律历志》),以建寅之月为岁首,与"夏正"相同,也符合孔子"行夏之时"[1]的意旨,体现了司马迁高深的天学知识。新历称《太初历》,于公元前104年5月颁行,是年为太初元年,《汉书·武帝纪》载:"夏五月,正历,以正月为岁首,色上黄,数用五,定官名,协音律。"封禅与定历,标志着刘汉政权"天命"化的最后完成。

正当司马迁紧张著史、"草创未就"时,他却遭受了一场飞来横祸——"李陵之祸"。这不仅对司马迁的身心是一个巨大打击,对《史记》的思想内容乃至文气笔法都产生了深刻影响。

李陵为"飞将军"李广之孙,颇有其祖遗风,是不可多得的将才。天汉二年(公元前99年)武帝下令出击匈奴,九月,贰师将军李广利率三万骑兵出酒泉,拟击匈奴右贤王于天山。令李陵率五千步卒出居延作为策应偏师,李陵北行三十日,到达浚稽山(今蒙古高原图拉河与鄂尔浑河间),牵制单于。李陵及时实现武帝的战略部署,传报朝廷,武帝十分高兴,满朝文武举杯庆贺。孰料战局急转直下,单于见李陵孤军深入,亲率重兵将李陵军团团围住,兵力由三万增至九万。李陵且战且退,终因寡不敌众,在距边塞仅百余里地方全军覆没,李陵被俘。消息传到朝廷,刚刚举杯庆捷的武帝恼羞成怒,认定李陵负汉投降。

---

[1]《论语·卫灵公》。

司马迁深知李陵为人，认为李陵即使投降也是迫不得已，仗义执言说：

> 陵事亲孝，与士信，常奋不顾身，以殉国家之急。其素所畜积也，有国士之风。今举事一不幸，全躯保妻子之臣，随而媒蘖其短，诚可痛也。且陵提步卒不满五千，深輮戎马之地，抑数万之师，虏救死扶伤不暇，悉举引弓之民，共攻围之，转斗千里，矢尽道穷，士张空拳，冒白刃，北首争死敌。得人之死力，虽古名将不过也。身虽陷败，然其所摧败，亦足暴于天下。彼之不死，宜欲得当以报汉也。①

司马迁一番耿直之言，激怒了武帝，被武帝下狱。后武帝听捕获的匈奴俘虏说李陵"教单于兵以备汉"，其实教练匈奴兵的是另一降将李绪，而非李陵，武帝龙颜大怒，不分青红皂白，族灭李陵。司马迁因"诬罔罪"受株连，按汉律当斩，入钱五十万可赎死，在征得官府同意的情况下也可以腐刑（宫刑）代死。司马迁家资菲薄，无力自赎，亲朋故旧避之唯恐不及，想到著史事业未成，父亲遗命未能实现，他极其理智又极其痛苦地选择了宫刑。

宫刑，又称腐刑，《汉书·刑法志》颜师古注曰"淫刑也"，说明宫刑本是惩治淫罪的，因而是一种十分羞辱的刑罪，在深受

---

① 《汉书·李陵传》。

儒家文化熏陶的士人们看来尤其如此。阉宦之人出于职业上的需要接受宫刑,被视为"刑余之人",向为士大夫所不齿。《孝经》第一章开宗明义,孔子对曾子说:"身体发肤,受之父母,不敢毁伤,孝之始也。"在写给好友任安的信中司马迁痛心疾首地说:"太上不辱先,其次不辱身,其次不辱理色,其次不辱辞令,其次诎体受辱,其次易服受辱,其次关木索被垂楚受辱,其次剔发毛婴金铁受辱,其次毁肌肤断肢体受辱,最下腐刑极矣。"[1]在"十辱"当中,腐刑是最大的耻辱。司马迁并不畏死,他选择宫刑实际上比选择大辟之刑需要更大的勇气,要承受难以言状的精神上终生折磨,他说:"知死必勇,非死者难也,处死者难。"(《廉颇蔺相如列传》赞)受宫刑后心灵经受着剧烈的煎熬,"是以肠一日而九回,居则忽忽若有所亡,出则不知其所往,每念斯耻,汗未尝不发背沾衣也"[2]。

司马迁毕竟是理智的,他的自制力非常人所能企及。他熟谙历史,联想到往昔的贤哲们留下著述,名彪千古,都是经受了巨大的磨难,他说:

> 昔西伯拘羑里,演《周易》;仲尼厄陈蔡,作《春秋》;屈原放逐,著《离骚》;左丘失明,厥有《国语》;孙子膑脚,而论《兵法》;不韦迁蜀,世传《吕览》;韩非囚秦,《说难》《孤愤》;

---

[1]《汉书·司马迁传》。
[2] 同上。

《诗》三百篇,大抵贤圣发愤之所为作也。(《报任安书》)

从前贤事迹中,司马迁汲取了巨大的精神力量,遂发愤著史,终于建造了一座史学丰碑。

遭刑后不久司马迁即出狱,"为中书令,尊宠任职"①。中书令"领赞尚书,出入奏事,秩千石"②,负责皇帝与尚书间的联系,为枢机要职,位比秩六百石的太史令高得多。心理遭受极大创伤的司马迁并不在意高阶厚禄,公职之余以另一种心境继续《史记》的写作,并对已完稿部分进行重新审视,使《史记》从形式到内容升华到新的层次。征和二年(公元前91年),司马迁55岁,从他致挚友任安的信中可知,《史记》终于大功告成。他在《自序》中说:

网罗天下放失旧闻……上记轩辕,下至于兹,著十二本纪……作十表……作三十世家……作七十列传,凡百三十篇,五十二万六千五百字,为《太史公书》。

太史令,汉代又称太史公,司马迁在《自序》中以"太史公"称其父司马谈,他处以"太史公"自称。《史记》是他在太史令任上完成的著作,故称《太史公书》,至迟在东汉末桓帝初年改用

①《汉书·司马迁传》。
②《唐六典》。

现称。《太史公书》完成之后抄成两本，副本上献朝廷，正本藏于家中，宣帝时由其外孙杨恽宣布于世，由此名满天下。

司马迁卒年史无明载，一般认为他卒于武帝末年，享年 60 岁左右。生平著述除《史记》外，现能见到者仅两篇，一篇为《报任安书》，载于《汉书·司马迁传》中；另一篇为慨叹怀才不遇的文赋《悲士不遇赋》，《艺文类聚》卷三十收录。

（四）《史记》的注释及版本

1.《史记》的注释

《史记》上奏朝廷后，便在朝臣中传阅；宣帝时司马迁外孙杨恽将《史记》传播于世，立即为文人学士竞相阅读。因其思想上的非正统性，必然受到统治者的改易删削；加之卷帙较大，在以简牍为载体的时代，流传过程中不可避免地出现讹错舛误，历代学者做了大量的增补、注释工作。

《史记》的增补以褚少孙功绩最著。褚氏为宣帝时人，宣帝五凤四年（公元前 54 年）应博士弟子选，次年以高第为郎，出入禁中，得以阅读司马迁上献的《太史公书》，深为折服，他以自己熟知的典故轶事增补入司马迁书中。褚氏补作文字老成洗练，颇得太史公遗风，行文中皆以"褚先生曰"标出，今本《史记》中凡十篇，分别见于《三代世表》、《建元以来侯者年表》、《陈涉世家》、《外戚世家》、《梁孝王世家》、《三王世家》、《田叔列传》、《滑稽列传》、《日者列传》、《龟策列传》，共计二万五千余字。

东汉末延笃作《史记音义》,为《史记》注释之始,至唐代达十五家之多,其中南朝宋裴骃的《史记集解》八十卷、唐司马贞的《史记索隐》三十卷及唐张守节的《史记正义》三十卷成就最高,世称《史记》"三家注",各具特点。裴骃,河东闻喜(今属山西)人,官至南中郎参军,为《三国志注》作者裴松之之子。他以晋徐广《史记音义》为基础,博采九经、诸子、诸史和汉晋人注《史记》的成果,故称"集解",重在释义;司马贞为国子博士,官至弘文馆学士,打破汉人疏不破注的原则,既注原文,也注《集解》,改正了不少《集解》的错误,音义并重;张守节为开元间人,稍晚于司马贞,积三十余年精力作《史记正义》,对原文及前人注释详加注释、考证,尤详地理。"三家注"对《史记》文字音义、名物制度乃至人物史事考订相当精审和全面,原本各自单行,至北宋合刻一处,并散见于原文之下,为后人阅读《史记》提供了莫大便利。

宋元明理学昌盛,对前代文献一改汉唐注重音义训诂的态度,而重在发挥其中的义理,由此决定了这时期《史记》研究以点评见长的特点。点评的内容涉及体例、笔法、文笔、所记人物史事及马班异同等方面,欧阳修、曾巩、王安石等著名学者都参与其事,明凌稚隆《史记评林》为其代表作,对后人颇有启发。今人杨燕起等编有《历代史家评〈史记〉》(北京师范大学出版社1986年版)一书,荟萃历代评论的精华,颇有参考价值。

清代是《史记》注释、研究的辉煌时代。清代考据学盛极一时,《史记》以其特殊的历史地位备受学者青睐,研究的深度和广度都超越前代,突出的成果如王鸣盛《史记商榷》、钱大昕《史记考异》、赵翼《史记札记》、杭世骏《史记考证》、梁玉绳《史记志疑》、王筠《史记校》、张文虎《校勘史记札记》、尚镕《史记辨正》、郭嵩焘《史记札记》、李慈铭《史记札记》、方苞《史记注补正》、吴汝纶《桐城吴先生点勘史记》、邵晋涵《史记辑评》等。

近代《史记》的研究进入新阶段,随着新史学的兴起,在研究方法、内容等方面发生了新的变化。概言之,方法上,不再局限于文献的互证,而是利用考古学的丰硕成果,取地下实物资料以证《史记》,王国维所称的"二重证据法"广泛使用;内容上,不再拘泥于文字训诂、名物制度、人物史事的考证思辨,而是深入发掘蕴藏《史记》中的思想,举凡太史公的政治观、哲学观、经济观、伦理观、史学观乃至医学、天文、地理等都在研究之列;层次上,《史记》研究不再是文人学士的书斋事业,而是注重普及化、社会化,真正实现"文章乃天下公器"的古训。著名学者梁启超、章炳麟、崔适、王国维、罗振玉、余嘉锡、郑鹤声、鲁迅、刘师培、钱玄同、顾颉刚、罗根泽、吕思勉、范文澜、翦伯赞、郭沫若等,都为《史记》研究作出了重要贡献,这其中又以新史学的奠基人梁启超用力最勤,见功殊多。

梁启超试图通过研究《史记》为新史学树立一个典范。在他的许多演讲和论著中,提倡阅读和学习《史记》,并具体指明了学习方法和研究步骤,为南开和清华开设的"中国历史研究法""要籍解题及其读法"和"中学作文教学法"等课程,《史记》是其中重要内容。他将《史记》的读法分为常识的读法和专究的读法两种,在专究读法中,他提出了《史记》研究的具体课题:辨识后人窜乱、考证先秦史实、作新注、编制古今地名对照手册、补大事年表等。

新中国建立后,《史记》研究进入新的时期,成果丰硕,在深度和广度上都达到新的层次。据不完全统计,研究专著逾四十种,普及性及学术性兼顾。前者如季镇淮《司马迁》(上海人民出版社 1955 年版)、肖黎《司马迁评传》(吉林文史出版社 1986 年版)等。学术性专著占主要部分,或侧重于考证及资料汇集,如陈直《史记新证》(天津人民出版社 1979 年版)引用甲骨文、金文、秦汉权量、石刻、简牍、铜器及陶器铭文校勘、印证《史记》原文及“三家注”,创见良多;或侧重于《史记》的史学、文学、思想、美学等方面,如周经《司马迁、〈史记〉与档案》(档案出版社 1986 年版)、可永雪《史记文学成就论稿》(内蒙古人民出版社 1991 年版)、韩兆琦《史记通论》(北京师范大学出版社 1990 年版)、张大可《司马迁评传》(南京大学出版社 1994 年版)、宋嗣廉《史记艺术美研究》(东北师范大学出版社 1986 年版)等。此外,还有数部论文集,如《历史研究》编辑部编的《司马迁与〈史记〉论集》(陕西人民出版社 1982 年版)、刘乃和主编的《司马迁和〈史记〉》(北京出版社 1987 年版)、《文史哲》杂志社主编的《司马迁与〈史记〉》(中华书局 1957 年版)等,反映了较高的研究水平。据统计,新中国成立后各类报刊发表的有关司马迁及《史记》研究论文逾二千篇,蔚为大观。

与此同时,我国台湾地区及海外的《史记》研究也取得丰硕成果。台湾在注重学术探究的同时,较为重视普及工作,由台湾十四院校六十名教授协作翻译的《白话史记》是较早的全译本,1979年出版,发行后供不应求,1985年修订再版,岳麓书社于1987年重印修订本在大陆发行。

日本学者泷川资言于20世纪30年代出版的《史记会注考证》,集各家注释之大成,详加考证,断以己意,有较高的学术成就。继之,水泽利忠作《史记会注考证补》予以完善。

2.《史记》的版本

如前所述,《史记》成书后有两个抄本,副本上奏朝廷,立即在官僚阶层流传,桓宽《盐铁论》及刘向《别录》中已引用《史记》原文。正本藏于家中,宣帝时经杨恽宣示,迅即流传世间。考古发掘证实,西北地区出土西汉的残简中有《史记》零章断句,表明西汉末边郡地区有《史记》流传;从《史记》的引用情况推断,《史记》的抄本在东汉初年已广为流传了。

雕版印刷术的发明及推广,为《史记》的大规模流传提供了现实条件,也产生了众多版本。现存最早的《史记》刊本是南宋宁宗庆元二年(1196年)建安黄善夫刻本,也是最早的三家注合刻本,1922年商务印书馆影印,收入百衲本《二十四史》中。明刊本有凌稚隆《史记评林》本,南、北监刻本及毛晋汲古阁《十七史》刻本。凌稚隆辑录诸家评论,采用多种宋本校勘,翻刻《史记评林》一百三十卷;监本是嘉靖、万历年间由国子监刻的《二十一史》本;毛氏汲古阁本为公认的善本。清代有乾隆武英殿刻的《二十四史》本，通称殿本，是历代诸版本中最为通行的版本，有各种翻刻和影印本子。同治九年（1870年）金陵书局刊印张文虎校的《史记集解索隐正义》合刻本，世称金陵书局本。该版本经张文虎博取宋、元、明诸善本汇校汇考，又吸取了清学者梁玉绳《史记志疑》、王念孙《读书杂志》、钱大昕《史记考》的成果，择善而从，校勘精审，是清朝后期的善本。

"三家注"版本也是《史记》版本系统的重要组成部分。三家注原本各自单行，与《史记》卷数不相合。《隋书·经籍志》、《旧唐书·经籍志》及《新唐书·艺文志》著录《史记集解》八十卷，《新唐书·艺文志》著录《史记索隐》、《史记正义》各三十卷。单刻的八十卷本《史记集解》早已失传，现在有把《集解》散列在正文下的《史记集解》一百三十卷本。《正义》旧本失传，卷帙次第无从查考。惟独《索隐》有明末毛氏汲古阁刻本，卷数依旧。

近代印刷工艺进步，版本众多，流传的范围更为扩大。著名的《史记》版本有商务印书馆影印的殿本和百衲本，还有《国学基本丛书》本、《万有文库》本、中华书局《四部备要》本、开明书店缩印《二十五史》本、世界书局影印殿本及上海大光书局铅印本等。值得一提的是，1936年北平研究院出版顾颉刚、徐文珊点校的《史记》白话文本，首次采用标点对《史记》进行标点分段。这些版本在相应的历史阶段对《史记》的流传和普及起了重要作用。

现在最为通行也是质量最好的《史记》版本是中华书局点校本。由著名史家顾颉刚主持点校，以金陵局本为底本，广参众本,将原文分段,三家注散列于正文之下,眉目清晰,阅读方便,每篇后附有校勘记。

王伯祥的《史记选》是较好选本,王利器主持的《史记注译》是目前通行的较好全译本。

为配合查阅、利用《史记》,出版了各种形式的工具书。中华书局出版的《史记人名索引》和《史记地名索引》以点校本为依据,为查找《史记》人名、地名的便捷工具。杨燕起、俞樟华合编的《史记研究资料索引和论文专著提要》提供了大量《史记》研究方面的信息,为了解《史记》的研究状况提供了便利。

二、《史记》的概况

（一） 体例及结构

历史是人类在过去时空中的活动，后人对过去的人类活动进行记录和研究就形成历史学，采用一定的方式对历史进行记录就产生了历史学中的一个分支——历史编纂学。人类活动是多层次的，从不同的角度、采取不同方式记载历史就产生不同的史书体裁。从这个意义上说，历史编纂学的客观本质决定了史书体裁越是全面、深刻地反映历史，就越具有价值。历史的发展是个历时性过程，以时间顺序记载历史的编年体无疑是最早的史书体裁；人是历史活动的主体，无人也就无所谓历史，以人为中心记载历史的史书体裁（所谓纪传体）也就非常重要和必不可少了。编年体和纪传体是史书的两种基本体裁，孔子删订《春秋》确立了编年体，生活于西汉时代的司马迁自言为孔子五百年后第一人，将自己与孔子相提并论，撇开思想意义不谈，是否包含了历史编纂学上的必然性意义呢？果如此，究竟是历史的自觉还是哲人的自悟，抑或二者兼而有之？

司马迁创立了以人物传记为中心的纪传体史书体裁，由五部分组成，他在《自序》中说：

> 略推三代，录秦汉，上记轩辕，下至于兹，著十二本纪。既科条之矣，并时异世，年差不明，作十表。礼乐损易，律历改异，兵权山川鬼神天人之际，承敝通变，作八书。……辅拂股肱之臣……忠信行道，以奉主上，作三十世家。扶义俶傥，不令己失时，立功名于天下，作七十列传。凡百三十篇，五十二万六千五百字，为《太史公书》。

《史记》由本纪、表、书、世家、列传五部分组成，其中本纪、世家、列传记载帝王、诸侯卿相及各色人等的事迹，构成《史记》的主体，一百三十卷中占一百一十二卷。"表"以谱牒的形式反映纷繁复杂的史实，"书"记各种典章制度。司马迁开其端绪后，后世史家竞相效法，唐代朝廷设立专门的修史机构——史馆，至清沿袭不变，负责前代史的修撰。纪传体被尊为正史，乾隆钦定历代正史为《二十四史》，按朝代顺序依次为《史记》、《汉书》、《后汉书》、《三国志》、《晋书》、《宋书》、《南齐书》、《梁书》、《陈书》、《魏书》、《北齐书》、《周书》、《南史》、《北史》、《隋书》、《旧唐书》、《新唐书》、《旧五代史》、《新五代史》、《宋史》、《辽史》、《金史》、《元史》、《明史》。民国加《新元史》为《二十五史》，后又加《清史稿》为《二十六史》，构成五千年文明史的完整记录。由此而论,司马迁纪传体的发凡起例之功不仅仅限于历史编纂学上的意义,而且在中国文化史上具有里程碑性的意义。

"五体"并非司马迁首创,先秦已有各体的雏形,司马迁的贡献在于在继承前代文化成果的基础上,将五体结合成一个既相对独立又相互联系的有机整体,从而创立了一个全新的史书体裁。

1. 本纪

先秦已有按编年顺序记载帝王事迹的"本纪"名目,《史记·大宛列传》赞中司马迁就言见过《禹本纪》:"《禹本纪》言河出昆仑……恶睹本纪所谓昆仑者乎?……至《禹本纪》、《山海经》所有怪物,余不敢言之也。"从名称上看,"本纪"指帝王事迹的记载,"本者,系其本系,故曰本;纪者,理也,统理众事,系之年月,名之曰纪。"(《五帝本纪》张守节《正义》)唐史家刘知几说:"盖纪之为体者,犹《春秋》之经系日月以成岁时,书君上以显国统。"[1]从体例上说,系编年性质。

《史记》有十二本纪,分别是《五帝本纪》、《夏本纪》、《殷本纪》、《周本纪》、《秦本纪》、《秦始皇本纪》、《项羽本纪》、《高祖本纪》、《吕太后本纪》、《孝文本纪》、《孝景本纪》、《今上本纪》。从此可以看出:其一,以《五帝本纪》开篇,黄帝时代为中华文明的肇端,黄帝以前诸种传说渺不可考,反映了司马迁无征不信的

---

[1]《史通·本纪》。

严谨态度。其二,体例是为内容服务的,良史不会拘泥体例,而是根据实际情况进行变通。夏、商、周文献不足征,司马迁以朝代而不以帝王作为本纪的名称,体现了他的变通精神。其三,《秦本纪》记秦统一前的历史,《秦始皇本纪》按嬴政生平着重记秦统一的历史过程。诸侯国中惟独将秦列本纪,其余列世家,因为秦继周担当了统一天下的角色,反映了司马迁敏锐的史识。其四,刘邦死后,吕雉当权,政由己出,独断朝纲,成了名副其实的皇帝,列《吕太后本纪》意在反映这一历史事实。其五,秦末战争中项羽灭秦功绩最著,一度成为当时政治的支配者,列《项羽本纪》以显其功。

"本纪"记帝王事迹,关涉到至为敏感的正统与闰位问题,后世官修正史在这上面做足了文章,而在司马迁这里我们看不到后世那种庸俗的政治化史学,而是弥漫着强烈的历史意识。

2. 表

"表"仿先秦谱牒之类文献而立,司马迁在《史记》中常提到此类文献,《三代表序》言"历谱牒"、"五帝系牒",《十二诸侯年表序》言"春秋历谱牒"等,清史家赵翼说得明确了然:"《史记》作十表,仿于周之谱牒,与纪、传相为出入,凡列侯、将、相、三公、九卿,功名表著者,既为立传,此外大臣无功无过者,传之不胜传,而不容尽没,则予表载之,作史体裁,莫大于是。"[①]由此

---

① 赵翼:《廿二史札记》卷一。

看,表具有如下两方面的功用:其一,表因其直观、简捷的形式能将头绪繁多的史实表述清楚,既能纵向反映各自过程,又能横向反映相互间联系,言简事赅,事半功倍。其二,表能沟通纪、传间的联系。纪、传为人物传记,人物之间、事件之间的联系不甚紧密,表以时间顺序排列,某种程序上反映人物及事件间关联。

《史记》有十表,正体现了其特殊功用。如《三代世表》、《十二诸侯年表》、《六国年表》、《秦楚之际月表》反映三代、春秋、战国及秦末纷繁的历史内容。夏、商、周三代事迹渺茫以"世"(代)系之,春秋、战国文献渐多则以"年"系之,而秦楚之际史迹昭然就以"月"系之,略古详今,妥帖周到。再如《汉兴以来诸侯王年表》、《高祖功臣侯者年表》、《惠景间侯者年表》、《建元以来侯者年表》、《建元以来王子侯者年表》、《汉兴以来将相名臣年表》,全面记述武帝以前王侯将相,突出地体现了赵翼所阐明的表的功用。

3. 书

"书"专门记载典章制度,针对纪传中无法系统记述朝章典制而设立。以"书"为名,出自司马迁首创。先秦已十分重视典制的记载,典制从本质上说是治国为政的纲纪,春秋郑国子产"铸刑鼎"即将刑法铸于鼎上,以为天下守则。最古老的文献《尚书》,相当篇幅是远古的典制,如《禹贡》、《康诰》、《顾命》、《吕刑》等,《周礼》即是专门记载西周典制的文献。史书当然不能回避典制，《史记》以人物传记为主，创立"书"体以记典制，司马贞说："书者，五经六籍总名也。此之八书，记国家大体。"(《礼书》司马贞《索隐》)班固因《汉书》以书为名，改"书"为"志"，后世习用之，成为定则。

《史记》有八书，它们是《礼书》、《乐书》、《律书》、《历书》、《天官书》、《封禅书》、《河渠书》、《平准书》，包括了当时国家的重要典制。据《尚书·洪范》载，武王克殷后访问箕子，请教治国之道，箕子答以八政：一曰食、二曰货、三曰祀、四曰司空、五曰司徒、六曰司寇、七曰宾、八曰师;《史记·宋微子世家》也有载。司马迁八书为经国典范，与八政相应：食、货为"平准"，祀为"封禅"，司空、司徒为"河渠"，司寇、师为"兵"及"律"，宾为"礼"及"乐"。司马迁崇尚富利，以衣食为立政之本，与"八政"重食、货思想也是一致的。

4. 世家

"世家"记载诸侯王的事迹，与帝王本纪有别，以示君臣尊卑之分。之所以称世家，刘知几的解释较为妥帖，他说："案世家之为义也，岂不以开国承家，世代相续。"①司马迁参阅过大量先秦世家文献，《史记》中常有提及，如《管蔡世家》云："武王发，其后为周，有本纪言。……周公旦，其后为鲁，有世家言;蔡叔度，其后为蔡，有世家言。"《陈杞世家》云："杞小微，周武王封之

① 刘知几:《史通·世家》。

陈……有世家言。禹之后,周武王封之杞……有世家言。"司马迁立"世家",乃根据历史的实际情况而定,班固《汉书》将世家合于列传之中,后世遂无此名目。

《史记》有三十世家,以秦为界可分前后两个部分,前一部分是先秦诸侯世家,包括吴、齐、鲁、燕、蔡、陈、卫、宋、晋、楚、越、郑、赵、魏、韩、《田敬仲完世家》及《孔子世家》,其中《晋世家》、《齐世家》记春秋时史事,《赵世家》、《魏世家》、《韩世家》及《田敬仲完世家》的分别记三家分晋、田氏代齐后战国时史事。孔子创立儒学,成为统治人们精神世界的"素王",也居"世家"之列。后一部分记秦以后王侯卿相,包括陈涉、外戚、楚元王、荆燕、齐悼惠王、萧相国(何)、曹相国(参)、留侯(张良)、陈丞相(平)、绛侯周勃、梁孝王、五宗、三王世家,陈涉为"闾左"佣耕之民,因反秦首难有功,与王侯卿相同列。

5. 列传

先秦有记述人物事迹的传记文献,如《诗经·公刘》篇即具传记的雏形。将记述人物事迹的文献称"传",始自司马迁。此前"传"为注释之称,如《春秋》"三传"等,确如赵翼所说:"古书凡记事立论及解经者,皆谓之传,非专记一人事迹也。其专记一人为一传者,则自迁始。"[①]所谓"列传",是说明传记之多。

七十列传是《史记》的主要组成部分,可分为专传、合传、类

---

① 赵翼:《廿二史札记》卷一。

传三种类型。专传指一人一传，如《伯夷列传》、《伍子胥列传》、《商君列传》、《李将军列传》等；合传与类传实质上属同一类型，指将相同类型人物的传记合于一处，只不过合传为二人传记，类传为多人传记。合传如《管晏列传》，管子、晏婴皆为齐政治家；《孙子吴起列传》，孙武、吴起皆为军事家；《白起王翦列传》，白、王皆为秦名将；《廉颇蔺相如列传》，廉、蔺同为辅佐赵国的股肱之臣；《屈原贾生列传》，屈原、贾谊同为怀才不遇的旷世之才。类传如《刺客列传》、《儒林列传》、《循吏列传》、《酷吏列传》、《游侠列传》、《佞幸列传》、《滑稽列传》、《日者列传》、《龟策列传》、《货殖列传》等，分门别类记载各类人物的事迹，包括社会的各个阶层。边裔民族则以族为名立传，如《南越列传》、《东越列传》、《朝鲜列传》、《西南夷列传》、《大宛列传》等。最后一篇是《太史公自序》，为全书总序，叙述自己的源流世系、生平际遇、《史记》的写作义例及全书内容提要，是了解司马迁及《史记》的基本材料。

列传为独立的人物传记，同一事件相关人物事迹的记载难免重复，司马迁采用"互见法"妥善地解决了这个问题，记相关人物时常用"事见某篇"、"语在某篇"以避重复，标明互见，沟通传记间联系。如《周本纪》叙周公讨管叔后，作《大诰》等篇，司马迁说"其事在周公之篇"，即见于《鲁周公世家》；《萧相国世家》叙萧何荐韩信及进计吕太后杀韩信，司马迁说"语在淮阴事中"，即见于《淮阴侯列传》。类似事例不胜枚举，也为后世史家所效法。

　　《史记》是司马迁毕生心血的结晶,其史料来源于实地踏勘与文献记载两个方面,实地考察可映证或订正文献,《史记》中多所点明。据今人研究,《史记》中可考的征引文献即达八十一种①,尚不包括大量文书档案,实际参考的当远不止这些。他泛观博览,相互比勘,无征不信,取材十分谨慎,如《五帝本纪》赞曰:"学者多称五帝,尚矣。然《尚书》独载尧以来,而百家言黄帝,其文不雅驯,荐绅先生难言之。……余并论次,择其言尤雅者,故著为本纪书首。"对不能确定者,司马迁不强做通人,而是采取存疑的审慎态度,如《三代世表》赞曰:"至于序《尚书》则略,无年月,或颇有,然多阙,不可录。故疑则传疑,盖其慎也。"《仲尼弟子列传》赞云:"余以弟子名姓文字悉取《论语》弟子问并次为篇,疑者阙焉。"正因如此,《史记》被后世誉为"实录"。

　　司马迁创立纪传体体例是对中国古代史学的一大贡献,南宋史家郑樵将《史记》比诸《六经》,确不为过,他说:"本纪纪年,世家传代,表以正历,书以类事,传以著人,使百代而下,史官不能易其法,学者不能舍其书。六经之后,惟有此作。"②

（二）《史记》的写作目的

　　慈父遗命是司马迁著史的原动力。司马迁又将修撰《史

---

① 卢南乔:《论司马迁及其历史的编纂学》,《文史哲》1955 年第 11 期。
② 郑樵:《通志·总序》。

记》比之于孔子删订《春秋》，他说："自周公卒后五百岁而有孔子。孔子卒后至今五百岁，有能绍明世，正《易传》，继《春秋》，本《诗》、《书》、《礼》、《乐》之际，意在斯乎，意在斯乎，小子何敢让焉！"（《太史公自序》）在太初四年（公元前101年）与壶遂讨论修史义例时也一再强调这个意旨。《春秋》是一部"微言大义"的文献，孔子试图在礼崩乐坏的春秋时代恢复"礼乐征伐自天子出"的西周王道政治，通过对鲁编年史《春秋》的笔削褒贬，惩恶扬善，纲维人世，以让"乱臣贼子惧"。确如壶遂所诘问，司马迁处在武帝盛世，本人又受武帝任用，表面看来与孔子及其时代判若霄壤，司马迁为什么将《史记》比诸《春秋》呢？盛世何来危言呢？司马迁对壶遂的诘问竟一时语塞，始则支支吾吾，终以大段冠冕堂皇的话搪塞。其实，从历史的实际看，武帝后期的统治确实濒临十分危险的境地。

汉兴至武帝七十年间，由于推行休养生息的政策，汉朝积累了大量财富，"民则人给家足，都鄙廪庾皆满，而府库余货财。京师之钱累巨万，贯朽不可校。太仓之粟陈陈相因，充溢露积于外，至腐败不可食"（《平准书》），一派盛世景象。但到武帝时形势发生了变化，天下承平日久，奢靡之风滋生蔓延，豪强恃财自负，武断于乡曲。武帝频频兴师劳民，向四夷用兵，司马迁在《平准书》中说：

> 自是之后，严助、朱买臣等招来东瓯，事两越，江淮之间萧然烦费矣。唐蒙、司马相如开路西南夷，凿山通道千

> 余里,以广巴蜀,巴蜀之民罢(疲)焉。彭吴贾灭朝鲜,置沧
> 海之郡,则燕齐之间靡然发动。及王恢设谋马邑,匈奴绝
> 和亲,侵扰北边,兵连而不解,天下苦其劳,而干戈日滋。

南面江淮、西面巴蜀、东面燕齐、北面诸郡,可以说天下百姓皆受兵赋之苦。加之武帝好方术仙道,长期巡游天下,耗费无数,地方豪强欺凌百姓,弄得民生凋敝,财力枯竭。为弥补国库空虚,积聚财富,武帝大肆"兴利",压榨盘剥,如卖武功爵、造皮币、白金三品、官营盐铁、算缗及告缗、入谷补官、铸赤侧钱、立平准均输法、入粟补官赎罪等,实质是"与民争利",民的处境急剧恶化。

民为邦本,人民处境的恶化意味着封建政治的恶化,时贤也深切地感受到形势的危险性,徐乐将天下之患分为"土崩"与"瓦解"两种类型,前者指政治崩溃,改朝换代,以秦末为代表;后者指政治分裂,以春秋六国为代表。他认为最大的祸患不在瓦解,而在土崩,直言不讳地向武帝指出现实局势面临"土崩"的局面,他说:

> 间者关东五谷不登,年岁未复,民多穷困,重之以边境
> 之事,推数循理而观之,则民且有不安其处者矣。不安故
> 易动,易动者,土崩之势也。故贤主独观万化之原,明于安
> 危之机,修之庙堂之上,而销未形之患。其要,期使天下无
> 土崩之势而已矣。(《平津侯主父列传》)

由此看,武帝时极盛表象的背后确实潜伏着深刻的危机,司马迁明古通今,处武帝左右,对此当有更深切的感受。他就职责所及,仿效《春秋》作《史记》,从历史的兴衰"通变"中总结出天下兴亡的教训,以作武帝为政的镜鉴。

在司马迁看来,《春秋》是一部"补敝起废"振兴"王道"的书,答壶遂问引董仲舒话说:

> 余闻董生曰:"周道衰废,孔子为鲁司寇,诸侯害之,大夫壅之。孔子知言之不用,道之不行也,是非二百四十二年之中,以为天下仪表,贬天子,退诸侯,讨大夫,以达王事而已矣。"子曰:"我欲载之空言,不如见之于行事之深切著明也。"夫《春秋》,上明三王之道,下辨人事之纪,别嫌疑,明是非,定犹豫,善善恶恶,贤贤贱不肖,存亡国,继绝世,补敝起废,王道之大者也。(《太史公自序》)

"补敝起废"是"王道"的重要内容,也是《春秋》的灵魂。武帝时政治局势危如累卵,当务之急也就是补敝起废,即改弦易辙,《史记》始终贯穿着"承敝通变"的思想,与《春秋》的"补敝起废"属同一意思。司马迁认为自夏至汉政治的嬗变就是一个"承敝易变"的过程,变前代之弊就拥有天下,他说:

> 夏之政忠。忠之敝,小人以野,故殷人承之以敬。敬之敝,小人以鬼(事鬼神),故周人承之以文。文之敝,小人

以儳（轻薄），故救儳莫若以忠。三王之道若循环，终而复始。周秦之间，可谓文敝矣，秦政不改，反酷刑法，岂不谬乎？故汉兴，承敝易变，使人不倦，得天统矣。（《五帝本纪》赞）

在《平准书》中说："汤、武承敝易变，使民不倦，各兢兢所以为治，而稍陵迟衰微。"

从本质上言之，"承敝易变"就是要求统治者及时调整统治政策，清除政治积弊，这样方能维持长治久安。武帝时"敝"不可谓不大，司马迁以史官职责所能作《史记》，以"承敝易变"之义贯之，以此警醒统治者，这就是司马迁《史记》的"微言大义"，也就是他作《史记》的真正目的。

司马迁在《自序》中说作《史记》"亦欲以究天人之际，通古今之变，成一家之言"，又说"天人之际，承敝通变"，他的"承敝通变"思想是以当时天人学说为基础的，直接师承董仲舒而来。

朝代的更替、政权的嬗变必须有理论作为依据，儒家以民本思想为基础，为汤、武革命作出诛独夫、民贼的解释，但在春秋、战国诸侯纷争、礼崩乐坏的时代已不能适应形势的需要，因为诸侯国以争霸为目的。在这种形势下，战国齐人邹衍的五德终始学说应运而生了，将自然法则应用到社会政治领域，为政权更替提供依据。这种学说首次为秦始皇所利用，周为火德，水克火，继周而兴的秦便以水德自居，以获得统治的合理性。但秦统治在不长时间内土崩瓦解，刘邦起自微末，迫不及待地将汉政权纳入五德体系,但五德生克是个动的系统,董仲舒为使汉德永恒,也就是使刘汉永享国祚,创立了天人感应的五德终始学说。"天"具有自然和人格双重特征,具有意志,皇帝为皇天之子,代表天统理万民,所谓"惟天子受命于天,天下受命于天子"①。天以灾异形式昭示意志,如天子有道,天降符瑞,反之天降灾异,警示天子,促其改制更化,以承顺天命。如果天子冥顽不化,皇天可受命于他,"凡灾异之本,尽生于国家之失。国家之失乃始萌芽,而出灾异以惊骇之,惊骇之余尚不知畏恐,其殃咎乃至"②。

皇天奖惩天子相当程度取决于天子对"民"的态度,"人之超然万物之上,而最为天下贵也"③,"且天之生民,非为王也,而天立王以为民也。故其德足以安乐民者,天予之;其恶足以贼害民者,天夺之。……故夏无道而殷伐之,殷无道而周伐之,周无道而秦伐之,秦无道而汉伐之。有道伐无道,此天理也,所从来久矣"④。由此看,董仲舒学说包含了君权神授和民本因素两个层面,君权为天所授,此即"道",天不变道亦不变。在道不变的前提下,皇天可根据天子对民的态度奖惩乃至更换天子,这是他天人学说的核心内容。

董仲舒的学说为武帝所采纳,成为刘汉王朝的统治学说,

①《春秋繁露·为人者天》。
②《春秋繁露·必仁且智》。
③《春秋繁露·天地阴阳》。
④《春秋繁露·尧舜不擅移、汤武不专杀》。

司马迁与董仲舒又有私淑之谊,接受他的学说也就顺理成章了。他积极参与封禅大礼,主持制订历法,标志汉王朝土德最终确立,《史记》中明确地体现了他的天人观。

司马迁认为君权天授,又按五德体系更替,本纪就是黄帝以来政权嬗变的记录。黄帝"有土德之瑞,故号黄帝"(《五帝本纪》)。殷末纣无道,臣祖伊对纣说天将弃殷,授命于他,"天既讫我殷命……今我民罔不欲丧,曰:'天曷不降威,大命胡不至?'今王其奈何?"纣答说:"我生不有命在天乎!"祖伊由此说"纣不可谏矣"(《殷本纪》)。纣不承敝易变,当然亡日可待。武王克殷,以受命天子自居,说:"膺更大命,革殷,受天明命。"(《周本纪》)幽王时政治败坏,山崩川竭,伯阳甫说"周将亡矣","天之所弃,不过其纪"(《周本纪》),断言周不过十年即亡。

秦代周而兴,"以为周得火德,秦代周德,从所不胜"(《秦始皇本纪》),以水德自居,色尚黑,数用六,将黄河更名德水,可见对五德学说的崇信。但秦承天下之弊,不知变更,天下怨愤,陈涉首难,项、刘起兵。依五德终始学说,陈涉、项羽、刘邦三位都是承顺天命的人物,司马迁说:"太史公读秦楚之际,曰:初作难,发于陈涉;虐戾灭秦,自项氏;拨乱诛暴,平定海内,卒成帝祚,成于汉家。五年之间,号令三嬗,自生民以来,未始有受命若斯之亟也。"(《秦楚之际月表序》)他认为没有天生的帝王贵种,陈、项得其时但非其人,故中途夭折,功败垂成。刘邦得其时又是其人,故享有天下。从这个意义上我们才能更好理解司马迁对项羽自刎前说"此天之亡我,非战之罪也"之言的批评,也才能更深切体会将陈涉列世家,项羽、刘邦列本纪的意义。

君权为天所授,王朝统治更替不已,表面上看来是上天的意志,其实决定性因素是人而非天。西汉天人学说是政治学说,现实的内容采取虚幻的形式。灾异与其说是上天的意志,毋宁说是标示政治状况的尺度,在生产力低下的时代,抵御自然灾害的能力是衡量政治状况的重要标准。从自然上讲,灾异出现的概率应是均等的,当政治清明的时候,官吏勤政理民,民众安居乐业,社会作为一个有序整体抵御自然灾害的能力较强,相对说来河清海晏,天下太平;当政治腐败混浊时,官吏作奸犯科,社会财富的分配极不均衡,民众生活物质基础薄弱,社会处于混乱无序状态,抵御灾害的能力也就低下,即使是小灾小难,也会束手无策,危害甚大。由此看,以灾异幻化为上天意志,作为衡量天子为政的准尺,确实抓住了为政要害,这也是使统治长治久安的唯一现实选择。

司马迁的灾异观以"人"作为基础,《史记》自始至终强调"人为"。"太史公曰:国之将兴,必有祯祥,君子用而小人退。国之将亡,贤人隐,乱臣贵。……甚矣,'安危在出令,存亡在所任',诚哉是言也!"(《楚元王世家》)秦亡于劳民伤财,蒙恬督率民众修筑长城,耗费无数,后蒙恬在政治斗争中被杀,死前认为是修长城坏地脉所致,司马迁认为大谬不然,他说:"夫秦之初灭诸侯,天下之心未定,痍伤者未疗,而恬为名将,不以此时强谏,振(赈)百姓之急,养老存孤,务修众庶之和,而阿意兴功,此其兄弟遇诛,不亦宜乎？何乃罪地脉哉?"(《蒙恬列传》)项羽兵败自杀,刎前将己之败归之于天,司马迁批评道："自矜功伐,奋其私智而不师古,谓霸王之业,欲以力征经营天下,五年卒亡其国,身死东城,尚不觉悟而不自责,过矣。乃引'天亡我,非用兵之罪也',岂不谬哉!"(《项羽本纪》赞)

因此,天人关系中决定性因素是人而非天,"灾异"作为上天的意志乃是人为政治的衡量标尺,"然其与政事俯仰,最近天人之符"(《天官书》)。不重人事而重天,最于事无补,司马迁认为为政的次序"太上修德,其次修政,其次修救,其次修禳,正下无之"(《天官书》)。祭祀祈天为最下等政治,是武帝时期的状况,当务之急是"修救",以回复汉初"修德"、"修政"的太平时代。这是司马迁"究天人之际"的核心内容。

司马迁"究天人之际,通古今之变"就是从天与人的辩证关系中、从历史的兴衰通变中总结统治长治久安的道理,告诫武帝承敝易变、改弦更辙以拯救危险的政治。《史记》完成后上奏武帝,到了晚年武帝"悔征伐之事",下《轮台罪己诏》,其间的联系史无明载,我们完全有理由认为二者之间存在因果关系。果如此,司马迁著《史记》的目的也就达到了。

司马迁极其理智地论述了天人关系,天是公正的象征,得天命者得天下,失天命者失其政,得天命与否取决于为政者自身。因此,天命实际上掌握在为政者自己手中。但在实际之中,往往又不尽然,伯夷、叔齐、颜渊、屈原、贾谊等往圣贤哲皆未得善应,他本人更是罹遭大祸,这又使他对天命陷入困惑之中。司马迁的天人观既体现出厚重的历史意识，又弥漫着浓厚的人文气息。

（三）《史记》的思想

司马迁"究天人之际，通古今之变"是为了探究历代统治者所作所为与治乱兴衰的关系，这就决定了《史记》以人事为本、注重世务的理性特征；司马迁残酷的人生际遇使他对人生世态有着与众不同的深刻、独到认识和感受，在《史记》中体现出鲜明的感性特征。《史记》就是司马迁感性与理性统一的体现，班固批评《史记》说："论大道则先黄老而后六经，序游侠则退处士而进奸雄，述货殖则崇势利而羞贫贱。"[①]班固的批评可谓指出《史记》的特点，从政治观、伦理观和经济观上指出了司马迁思想的特征。

1. 政治观

政治的治乱兴衰看起来神妙莫测，其实先哲早就一语道破天机："民惟邦本，本固邦宁。"[②]历代统治者在为政初期尚能勤政恤民，时间稍长就利欲熏心、逞其私欲，历史陷入成败兴衰的循环往复之中，《诗经》、《左传》中屡屡发出"靡不有初，鲜克有

---

①《汉书·司马迁传》。
②《尚书》伪古文《五子之歌》。

终"的慨叹。司马迁从历史的通变中论述了这个道理,《夏本纪》说:"帝桀之时,自孔甲以来而诸侯多畔夏,桀不务修德,而武伤百姓,百姓弗堪。……汤修德,诸侯皆归汤。"《殷本纪》说纣"好酒淫乐,嬖于妇人……百姓怨望而诸侯有叛者,于是纣乃重刑辟,有炮烙之法",终致灭亡。春秋时期,"弑君三十六,亡国五十二,诸侯奔走不得保其社稷者不可胜数","察其所以,皆失其本已"(《太史公自序》)。"本"指国家之本,即民,司马迁认为众多诸侯国的衰亡都是失其本所致。

秦处崤山(今河南洛宁北)、函谷关(今河南灵宝)以西,文明程度比不上东面诸国,但秦经商鞅变法,重视立国之本,很快强盛起来,统一天下。民饱经干戈之苦,社会生产残破不堪,政权存亡兴衰的关键在于清静保民,涵养根本,但秦行急刑暴政,实行劳民、愚民、虐民的政策,结果到二世即灭。汉兴于秦之后,中经灭秦及楚汉战争,社会的残破甚于以前,秦覆车之鉴即在眼前,有远见的政治家总结秦亡的教训,思考汉的为政之道,很自然地得出仁义、安民的为政方针,这其中以贾谊的《过秦论》最为突出,《史记》将其载于《秦始皇本纪》之后,从秦的兴亡贾谊得出了"仁义不施,而攻守之势异也"的结论,文章气势磅礴,为古代散文的典范之作:

秦孝公据殽函①之固,拥雍州之地,君臣固守,以窥周

---

① 殽函:殽,一作"崤",山名,在今河南洛宁县北。函,函谷关,在今河南灵宝县。

室。有席卷天下、包举宇内，囊括四海之意，并吞八荒^①之心。当是时也，商君佐之，内立法度，务耕织，修守战之具；外连衡^②而斗诸侯，于是秦人拱手^③而取西河之外。

孝公既没，惠文、武、昭襄王蒙故业，因遗策，南取汉中，西举巴蜀，东割膏腴之地，北收要害之郡。诸侯恐惧，会谋而谋弱秦，不爱珍器重宝肥饶之地，以致天下之士，合从^④缔交，相与为一。

当此之时，齐有孟尝，赵有平原，楚有春申，魏有信陵^⑤，此四君者，皆明智而忠信，宽厚而爱人，尊贤而重士，约从离横^⑥，兼韩、魏、燕、楚、齐、赵、宋、卫、中山之众。于是六国之士，有宁越、徐尚、苏秦、杜赫之属为之谋，齐明、周最、陈轸、召滑、楼缓、翟景、苏厉、乐毅之徒通其意^⑦，吴起、孙膑、带佗、儿良、王廖、田忌、廉颇、赵奢之朋制其兵。尝以什倍之地、百万之众，叩关^⑧而攻秦。秦人开关延敌，九国之师，逡巡而不敢进。秦无亡矢遗镞之费，而天下诸侯已困矣。于是从散约解，争割地而赂秦。秦有余力而制

---

① 八荒：周边遥远之地。
② 连衡：一作"连横"，战国时东边的一些国家事奉秦国的一种政策。
③ 拱手：两手相合，指不费气力。
④ 合从：即"合纵"，东面六国联合对付秦国的策略。
⑤ 指齐孟尝君田文、赵平原君赵胜、楚春申君黄歇、魏信陵君魏无忌。
⑥ 约从离横：建立合纵，拆散连横。
⑦ 通其意：沟通诸侯国间的联系。
⑧ 叩关：攻打函谷关。

其弊,追亡逐北①,伏尸百万,流血漂橹②,因利乘便,宰割天下,分裂河山,强国请伏,弱国入朝。

施及孝文王、庄襄王,享国之日浅③,国家无事。

及至始皇,奋六世之余烈④,振长策而御宇内⑤,吞二周⑥而亡诸侯,履至尊而制六合⑦,执敲扑⑧以鞭笞天下,威振四海,南取百越⑨之地,以为桂林象郡。百越之君,俯首系颈⑩,委命下吏。乃使蒙恬北筑长城而守藩篱,却匈奴七百余里,胡人不敢南下而牧马,士不敢弯弓而报怨。

于是废先王之道,燔⑪百家之言,以愚黔首⑫。隳⑬名城,杀豪俊,收天下之兵⑭聚之咸阳。销锋镝⑮,铸以为金人十二,以弱天下之民。然后践华为城⑯,因河为池,据亿丈之城,临不测之渊以为固。良将劲弩,守要害之处,信臣⑰

---

① 追亡逐北:追赶战败逃遁的敌人。

② 橹:大盾牌。

③ 享国之日浅:指在位时间短。

④ 奋六世之余烈:发扬秦孝公、惠文王、武王、昭襄王、孝文王、庄襄王六代的功绩。

⑤ 御宇内:统治天下。

⑥ 吞二周:周赧王时分东西二周,西周都洛(今河南洛阳),东周都巩(今河南巩县),均被秦灭。

⑦ 六合:天下。

⑧ 敲、扑:皆指杖。

⑨ 百越:南方民族总称。

⑩ 俯首系颈:臣服。

⑪ 燔:烧。

⑫ 黔首:百姓。

⑬ 隳:毁坏。

⑭ 兵:兵器。

⑮ 销锋镝:熔化兵刃箭头。

⑯ 践华为城:以华山为城郭。

⑰ 信臣:诚信之臣。

精卒，陈利兵而谁何。天下已定，始皇之心，自以为关中之固，金城①千里，子孙帝王万世之业也。

始皇既没，余威震于殊俗②。然而陈涉瓮牖绳枢③之子，氓隶④之人，而迁徙之徒也。材能不及中庸⑤，非有仲尼、墨翟之贤，陶朱、猗顿之富⑥，蹑足行伍之间，俯起⑦阡陌之中，率罢弊之卒，将数百之众，转而攻秦，斩木为兵⑧，揭竿为旗，天下云集而响应，赢粮而景从⑨，山东⑩豪俊，遂并起而亡秦族矣。

且夫天下非小弱也，雍州之地，殽函之固，自若⑪也。陈涉之位，非尊于齐、楚、燕、赵、韩、魏、宋、卫、中山之君也；锄耰棘矜⑫，非铦⑬于钩戟长铩也；谪戍之众，非抗⑭于九国之师也；深谋远虑，行军用兵之道，非及曩时⑮之士也。然而成败异变，功业相反。试使山东之国，与陈涉度长絜

① 金城：喻城郭坚固。
② 殊俗：指远方部族。
③ 瓮牖绳枢：以破瓮为窗户，以绳索拴门枢。以居住简陋指代陈涉出身卑贱。
④ 氓隶：对民众的贱称。
⑤ 中庸：平常的人。
⑥ 陶朱：越国大夫范蠡的别号；猗顿：春秋鲁人。二人皆为巨富。
⑦ 俯起：自下而起。
⑧ 斩木为兵：伐木为兵器。
⑨ 赢粮：挑粮。景从：如影之随形，紧密跟随。
⑩ 山东：崤山以东。
⑪ 自若：依然如故。
⑫ 锄耰(yōu)：指锄。棘矜：伐棘以为杖。
⑬ 铦(xiān)：锋利。
⑭ 抗：高、强。
⑮ 曩时：过去。

大^①，比权量力，则不可同年而语矣。然秦以区区之地，致万乘之权^②，招八州而朝同列^③，百有余年矣。然后以六合为家，殽函为宫，一夫作难而七庙隳^④，身死人手，为天下笑者，何也？仁义不施，而攻守之势异也。

秦灭周祀，并海内，兼诸侯，南面称帝，以养四海，天下之士斐然向风，若是者何也？曰：近古之无王者久矣。周室卑微，五霸既灭，令不行于天下，是以诸侯力政，强侵弱，众暴寡，兵革不休，士民罢（疲）弊。今秦南面而王天下，是上有天子也。既元元之民冀得安其性命，莫不虚心而仰上，当此之时，守威定功，安危之本在于此矣。

秦王怀贪鄙之心，行自奋之智，不信功臣，不亲士民，废王道，立私权，禁文书而酷刑法，先诈力而后仁义，以暴虐为天下始。夫并兼者高^⑤诈力，安定者贵顺权，此言取与守不同术也。秦离战国而王天下，其道不易，其政不改，是其所以取之守之者无异也。孤独而有之^⑥，故其亡可立而待。借使秦王论上世之事，并殷、周之迹，以制御其政，后虽有淫骄之主犹未有倾危之患也。故三王^⑦之建天下，名号显美，功业长久。

---

① 度长絜大：衡量、比较。絜（xié），计量。
② 致万乘之权：得到帝位。周天子兵车万辆，后以"万乘"指帝位。
③ 八州：古分天下九州，秦据雍州。朝同列：使本同等的六国之君来朝。
④ 一夫作难：指陈涉起兵。七庙：祖先七代庙，天子祀七庙。
⑤ 高：重视。
⑥ 孤独而有之：专横统治天下。
⑦ 三王：夏、商、周三代立国之王。

今秦二世立,天下莫不引领(颈)而观其政。夫寒者利
裋褐①而饥者甘糟糠,天下嚣嚣,新主之资也。此言劳民之
易为仁也。向使二世有庸主②之行,而任忠贤,臣主一心而
忧海内之患,缟素③而正先帝之过,裂地分民以封功臣之
后,建国立君以礼天下,虚囹圄④而免刑戮,去收帑污秽之
罪⑤,使各反(返)其乡里,发仓廪,散财币,以振(赈)孤独穷
困之士,轻赋少事,以佐百姓之急,约法省刑以持其后,使
天下之人皆得自新,更节修行,各慎其身,塞万民之望⑥,而
以盛德与天下,天下息矣。即四海之内,皆讙然⑦各自安乐
其处,惟恐有变,虽有狡猾之民,无离上之心,则不轨之臣
无以饰其智,而暴乱之奸弭矣。二世不行此术,而重之以
无道,坏宗庙与民,更始作阿房之宫,繁刑严诛,吏治刻深,
赏罚不当,赋敛无度,天下多事,吏不能纪,百姓困穷而主
不收恤。然后奸伪并起,而上下相遁,蒙罪者众,刑戮相望
于道,而天下苦之。自君卿以下至于众庶,人怀自危之心,
亲处穷苦之实,咸不安其位,故易动也。是以陈涉不用汤、
武之贤,不藉公侯之尊,奋臂于大泽而天下响应者,其民危
也。故先王者见始终不变,知存亡之由,是以牧民之道,务

① 裋褐:粗糙简陋的衣服。
② 庸主:常主,一般正常君主。
③ 缟素:恭俭。
④ 囹圄:监狱。
⑤ 去收帑污秽之罪:清除收受贿赂等腐败。帑(tǎng):钱财,公款。
⑥ 塞万民之望:满足万民之望。
⑦ 讙然:欢乐的样子。讙,同"欢"。

在安之而已矣。天下虽有逆行之臣,必无响应之助矣。故曰"安民可与行义,而危民易与为非",此之谓也。贵为天子,富有天下,身不免于戮杀者,正之非也。是二世之过也。

贾谊意在总结秦的"过失",探究秦在短短几十年之内由横扫诸侯、统治天下,到"一夫作难而七庙隳"这种巨大变化的奥秘,他总结说"是以牧民之道,务在安之而已"。民为邦本,保民必须清静无为、休养生息,让民具有安身立命的基本条件,行黄老之治是汉初客观现实的要求。

黄老之术并非消极退避、无所作为,而是因时制宜,因势利导,因循为用,因而是一种以静制动的"君人南面之术",在汉初特定的历史时段内,具有无可替代的作用和特殊功效。刘邦建汉,承敝易变,确立黄老政治,司马迁称赞高祖说:"秦政不改,反酷刑法,岂不谬乎?故汉兴,承敝易变,使人不倦,得天统矣。"(《高祖本纪》赞)萧何为首任相国,"因民之疾秦法,顺流与之更始"(《萧相国世家》赞)。

大政方针确定后,关键是遵守因循,汉初数代守之不渝。萧何卒后曹参任相国,认真执行清静无为的政策,他用人有个特殊的标准,即专用木讷少言、敦厚稳重的长者,悭吝刻薄、专务声名的势利之徒则斥去之;为政也颇有特色,整日饮酒,官吏想提出建议,"参辄饮以醇酒,间之,欲有所言,复饮之,醉而后去,终莫得开说,以为常"(《曹相国世家》)。惠帝怪相国不治事,让曹参之子曹窋劝谏乃父,结果不但未能劝谏,曹参反而说服了惠帝，《曹相国世家》所载颇有趣味：

> （惠帝）乃谓窋曰："若归，试私从容问而父曰：'高帝新弃群臣，帝富于春秋，君为相，日饮，无所请事，何以忧天下乎？'然无言吾告若也。"窋既洗沐归，间侍，自从其所谏参。参怒，而笞窋二百，曰："趣入侍，天下事非若所当言也。"至朝时，惠帝让参曰："与窋胡治乎？乃者我使谏君也。"参免冠谢曰："陛下自察圣武孰与高帝？"上曰："朕乃安敢望先帝乎！"曰："陛下观臣能孰与萧何贤？"上曰："君似不及也。"参曰："陛下言之是也。且高帝与萧何定天下，法令既明，今陛下垂拱，参等守职，遵而勿失，不亦可乎？"惠帝曰："善。君休矣！"

曹参全盘因袭萧何律令制度，这就是典故"萧规曹随"的由来。司马迁深察其中的意义，对曹参赞赏不已："参为汉相国清静极言合道，然百姓离秦之酷后，参与休息无为，故天下俱称美矣！"（《曹相国世家》赞）

惠帝病后吕雉当政，虽然免不了与宗室兵戎相见，但政治上仍能因袭前制，司马迁不像后世史家以正统的伦理观贬斥吕后，相反对其政治同样持肯定态度，虽为女主，政治上仍得"汉统"，这恐是他列《吕太后本纪》的初衷。他说："孝惠、高后之时，黎民得离战国之苦，君臣俱欲休息乎无为，故惠帝垂拱。高后女主称制，政不出房户，天下晏然。刑罚罕用，罪人是希

(稀）。民务稼穑，衣食滋殖。"（《吕太后本纪》赞）

文、景更是清静无为的典范，爱惜民力，不误农时，轻徭薄赋，虚弱自守，"孝文帝从代来，即位二十三年，宫室苑囿狗马服御无所增益，有不便，辄弛以利民"（《孝文本纪》）。"文帝时，会天下新去汤火，人民乐业，因其欲然，能不扰乱，故百姓遂安"（《律书》）；对外"与匈奴和亲……不发兵深入，恶烦苦百姓"（《孝文本纪》）。文、景时代是理想的政治，司马迁一往情深地描写为充满童稚真朴的世界："自年六七十翁亦未尝到市井，游敖嬉戏如小儿状。"（《律书》）这种绝妙的风光是桃花源中的世界，司马迁和陶渊明分别从史学和文学的角度寄托了古代士人对美好政治的向往。

清静无为的黄老政治造就了太平盛世，汉兴七十年间社会面貌大大地改变了，物质条件大大地改善了，社会政治又面临着如何维持现实局面的问题。司马迁认为礼义与刑罚并重，他说："人道经纬万端，规矩无所不贯，诱进以仁义，束缚以刑罚……所以总一海内而整齐万民也。"（《礼书》）奢侈享受是人的本性使然，要求人讲求仁义节俭，养成素朴、敦醇的社会风气，儒家的内圣学说显示出其价值。这也是从历史的通变中得出的教训，商亡于骄奢，周代殷而兴，务求节俭，新王登基告之诫之，"成王既崩，二公（召公、毕公）率诸侯，以太子钊见于先王庙，申告以文王、武王之所以为王业之不易，务在节俭，毋多欲"（《周本纪》）。

司马迁作十表，为王侯列谱系，目的在于从王侯的成败利钝中说明仁义的重要,讲仁义者福荫子孙,世代相传,反之子孙不保,以以吴王刘濞为首的七侯国等。他在《汉兴以来诸侯王年表》序中说:"臣迁谨记高祖以来至太初诸侯,谱其下益损之时,令后世得览。形势虽强,要之以仁义为本。"作《惠景间侯者年表》,"咸表终始,当世仁义成功之著者也"。

由此可见,司马迁对道、儒的态度是基于汉初历史实际的,班固对司马迁"先黄老而后六经"的批评则是基于先验的,孰优孰劣,自不待言。其实,历史进入到汉代,先秦各家思想呈现融合的倾向,汉初黄老政治并非单纯的黄老之术,武帝"独尊儒术"以后也绝非纯粹的儒家思想,运筹天下的宣帝称说得简洁明白:"汉家自有制度,本以霸王道杂之,奈何纯任德教,用周政乎?"①

对黄老政治的推崇也是司马迁写作《史记》目的的体现。黄老政治的实质是"修敝"、"承敝易变",对武帝"兴作"的批评也就顺理成章了。司马迁言汉初七十年间国家"无事",武帝"滋欲多事","无事"并非了无一事,而是指无扰民害政之事,汉初经历了许多大事,如通使南越、与匈奴和亲、镇压异姓诸侯王、平定吴楚七国之乱、镇压北济王等,属兴国安民的善政。武帝的"多事"司马迁也是区别对待的,利国利民的事仍予肯定赞赏,如武帝削藩,颁布"推恩令"以加强中央集权,"太史公曰:盛哉,天子之德,一人有庆,天下赖之"(《建元以来王子侯者年表》)。

2. 经济观

经济观与政治观是一致的,黄老政治的核心即休养生息,发展经济。司马迁在《货殖列传》和《平准书》中集中地体现了他崇尚富利的思想。结合全书的内容,大体可将他的经济观归结为如下三个方面。

其一,追逐富利是人的本性。物质需求不仅是人类与生俱有的本性,甚至是人类生存的先决条件,人类的文明最早出现于物质条件较好的大河流域就说明了这一点。人类对物质的需求促进了文明的进步,人类的文明史本质上就是获取和支配物质的历史,司马迁"崇货殖而羞贫贱"是对人类社会本质的客观认识,两千余年后的今天我们不能不对此肃然起敬。

司马迁说:"富者,人之情性,所不学而俱欲者也。"(《货殖列传》)他精心描绘了全幅社会"逐利图",十分精彩,录之于下:

> 故壮士在军,攻城先登……为重赏使也;其在闾巷少年,攻剽椎埋,劫人作奸,掘冢铸币,任侠并兼,错交报仇,篡逐幽隐,不避法禁,走死如骛者,其实皆为财用耳。今夫赵女郑姬,设形容,揳鸣琴,揄长袂,蹑利屣,目挑心招,出不远千里,不择老少者,奔富厚也;游闲公子,饰冠剑,连车骑,亦为富贵容也;弋射渔猎,犯晨夜,冒霜雪,驰坑谷,不避猛兽之害,为得味也;博戏驰逐,斗鸡走狗,作色相矜,必

争胜者,重失负也;医方诸食技术之人,焦神极能,为重糈①
也;吏士舞文弄法,刻章伪书,不避刀锯之诛者,没于赂遗
也;农工商贾畜长,固求富益货也。此有知尽能索耳,终不
余力而让财矣。(《货殖列传》)

在司马迁看来,整个社会都在"利"这根魔棒指挥下运作:士卒
冲锋陷阵,不顾死生,是重赏驱使的;顽劣少年,杀人越货,作奸
犯科,以身试法,为财而死;赵、郑美女浓妆艳抹,奇装异服,扭
怩作态,不问路程远近,不择年龄老少,卖身投靠,是为了得到
钱财;纨绔子弟奢侈浪费,是为了显示富贵;渔猎之人不分日夜
寒暑,不顾猛兽艰险,是为了满足口腹之欲;斗鸡走狗赌博诸戏
为无数人所迷恋,是为了决出胜负;医生等各门技术之人,劳神
焦思,竭尽心智,是为了换得更多的钱粮;官吏违章乱法,胆大
妄为,结果身败名裂,是因为收受了贿赂;农工商贾日夜梦想得
到更多的财货。司马迁把人的一切行为归结于"利"的驱使,一
定程度上忽视了人精神因素的作用,不免失之片面,但对"利"
本质的揭示是极其深刻的。

其二,民逐富利是合理的,因而反对与民争利。追逐富利
为人之本性,统治者之为统治者,是为了占有和支配更多的财
富。因此,百姓对财富的追求也是合理的和正当的。司马迁
说:"天下熙熙,皆为利来;天下攘攘,皆为利往。夫千乘之王,

---

① 糈(xǔ):粮食。

万室之君,尚犹患贫,而况匹夫编户之民乎!"(《货殖列传》)基于此,司马迁在《货殖列传》中为白圭、猗顿、乌氏倮、巴寡妇清等三十余殖财聚货的商人立传,在《自序》中说:"布衣匹夫之人,不害于政,不妨百姓,取与以时而息财富,知者有采焉。"详细记述他们生财的过程及方法,总结出"乐观时变"、"人弃我取,人取我予"、"贵出如粪土,贱取如珠玉"等生财之道。

司马迁肯定民"求利"的合理性,仍是基于民惟邦本的基本道理,因而反对与民争利。《孟子荀卿列传》赞说:"余读《孟子》书,至梁惠王问'何以利吾国',未尝不废书而叹也。曰:嗟乎,利诚乱之始也! 夫子罕言利者,常防其原也。故曰:'放于利而行,多怨。'自天子至于庶人,好利之弊何以异哉!"庶人言利,人给家足,民富国强,是求之不得的好事;而天子言利,聚敛财富,与民争利,为祸患之始,致乱之源。前者是汉初的境况,后者则是武帝时的状况,从经济史的通变中得出教训,以警醒统治者。

其三,农工商虞并重。司马迁崇尚富利,农、工、商、虞[①]都是殖财的手段,理所当然地予以重视,引《周书》说:"农不出则乏其食,工不出则乏其事,商不出则三宝绝,虞不出则财匮少。"四者缺一不可,"故待农而食之,虞而出之,工而成之,商而通之"(《货殖列传》)。从社会政治的实际出发,四者仍有主次轻重之分,"故本富为上,末富次之,奸富最下"。重视以农致富,提倡以商致富,反对作奸犯科以不正当手段获取财利。商以其

---

① 虞:古代掌管山林川泽之官,指山林川泽之利。

用力少而获利多的特点成为人们趋之若鹜的生财手段，汉初就出现弃本趋末的现象，著名政治家贾谊《论积贮疏》、晁错《论贵粟疏》就为此而发。但商贾在价值规律作用下从事水陆贩运，调剂余缺，促进社会资源的合理配置和生产要素的有效组合，是社会生产力中十分活跃的因素，对社会发展有着重要的促进作用。司马迁的可贵之处在于并不因噎废食，重本而不弃末，反对的是以不正当手段获取不义之财的奸富，见解是十分深刻的。

总之，如同司马迁的政治观一样，他的经济观立足于社会政治的现实基点上，而非基于概念的预设上，因而能符合历史的实际。司马迁崇富利但不排斥礼义，而是把物质条件作为行礼义廉耻的基础，并以儒家的内圣学说节制人们对物质的贪求。他引管子话说："仓廪实而知礼节，衣食足而知荣辱。"他论"礼"说：

> 礼由人起。人生有欲，欲而不得则不能无忿，忿而无度量则争，争则乱。先王恶其乱，故制礼义以养人之欲，给人之求，使欲不穷于物，物不屈于欲，二者相待而长，是礼之所起也。故礼者养也。稻粱五味，所以养口也；椒兰芬苣，所以养鼻也；钟鼓管弦，所以养耳也；刻镂文章，所以养目也；疏房床第几席，所以养体也：故礼者养也。（《礼书》）

"礼"为养欲、节欲而非禁欲。司马迁并非一概"羞贫贱"，对德行高洁、甘于贫贱的高人雅士也十分崇敬,如对孔子及其弟子即然。他轻蔑、卑视的是无德无行、游手好闲之辈,"无岩处奇士之行,而长贫贱,好语仁义,亦足羞也"(《货殖列传》)。班固把"崇货殖而羞贫贱"作为司马迁"是非颇谬于圣人"的三大罪状之一,金代王若虚更说"迁之罪不容诛矣"[①],其史学观实不如太史公远甚。

3. 伦理观

如果说司马迁的政治观、经济观体现了他理性的一面,那么他的伦理观则具有浓厚的主观感性色彩,这与他的社会地位与人生经历是密切相关的。

司马迁的伦理观主要体现在对"义"的阐发上。伦理固然包括自然人伦因素,但在阶级社会中主要是统治阶级意识的反映。就"义"而言,符合统治者利益的行为规范即为义,反之则为不义,先秦思想家指出了这一本质。《墨子·鲁问》说:"窃一犬一彘,世谓之不仁;而窃一国一都,则以为义。"《庄子·胠箧》:"彼窃钩者诛,窃国者为诸侯;诸侯之门,而仁义存焉。"司马迁对社会底层十分了解,洞悉古今人情世态,又有着独特的人生际遇,对前贤的话有着深切的感受和体会,他说:"鄙人有言曰:'何知仁义,已享其利者为有德。'故伯夷丑周,饿死首阳山,而文、武不以其故贬王;跖、蹻暴戾,其徒诵义无穷。由此观

---

① 王若虚:《滹南遗老集》卷一九《史记辨惑》。

之，'窃钩者诛，窃国者侯，侯之门仁义存'，非虚言也。"(《游侠列传》)所谓仁义，是存在于"侯门"，是"已享其利者"独占的权利，标准由他们订立，符合此标准的为仁义，反之则为不仁义；言行符合此标准者为"处士"，反之即为"奸雄"。

如此说来，司马迁"黜处士而进奸雄"不符合正统的伦理观念是很自然的，具体表现在对"游侠"的肯定与颂扬。游侠品格上重诺守信，重义轻利，言信行果，卓然独立，把自己的人格和荣誉看得至高无上；行动上不畏强暴，扶危济弱，"趋人之难，甚己之私"(《游侠列传》)，因而游侠的存在具有广泛的社会和心理基础。司马迁对游侠的肯定基于主、客观方面的原因。从客观方面来说，任侠意识在汉初仍存在广泛的社会基础。春秋、战国几百年兵戈战乱，民众经受着战乱的巨大痛苦，犹如孟子所说"争地以战，杀人盈野；争城以战，杀人盈城"。秦统一六国使几百年战乱达到高峰，统一后推行急刑峻法，导致农民揭竿而起，又经过数年剧烈的楚汉战争，汉终于实现统一。自春秋至汉建立五百年间虽然有过短暂的统一，基本上处于战乱纷争状态。兵荒马乱，受害最烈、最深的是平民百姓，其生命朝不保夕，在死亡线上徘徊挣扎，扶危济困的侠士为他们所企盼，任侠意识成了他们心理的慰藉与精神寄托。其实，中国古代武侠文学的兴盛皆同此理，司马迁的民本思想自然与任侠意识契合在一起。

其次，从主观方面看，任侠意识也是司马迁受害心灵的寄托。他独自在武帝面前为李陵仗义执言，本身就是侠义的体现。当他被下狱定罪后，按规定可输钱赎罪，但"家贫，货赂不足以自赎"①，昔日亲朋故旧避之惟恐不及，终遭酷刑。这一铭心刻骨的经历使他饱尝世态的炎凉，他对"趋人之急，甚己之私"的侠客义士一片心仪不是很自然的吗？

有一种似是而非的看法认为，任侠意识与儒家观念是根本对立的。其实，原始儒家既讲礼制名分，也讲"仁者爱人"、言信行果，后世统治者为逞私欲、强化专制统治，片面地强调前者而漠视后者，结果失去统治基础，陷入"其兴也勃焉，其亡也忽焉"的政治怪圈之中。司马迁肯定任侠意识是对"仁者爱人"层面的强调，毋宁说是对原始儒学的维护和捍卫，从这里也可看出他政治、经济与伦理思想上的一致性。下面具体看一看他对游侠的记载。

《史记》有《游侠列传》和《刺客列传》，记载汉代游侠与战国刺客的事迹。正如上所述，他将游侠作了区分，颂扬的是"乡曲之侠"、"匹夫之侠"、"闾巷之侠"，而非横行霸道、欺凌孤弱的"豪暴之侠"。他说：

> 今游侠，其行虽不轨于正义，然其言必信，其行必果，已诺必诚，不爱其躯，赴士之厄困，既已存亡死生矣；而不矜其能，羞伐其德，盖亦有足多者焉。（《游侠列传》）

---

① 《汉书·司马迁传》。

汉代游侠的代表人物是朱家和郭解。

朱家尚义轻利,专解人之困,生活俭朴,"所藏活豪士以百数,其余庸人不可胜言。……振人不赡,先从贫贱始。家无余财,衣无完采,食不重味,乘不过轺车。……既阴脱季布于阨,及布尊贵,终身不见也。自关以东,莫不延颈愿交焉"(《汉书·游侠传》)。朱家救人之急,不论对方的身份地位,不为名利,不图报酬。季布亦为一侠义之士,时谚说:"得黄金百镒,不如得季布一诺。"他本为项羽将领,楚汉战争中数困刘邦,刘邦得势后欲以千金购求之。季布藏身于濮阳周氏家中,周氏无力保护他,阴将季布连同家僮数十人卖予朱家,"朱家心知是季布,乃买而置之田,诫其子曰:'田事听此奴,必与同食!'"(《季布栾布列传》)朱家专程到洛阳见滕公,通过滕公向刘邦说情,终于使季布得到赦免。后季布官至汉高祖时郎中和文帝时河东太守,朱家不图报答,终生避而不见。

轵县(今河南济源)人郭解是司马迁亲眼见过的大侠,其貌不扬,生活俭朴,"解为人短小精悍,不饮酒","执恭敬,不敢乘车入其县廷","更折节为俭,以德报怨,厚施而薄望"。其外甥强迫人饮酒,被人刺死,他知实情后告知凶手:"公杀之固当,吾儿不直。"(《游侠列传》)郭解行侠尚义,名播远近,被同乡绅士杨季主告发,引起朝廷的警觉,被徙置茂陵。此时司马迁一家也徙置此地,算起来他们同里。迁离之日,地方士大夫为他送行,场面甚为壮观。到关中后,"关中豪贤知与不知,闻其声,争交欢解"(《游侠列传》)。不久,郭解的侄儿将杨季主儿子杀害,杨季主不久也被杀，其家人上告朝廷，又被郭解的信徒刺杀于宫阙之下。朝廷震怒，下令缉拿，郭解出逃，不更名姓，沿途争相接待，蒙蔽官府，一个名籍少公的人知道郭解行踪，甚至自杀绝口，以不向官府提供线索。元朔三年（公元前126年）武帝发布大赦令，郭解重又露面。在一次儒生聚会上，轵县一儒生认为"郭解专以奸犯公法，何谓贤"，结果被郭解的信徒杀死，并被割了舌头。丞相公孙臣以此惩办郭解，籍没其全家。

对统治者来说，这种名显一方、结帮成党、私行公法的游侠势力无疑对王朝统治构成巨大威胁，汉王朝推行严厉的打击政策。侯之门仁义存，正统史家班固将"义"划分为"背公死党之议（义）"与"守职奉上之义"①，统治阶级需要的是后者而非前者。司马迁知道游侠的行为不合后者，说其行"不轨于正义"，"正义"即统治阶级的"守职奉上之义"，但歌颂他们不计名利、言信行果、扶危济困、磊落光明的侠肝义胆，实质上是对平民意识的认同与肯定。他对郭解之死深为同情，说："吾视郭解，状貌不及中人，言语不足采者，然天下无贤与不肖，知与不知，皆慕其声，言侠者皆引以为名。谚曰：'人貌荣名，岂有既乎！'於戏，惜哉！"（《游侠列传》赞）

《刺客列传》旨在颂扬战国时刺客的侠义精神，其实也是对完美人格的追求。侠士们知遇图报，以身相许，就是对人格、荣誉的终极追求，如荆轲刺秦王、专诸刺吴王僚等都是这样，尤以

---

① 《汉书·游侠传》。

聂政姐弟为典型。

聂政尚侠,因杀人避仇,携老母、姐姐聂荣至齐,以屠为事。严遂(字仲子)事韩哀侯,与权相侠累结仇,携百金至齐见聂政,请为报仇。聂政因老母尚在未允,亦不收金。母死,聂政只身杖剑至韩,径入相府,刺杀侠累,然后自己割破面皮、剜出眼珠毁容剖腹而死,以免连累姐姐。韩将聂政尸弃于市,悬赏千金以求辨识者。聂荣闻讯即知弟所为,至市伏尸恸哭,市中人劝其早去,聂荣说:"然政所以蒙污辱自弃于市贩之间者,为老母幸无恙,妾未嫁也。亲既以天年下世,妾已嫁夫,严仲子乃察举吾弟困污之中而交之,泽厚矣,可奈何!士固为知己者死,今乃以妾尚在之故,重自刑以绝从,妾其奈何畏殁身之诛,终灭贤弟之名。""乃大呼天者三,卒于邑悲哀而死政之旁。"(《刺客列传》)两千年后的今日,读之犹令人嘘唏不已。

母子之义、姐弟之义、朋友之义弥漫其间,人格至尊,荣誉至上。聂政置死生于不顾,纯粹出于严遂的"知遇",地位虽然卑贱,人格却受到尊重,这恰是聂政辈的"终极关怀",因而死生就不重要了。聂荣冒死认弟,不让其弟蒙受污辱,伸其义于天下,也是出于对荣誉、人格的维护。

失去了的才是最可宝贵的。司马迁人格受到摧残,名誉受到玷污,自然对人格、荣誉十分珍重,对侠士的记载,更反衬出他那痛苦、屈辱的心灵。《史记》中还记载了许多不甘屈辱为保持名节而死的义士,如伯夷、叔齐不食周粟,饿死于首阳山;屈原不甘做亡国奴,自沉汨罗;齐布衣王蠋在齐被燕灭亡时"义不北面于燕,自尽身亡"(《田单列传》);田横及五百宾客耻于降汉,逃至孤岛,"亦皆自杀";李广不堪"复对刀笔之吏"而自杀,项羽愧对江东父老自刎乌江等等,司马迁称他们"岂非至贤"(《田儋列传》),"虽与日月争光可也"(《屈原列传》)。

但是另一方面,死固不易,超越自己、忍辱负重更为困难。越王勾践卧薪尝胆,终报强吴,"盖有禹之遗烈焉"(《越王勾践世家》);伍子胥弃小义,雪大耻,为"烈丈夫"(《伍子胥列传》)。"一死一生,乃知交情;一贫一富,乃知交态;一贵一贱,交情乃见"(《汲郑列传》)。司马迁的伦理观是从他惨烈的人生中感悟出来的,自然不是养尊处优、俯首帖耳的正统卫道士们所能理解的了。

(四)《史记》的文学成就

鲁迅先生称《史记》为"史家之绝唱,无韵之《离骚》",高度评价了《史记》的历史文学成就。史书不同于文书档案,要求史家有合理的组织材料和表述历史价值观的方式;史书又不同于纯粹的文学作品,而具有历史编纂学的规范。《史记》是史学与文学结合的典范之作,这里从如下几方面予以叙述。

1. 寓论断于叙事

史书是史家思想的物化形式,必然浸透着史家的价值判断,《史记》的高明之处在于"寓论断于叙事",作者虽不置一词,但对史事的褒贬是非却使人一目了然。明清之际学者顾炎武说：

> 古人作史有不待论断，而于叙事之中即见其指者，惟太史公能之。《平准书》末载卜式语，《王翦传》末载客语，《荆轲传》末载鲁勾践语，《晁错传》末载邓公与景帝语，《武安侯田蚡传》末载武帝语，皆史家于序事中寓论断也。①

循着顾炎武所举实例，我们看一看《史记》的具体情况。

《平准书》末载天久旱无雨，灾荒严重，元封元年（公元前110年）武帝令诸官求雨，"卜式言曰：'县官当食租衣税而已，今弘羊令吏坐市列肆贩物求利。亨（烹）弘羊，天乃雨。'"桑弘羊推行平准、均输等与民争利的政策，司马迁引卜式言喻示"兴利"之害甚过天灾，反映了他以人为本的天人观，同时对武帝不重民事、"修禳"求天提出批评。《王翦传》载，王翦及子王贲皆为秦名将，二世时王翦父子俱已作古，其孙王离领兵击赵，有人说王离出自名将世家，此行必奏凯，"客曰：'不然。夫为将三世者必败，必败者何也？必其所杀伐多矣，其后受其不祥。今王离已三世将矣。'"司马迁借客语说明杀人太多，终不得善报。《荆轲传》载荆轲刺秦王失败，鲁勾践听此消息，"私曰：'嗟乎，惜哉其不讲于刺剑之术也！'"司马迁借客语表示对荆轲谋刺未

①顾炎武：《日知录》卷二六。

成的惋惜之情。《晁错传》载，晁错为加强中央集权，主张"削藩"，吴、楚等七国打着"清君侧，诛晁错"的幌子联合起兵反叛，景帝惊慌失措荒唐地诛杀晁错，卷末记邓公对景帝说："夫晁错患诸侯强大不可制，故请削地以尊京师，万世之利也。计画始行，卒受大戮，内杜忠臣之口，外为诸侯报仇，臣窃为陛下不取也。"司马迁借邓公之语对景帝的荒唐行为提出批评。《魏其武安侯列传》载，武安侯淮南王谋叛，武帝听说武安侯接受淮南王贿赂后言："使武安侯在者，族矣。"借武帝语表示对淮南王不轨行为的抨击。

由上可见，看似不经意的叙述，其实是太史公的刻意安排，《史记》中类似事例不胜枚举，这是《史记》成为"史家之绝唱"的重要因素之一。

2. 无韵之《离骚》

鲁迅先生称《史记》为"无韵之《离骚》"，不仅仅因为它文辞沉郁顿挫，形式上相似，更主要的是激荡炽烈、感怀抒愤内质上的相通。《离骚》是屈原怀才不遇、报国无门、遭谗被斥的悲愤之作，以美人香草自喻才志高洁，以浪漫的笔法遨游四极八荒，呼天抢地，诘古问今，上下求索，一腔独步天下的高旷与悲凉。司马迁遭屈辱大祸，饱尝人世辛酸、世态炎凉，其境遇、其心态、其感情与屈子息息相通，故在以屈原为代表的不得志的贤哲传记之中，吊古伤今，悲天悯人，深得《离骚》的神韵，如对屈原的记载：

屈平疾王听之不聪也,谗谄之蔽明也,邪曲之害公也,方正之不容也,故忧愁幽思而作《离骚》。离骚者,犹离(罹)忧也。夫天者,人之始也;父母者,人之本也。人穷则反本,故劳苦倦极,未尝不呼天也;疾痛惨怛,未尝不呼父母也。屈平正道直行,竭忠尽智以事其君,谗人间之,可谓穷矣。信而见疑,忠而被谤,能无怨乎?屈平之作《离骚》,盖自怨生也。《国风》好色而不淫,《小雅》怨诽而不乱。若《离骚》者,可谓兼之矣。上称帝喾,下道齐桓,中述汤、武,以刺世事。明道德之广崇,治乱之条贯,靡不毕见(现)。其文约,其辞微,其志洁,其行廉,其称文小而其指极大,举类迩而见义远。其志洁,故其称物芳;其行廉,故死而不容自疏。濯淖汙泥之中,蝉蜕于浊秽,以浮游尘埃之外,不获世之滋垢,皭然泥而不滓者也。推此志也,虽与日月争光可也。

……

屈平既嫉之,虽放流,眷顾楚国,系心怀王,不忘欲反,冀幸君之一悟,俗之一改也。其存君兴国而欲反复之,一篇之中三致志焉。然终无可奈何,故不可以反,卒以此见怀王之终不悟也。人君无愚智贤不肖,莫不欲求忠以自为,举贤以自佐,然亡国破家相随属,而圣君治国累世而不见者,其所谓忠者不忠,而所谓贤者不贤也。怀王以不知忠臣之分,故内惑于郑袖,外欺于张仪,疏屈平而信上官大夫、令尹子兰。兵挫地削,亡其六郡,身客死于秦,为天下笑,此不知人之祸也。

司马迁与屈原同样地希望为君国效力,又同样地被摈弃,因而在心理上引起强烈共鸣,对怀王"不知人"而致国破身亡结局的议论,其实也就是向武帝所敲的警钟。屈原报国不能,又不愿同流合污,于是自沉汨罗,司马迁描绘了他沉江前与渔父对活的场景:

> 屈平至于江滨,被(披)发行吟泽畔,颜色憔悴,形容枯槁,渔父见而问之曰:"子非三闾大夫欤?何故而至此?"屈原曰:"举世混浊而我独清,众人皆醉而我独醒,是以见放。"渔父曰:"夫圣人者,不凝滞于物而能与世推移。举世混浊,何不随其流而扬其波?众人皆醉,何不铺其糟而啜其醨?何故怀瑾握瑜,而自令见放为?"屈原曰:"吾闻之,新沐者必弹冠,新浴者必振衣,人又谁能以身之察察,受物之汶汶者乎!宁赴常流而葬乎江鱼腹中耳,又安能以皓皓之白而蒙世俗之温蠖乎!"

这种特定场景的描写当然不能视为信史,司马迁采取了文赋中常用的对话方式,借用了文学作品中常出现的渔父形象,展示屈原自沉前的心迹,与其说是对屈原之死的哀悼,毋宁说是对其超凡脱俗、保持清白的企羡。

《贾谊传》中记述了贾谊与屈原怀才不遇的相同际遇,引用了贾谊被贬长沙所作的《吊屈原赋》。在卷末司马迁写出了读屈原及贾谊著作的心理感受:"余读《离骚》、《天问》、《招魂》、《哀郢》,悲其志。适长沙,观屈原所自沉渊,未尝不垂涕,想见其为人。及见贾生吊之,又怪屈原以彼其材,游诸侯,何国不容,而自令若是。读《鹏鸟赋》,同死生,轻去就,又爽然自失矣。"司马迁道出了他的心路轨迹:读《离骚》等作品,为他报国无门感到悲愤;到汨罗江边凭吊,为屈原之死感到悲伤;读贾谊的《吊屈原赋》,为屈原矢志不移、自保名节感到哀怜;读贾谊《鹏鸟赋》依违两可、去就漠然、不尚节操的态度又怅然自失、感到悲凉。由悲愤到悲伤到自怜到自弃,是残酷专制制度下正直士人普遍性的心态轨迹,一部文学史就是这种心路历程凝化和反映的历史。

3. 传记文学的典范

《史记》传记文学的突出特点是不拘泥于固定程式,而是根据人物的身份组织材料,抒发议论。或侧重于人物的经历,曲折生动;或侧重于人物的言论,意味深长;或借人物抒情言志,议论风生,真切动人。因此,《史记》记述各阶层的人物,方式不一,皆能各尽其妙。就此而言,后世正史的传记只得其形未得其神,的确难望其项背。

刘邦和项羽是两位著名人物,司马迁选取典型事例写出他们各自不同的性格特点,在这种描述中又可见其不同的人生归宿。《高祖本纪》中少年刘邦"好酒及色",是个无赖形象,做了皇帝后仍以其父早年说他是无赖的话取笑为乐。"未央宫成,高祖大朝诸侯群臣，置酒未央前殿。高祖奉玉卮（杯），起为太上皇寿，曰：'始大人常以臣无赖，不能治产业，不如仲（其兄）力。今臣之业所就孰与仲多？'殿上群臣皆呼万岁，大笑为乐。"但他知人善任，成就帝业，对自己从一介平民到九五之尊有清醒的认识：

> 高祖置酒洛阳南宫。高祖曰："列侯诸将无敢隐朕，皆言其情。吾所以有天下者何？项氏之所以失天下者何？"高起、王陵对曰："项羽慢而侮人，陛下仁而爱人。然陛下使人攻城略地，所降下者因以予之，与天下同利也。项羽妒贤嫉能，有功者害之，贤者疑之，战胜而不予人功，得地而不予人利，此所以失天下也。"高祖曰："公知其一，未知其二。夫运筹策帷帐之中，决胜于千里之外，吾不如子房（张良）；镇国家，抚百姓，给馈饷①，不绝粮道，吾不如萧何；连百万之军，战必胜，攻必取，吾不如韩信。此三者，皆人杰也，吾能用之，此吾所以取天下也。项羽有一范增而不能用，此其所以为我擒也。"

自知、知人，是刘邦克敌制胜的关键，论功行赏也能做到公平妥帖，《萧相国世家》记刘邦任萧何为相国反映了这一点，文字精妙：

---

① 给馈饷：供给粮饷。

汉五年,已杀项羽,即皇帝位,论功行封,群臣争功,岁余功不决。上以何功最盛,封为酇①侯,所食邑多。功臣皆曰:"臣等身被坚执锐,多者百余战,少者数十合,攻城略地,大小各有差。今萧何未尝有汗马之劳,徒执文墨议论,不战,顾反居臣等上,何也?"高帝曰:"诸君知猎乎?"曰:"知之。""知猎狗乎?"曰:"知之。"高帝曰:"夫猎,追杀兽兔者狗也,而发迹指示兽处者人也。今诸侯徒能得走兽耳,功狗也。至如萧何,发迹指示,功人也。且诸君独以身随我,多者两、三人。今萧何举宗数十人皆随我,功不可忘也。"群臣皆莫敢言。

做了皇帝后,天下并不太平,淮阴侯韩信、淮南王黥布相继谋反。高祖十二年(公元前195年),刘邦回到阔别多年的故乡,与父老子弟聚饮,亲自击筑唱《大风歌》,感情真挚,我们看到的并非八面威风的天子,而是久别再回故里的游子,《高祖本纪》载:

高祖还归,过沛,留。置酒沛宫,悉召故人父老子弟纵酒,发沛中儿得百二十人,教之歌。酒酣,高祖击筑,自为歌诗曰:"大风起兮云飞扬,威加海内兮归故乡,安得猛士兮守四方!"令儿皆和习之。高祖乃起舞,慷慨伤怀,泣数

---

① 酇:今河南永城西酇县乡。

行下。谓沛父兄曰:"游子悲故乡。吾虽都关中,万岁后吾
魂魄犹乐思沛……"

诗言志,这首仅三句即兴而作的《大风词》使不擅文墨的刘邦在
文学史上留下一笔,唐人林宽《歌风台》诗说:"蒿棘空存百尺
基,酒酣曾唱大风词,莫言马上得天下,自古英雄尽解诗。"

与刘邦的自知知人不同,项羽心高气盛,刚愎自用。《项
羽本纪》以项羽幼时非凡气度、巨鹿大战、鸿门宴、垓下被围、
乌江自刎等情节,描绘其粗莽的盖世英雄形象。项羽幼时眼
高手低,"学书不成,去学剑,又不成。项梁怒之。籍曰:'书足
以记姓名而已,剑一人敌,不足学,学万人敌。'"于是项梁教其
兵法,初大喜,略知其意,又不肯学。秦始皇南游会稽,渡浙
江,项羽指其说:"彼可取而代也。""籍长八尺余,力能扛鼎,才
气过人,虽吴中子弟皆已惮籍矣。"巨鹿大战充分展示了项羽
的勇猛:

(项羽)乃遣当阳君、蒲将军将卒二万渡河,救巨鹿。
战少利,陈余复请兵。项羽乃悉引兵渡河,皆沉船,破釜
甑,烧庐舍,持三日粮,以示士卒必死,无一还心。于是至
则围王离,与秦军遇,九战,绝其甬道,大破之,杀苏角,虏
王离。涉间不降楚,自烧杀。当是时,楚兵冠诸侯,诸侯军
救巨鹿下者十余壁,莫敢纵兵。及楚击秦,诸将皆作壁上
观,楚战士无不一以当十,楚兵呼声动天,诸侯军无不人人

慑恐。于是已破秦军,项羽召见诸侯将,入辕门,无不膝行而前,莫敢仰视,项羽由是始为诸侯上将军,诸侯皆属焉。

秦将围巨鹿,诸侯军畏惧不前,惟有项羽以超人的胆略和气魄,大败秦军,一战而奠定在诸侯中的首领地位。这段描述十分精彩,"破釜沉舟"、"作壁上观"成为现在习用的典故。

项羽在战场上是勇猛无敌的英雄,但角智斗谋却是一个侏儒懦夫,司马迁在"鸿门宴"中展示了他性格上的巨大反差。项羽在灭秦战争中发挥关键作用,但刘邦抢先一步入关中,先入者为王,项羽在鸿门宴上迟疑不决,坐失良机,决定了他败亡的命运。司马迁以极高的技巧记述了这场对两位重要历史人物命运攸关的宴会:

(项羽)行略定秦地。函谷关有兵守关,不得入。又闻沛公已破咸阳,项羽大怒,使当阳君等击关。项羽遂入,至于戏①西。沛公军霸上②,未得与项羽相见。沛公左司马曹无伤使人言于项羽曰:"沛公欲王关中,使子婴为相,珍宝尽有之。"项羽大怒,曰:"旦日飨士卒,为击破沛公军!"当是时,项羽兵四十万,在新丰鸿门③,沛公兵十万,在霸上。范增说项羽曰:"沛公居山东时,贪于财货,好美姬。今入

---

① 戏(xī):今陕西临潼东。
② 霸上:一作灞上,今陕西西安市东。
③ 鸿门:今陕西临潼东北。

关,财物无所取,妇女无所幸,此其志不在小。吾令人望其气,皆为龙虎,咸五采(彩),此天子气也。急击勿失。"

楚左尹楚伯者,项羽季父也,素善留侯张良。张良是时从沛公,项伯乃夜驰之沛公军,私见张良,具告以事,欲呼张良与俱去。曰:"毋从俱死也。"张良曰:"臣为韩王送沛公,沛公今事有急,亡去不义,不可不语。"良乃入,具告沛公。沛公大惊,曰:"为之奈何?"张良曰:"谁为大王为此计者?"曰:"鲰生①说我曰:'距关,毋内诸侯,秦地可尽王也。'故听之。"良曰:"料大王士卒足以当项王乎?"沛公默然,曰:"固不如也,且为之奈何?"张良曰:"请往谓项伯,言沛公不敢背项王也。"沛公曰:"君安与项伯有故?"张良曰:"秦时与臣游,项伯杀人,臣活之。今事有急,故幸来告良。"沛公曰:"孰与君少长?"良曰:"长于臣。"沛公曰:"君为我呼入,吾得兄事之。"张良出,要项伯。项伯即入见沛公。沛公奉卮酒为寿,约为婚姻,曰:"吾入关,秋毫不敢有所近,籍吏民,封府库,而待将军。所以遣将守关者,备他盗之出入与非常也。日夜望将军至,岂敢反乎!愿伯具言臣之不敢倍(背)德也。"项伯许诺。谓沛公曰:"旦日不可不蚤(早)自来谢项王。"沛公曰:"诺。"于是项伯复夜去,至军中,具以沛公言报项王。因言曰:"沛公不先破关中,公岂敢入乎?今人有大功而击之,不义也,不如因善遇之。"项

---

① 鲰生:小人。

王许诺。

沛公旦日从百余骑来见项王，至鸿门，谢曰："臣与将军勠力而攻秦，将军战河北，臣战河南，然不自意先入关破秦，得复见将军于此。今者有小人之言，令将军与臣有隙。"项王曰："此沛公左司马曹无伤言之，不然，籍何以至此。"项王即日因留沛公与饮。项王、项伯东向坐，亚父南向坐。亚父者，范增也。沛公北向坐，张良西向侍。范增数目项王，举所佩玉玦以示之者三，项王默然不应。范增起，出召项庄，谓曰："君王为人不忍，若入前为寿，寿毕，请以剑舞，因击沛公于坐，杀之。不者，若属皆且为所虏。"庄则入为寿。寿毕，曰："君王与沛公饮，军中无以为乐，请以剑舞。"项王曰："诺。"项庄拔剑起舞，项伯亦拔剑起舞，常以身翼蔽沛公，庄不得击。于是张良至军门，见樊哙。樊哙曰："今日之事何如？"良曰："甚急。今者项庄拔剑舞，其意常在沛公也。"哙曰："此迫矣，臣请入，与之同命。"哙即带剑拥盾入军门。交戟之卫士欲止不入内，樊哙侧其盾以撞，卫士仆地，哙遂入，披帷西向立，瞋目视项王，头发上指，目眦尽裂。项王按剑而跽①曰："客何为者？"张良曰："沛公之参乘樊哙者也。"项王曰："壮士，赐之卮酒。"则与斗卮酒。哙拜谢，起，立而饮之。项王曰："赐之彘肩。"则与一生彘肩。樊哙覆其盾于地，加彘肩上，拔剑切而啖之。

---

① 跽：长跪。

项王曰："壮士，能复饮乎？"樊哙曰："臣死且不避，卮酒安足辞！夫秦王有虎狼之心，杀人如不能举，刑人如恐不胜，天下皆叛之。怀王与诸将约曰'先破秦入咸阳者王之'。今沛公先破秦入咸阳，毫毛不敢有所近，封闭宫室，还军霸上，以待大王来。故遣将守关者，备他盗出入与非常也。劳苦而功高如此，未有封侯之赏，而听细说，欲诛有功之人。此亡秦之续耳，窃为大王不取也。"项王未有以应，曰："坐。"樊哙从良坐。坐须臾，沛公起如厕，因招樊哙出。

沛公已出，项王使都尉陈平召沛公。沛公曰："今者出，未辞也，为之奈何？"樊哙曰："大行不顾细谨，大礼不辞小让。如今人方为刀俎，我为鱼肉，何辞为？"于是遂去。乃令张良留谢。良问曰："大王来何操？"曰："我持白璧一双，欲献项王，玉斗一双，欲与亚父，会其怒，不敢献。公为我献之。"张良曰："谨诺。"当是时，项王军在鸿门下，沛公军在霸上，相去四十里。沛公则置车骑，脱身独骑，与樊哙、夏侯婴、靳强、纪信等四人持剑盾步走，从郦山下，道芷阳间行。沛公谓张良曰："从此道至吾军，不过二十里耳。度我至军中，公乃入。"沛公已去，间至军中，张良入谢，曰："沛公不胜桮杓①，不能辞。谨使臣良奉白璧一双，再拜献大王足下；玉斗一双，再拜奉大将军足下。"项王曰："沛公安在？"良曰："闻大王有意督过之，脱身独去，已至军矣。"

①桮杓：杯勺。不胜杯勺，指不胜酒力。

> 项王则受璧，置之坐上。亚父受玉斗，置之地，拔剑撞而破之，曰："唉！竖子不足与谋。夺项王天下者，必沛公也，吾属今为之虏矣。"沛公至军，立诛杀曹无伤。

确如范增所说，项羽在不长的时间内便为刘邦所败，司马迁写出了"四面楚歌"声中末路英雄的悲怆：

> 项王军壁垓下，兵少食尽，汉军及诸侯兵围之数重。夜闻汉军四面皆楚歌，项王乃大惊曰："汉军皆已得楚乎？是何楚人之多也！"项王则夜起，饮帐中。有美人名虞，常幸从；骏马名骓，常骑之。于是项王乃悲歌慷慨，自为诗曰："力拔山兮气盖世，时不利兮骓不逝。骓不逝兮可奈何，虞兮虞兮奈若何！"歌数阕，美人和之。项王泣数行下，左右皆泣，莫能仰视。

项羽兵皆楚人，刘邦教士兵唱楚歌，以造成楚兵皆投汉的印象，瓦解项羽军斗志。项羽自知气数已尽，且歌且舞，涕泗滂沱。虞姬相和伴舞，据《楚汉春秋》载，虞姬和曰："汉兵已略地，四方楚歌声，大王意气尽，贱妾何聊生。"随即伏剑自尽。这就是流传千古的"霸王别姬"的情节。

乌江自刎写出了项羽的最后一股英雄气：

于是项王乃欲东渡乌江。乌江亭长舣①船待，谓项王曰："江东虽小，地方千里，众数十万人，亦足王也，愿大王急渡，今独臣有船，汉军至，无以渡。"项王笑曰："天之亡我，我何渡为！且籍与江东子弟八千人渡江而西，今无一人还，纵江东父兄怜而王我，我何面目见之？纵彼不言，籍独不愧于心乎？"乃谓亭长曰："吾知公长者。吾骑此马五岁，所当无敌，尝一日行千里，不忍杀之，以赐公。"乃令骑皆下马步行，持短兵接战，独籍所杀汉军数百人，项王身亦被十余创，顾见汉骑司马吕马童，曰："若非吾故人乎？"马童面之，指王翳曰："此项王也。"项王乃曰："吾闻汉购我头千金，邑万户，吾为若德。"乃自刎而死。

项羽宁死不过江东，以坐骑赠亭长，以头赠故人，即使在生命最后一刻仍不失旷世英雄的形象。

在有些人物的传记中，司马迁较少记述人物的事迹，或录其文、述其志，如前述屈原、贾谊的传记；或借人、事生发议论，其中蕴涵着他特定的人生感悟，如《伯夷列传》就是一例。伯夷传说为今辽西地区古孤竹国君之子，武王灭商后，他与弟弟叔齐不食周粟，最后饿死在首阳山。其事迹甚少，司马迁以议论为主，实是自己心迹的表白，历来为世人所称道：

---

① 舣：使船靠岸。

　　夫学者载籍极博，犹考信于六艺。《诗》《书》虽缺，然虞、夏之文可知也。尧将逊位，让于虞舜，舜、禹之间，岳牧咸荐，乃试之于位，典职数十年，功用既兴，然后授政。示天下重器①，王者大统，传天下若斯之难也。而说者曰尧让天下于许由，许由不受，耻之逃隐。及夏之时，有卞随、务光者。此何以称焉？太史公曰：余登箕山，其上盖有许由冢云。孔子序列古之仁圣贤人，如吴太伯、伯夷之伦详矣。余以所闻由、光义至高，其文辞不少概见，何哉？

　　孔子曰："伯夷、叔齐，不念旧恶，怨是用希（稀）。""求仁得仁，又何怨乎？"余悲伯夷之意，睹轶诗②可异焉，其传曰：

　　伯夷、叔齐，孤竹君之二子也。父欲立叔齐，及父卒，叔齐让伯夷。伯夷曰："父命也。"遂逃去。叔齐亦不肯立而逃之。国人立其中子。于是伯夷、叔齐闻西伯昌善养老，盍往归焉。及至，西伯卒，武王载木主③，号为文王，东伐纣。伯夷、叔齐叩马而谏曰："父死不葬，爰及干戈，可谓孝乎？以臣弑君，可谓仁乎？"左右欲兵之。太公曰："此义人也。"扶而去之。武王已平殷乱，天下宗周，而伯夷、叔齐耻之，义不食周粟，隐于首阳山，采薇而食之。及饿且死，作歌。其辞曰："登彼西山兮，采其薇矣，以暴易暴兮，不知

---

① 重器：天下为王者重器。
② 轶诗：指下引伯夷所作之诗。轶同逸，因未编入《诗经》，故称逸诗。
③ 木主：西伯即周文王，死，武王以木制其像伐纣，称木主。

其非矣。神农、虞、夏忽焉没兮，我安适归矣？于嗟徂兮，命之衰矣！"遂饿死于首阳山。

由此观之，怨邪非邪？

或曰："天道无亲，常与善人。"若伯夷、叔齐，可谓善人者非邪？积仁絜（洁）行如此而饿死！且七十子之徒，仲尼独荐颜渊为好学。然回（颜渊）也屡空，糟糠不厌，而卒蚤（早）夭。天之报施善人，其何如哉？盗跖日杀不辜，肝人之肉，暴戾恣睢，聚党数千人横行天下，竟以寿终，是遵何德哉？此其尤大彰明较著者也。若至近世，操行不轨，专犯忌讳，而终身逸乐，富厚累世不绝。或择地而蹈之，时然后出言，行不由径，非公正不发愤，而遇祸灾者，不可胜数也。余甚惑焉，傥（倘）所谓天道，是邪非邪？

子曰"道不同不相为谋"，亦各从其志也。故曰"富贵如可求，虽执鞭之士，吾亦为之。如不可求，从吾所好"。"岁寒，然后知松柏之后凋"。举世混浊，清士乃见。岂以其重若彼，其轻若此哉？

"君子疾没世而名不称焉。"贾子[1]曰："贪夫徇财，烈士徇名，夸者死权[2]，众庶冯生。""同明相照，同类相求。""云从龙，风从虎，圣人作而万物睹。"伯夷、叔齐虽贤，得夫子而名益彰。颜渊虽笃学，附骥尾而行益显。岩穴之士，趣

---

[1] 贾子：贾谊。
[2] 夸者死权：矜夸者为权力而死。

舍有时若此,类名湮灭而不称,悲夫!闾巷之人,欲砥行立名者,非附青云之士,恶能施于后世哉?

在这篇传记中,真正记述伯夷言行事迹不足三百字,大部分篇幅借颜渊与伯夷、叔齐的不幸际遇议论命运的不公,感叹人生的不测。颜渊为孔子弟子,天资聪颖,勤奋好学,生活俭朴,德行在孔门弟子中首屈一指,但生命短促,卒时仅 31 岁,孔子为之恸哭。伯夷、叔齐身为国君之子,恪守节义不食周粟而饿死。像颜渊及伯夷这样才、德卓异的人物,都只因孔子称赞过他们才被世人知晓,否则湮没无闻。古人以立德、立言、立功"三不朽"为终极追求目标,由此推知,无数人尽管卓立独行,克己以求,仍留不下任何痕迹。由此,司马迁对"天道无亲,常与善人"之说产生疑问,联系到古代志士仁人及自身的不幸遭遇,这种议论自然而然,宛若天成。

就微观而言,司马迁善于通过典型化的细节描写反映人物的品格特征,以小见大,见微知著,这类事例在《史记》中俯拾即是,举不胜举,这里择取其中几个片断以见其貌。《李斯列传》载:

(斯)年少时,为郡小吏,见吏舍厕中鼠食不洁,近人犬,数惊恐之。斯入仓,观仓中鼠,食积粟,居大庑之下,不见人犬之忧。于是李斯乃叹曰:"人之贤不肖譬如鼠矣,在所自处耳。"

厕中鼠与仓中鼠所处不同，待遇亦有霄壤之别，这个事例一般人也许并不在意，而在李斯眼中却悟出为人处世的深奥道理。从司马迁对这个细节的记载可知李斯之为人，果然他不甘于厕中鼠式的郡小吏，终于成为仓中鼠式的丞相。

《酷吏列传》载张汤少时故事：

> 其父为长安丞，出，汤为儿守舍。还而鼠盗肉，其父怒，笞汤。汤掘窟得盗鼠及余肉，劾鼠掠治，传爱书（查案文书），讯鞫（证词）论报（罪），并取鼠与肉，具狱磔堂下。其父见之，视其文辞如老狱吏，大惊，遂使书狱（写文书）。

这则小事显然是太史公的巧妙安排，从中看出张汤确实具有决讼断狱的天才，他之成为酷吏也就顺理成章了。

《陈丞相世家》载陈平少时故事：

> 里中社，平为宰，分肉食甚均。父老曰："善，陈孺子之为宰！"平曰："嗟乎！使平得宰天下，亦如是肉矣。"

寥寥数语，反映了陈平的抱负及政见，为丞相后行黄老政治，天下称善。

《留侯世家》记载张良为老父纳履的故事，千余年来脍炙人口：

> 良尝闲从容步游下邳圮上，有一老父，衣褐，至良所，直堕其履圮下，顾谓良曰："孺子，下取履!"良愕然，欲殴之。为其老，强忍，下取履。父曰："履我!"良出为取履。因长跪履之。父以足受，笑而去。良殊大惊，随目之。

这是一幕十分精彩的戏剧化场景，人物性格、情节安排妥帖自然。老父故意堕履并不客气地呼张良拾取时，张良"欲殴之"，体现了他血性的一面。"为其老，强忍"，取履乃至长跪纳履，体现了他敬奉长者、雅量无边的一面，老父十分满意，"笑而去"。这就是"孺子可教"典故的由来。由此我们不难理解他结交侠士于博浪沙狙击秦始皇，后随刘邦"运筹于帷幄之中，决胜于千里之外"，终成大器。

《李将军列传》写飞将军李广夜猎，"见草中石，以为虎而射之，中石没镞，视之石也"，数语将李广警觉、骁勇的形象展现无遗。唐朝边塞诗人卢纶以此为诗曰："林暗草惊风，将军夜引弓。平明寻白羽，没在石棱中。"（《塞下曲》）

类似的描写《史记》中比比皆是，司马迁精心剪裁，传记就是由这些精彩的情节贯串而成，如珠玉相串，美不胜收。

4. 平易、通俗的语言

《史记》的历史散文被唐宋古文运动倡导者奉为效法的典范。以今人眼光视之，《史记》明白易晓，体现出平易、通俗语言的永恒魅力。

司马迁著《史记》所依据的是先秦古文文献,文字古奥,意义晦涩,司马迁做了大量的通俗化工作,使佶屈聱牙的古文献变得清新质朴,生机盎然,宋人王观国列举了一些语词转译的例子,他说:

> 观《史记》用《尚书》、《战国策》、《国语》、《世本》、《左氏传》之文多改其正文。改"绩用"为"功用",改"厥田"为"其田",改"肆觐"为"遂见",改"宵中"为"夜中",改"咨四岳"为"嗟四岳",改"协和"为"合和",改"方命"为"负命",改"九载"为"九岁",改"格奸"为"至奸",改"慎徽"为"慎和",改"烈风"为"暴风"……①

为直观起见,不妨引《尚书》一段原文与《史记》对照,《尚书·尧典》:

> 曰若稽古,帝尧,曰放勋。钦明文思安安,允恭克让,光被四表,格于上下。克明俊德,以亲九族。九族既睦,平章百姓。百姓昭明,协和万邦。乃命羲和,钦若昊天,历象日月星辰,敬授民时。

---

① 王观国:《学林》卷一。

《五帝本纪》对应文字为：

> 帝尧者，放勋。……能明驯德，以亲九族。九族既睦，便章百姓。百姓昭明，合和万国。乃命羲和，敬顺昊天，数法日月星辰，敬授民时。

两相对照，后者文字简洁，意思明确，通俗易晓。

司马迁足迹遍天下，《史记》中大量采用各地谚语、民谣，也是《史记》语言生动、自然清新的重要因素。《史记》中的许多谚语今天仍是人们习用的成语，形象质朴，有着旺盛的生命力，如"安危在出令，存亡在所任"（《楚元王世家》），"能行之者未必能言，能言之者未必能行"（《孙子吴起列传》赞），"尺有所短，寸有所长"（《白起王翦列传》赞），"利令智昏"（《平原君列传》），"当断不断，反受其乱"（《春申君列传》），"女无美恶，居宫见妒；士无贤不肖，入朝见疑"（《扁鹊仓公列传》赞）等等，意味隽永。民谣如"狡兔死，良狗烹；高鸟尽，良弓藏；敌国破，谋臣亡"（《淮阴侯列传》）、"一尺布，尚可缝；一斗粟，尚可舂。兄弟二人不能相容"（《淮南衡山列传》）等等，含义深刻。谚语、民谣来自社会下层，体现出民众语言形象质朴、辞浅义深的特征，南宋史家郑樵据此认为《史记》"博有余而雅不足"[①]，是有失公允的。

---

① 见郑樵《通志·总序》。

三、《史记》的影响

　　《史记》在中国历史上产生了深远的影响,在史学、思想、文学等方面的贡献及地位已如前述,这里着重叙述《史记》在流传过程中所产生的影响,从此角度更能透视《史记》的价值。

　　《史记》副本上奏朝廷后便在朝臣中传阅,在司马迁没世不久的昭帝始元六年(公元前81年)的盐铁会议上,御史大夫桑弘羊与贤良文学辩论就引用太史公之言,《盐铁论·毁学篇》:"大夫曰:司马子长言,天下攘攘,皆为利往,赵女不择丑好,郑姬不择远近,商人不丑耻辱,戎士不爱死力,士不在亲,事君不避其难,皆为利禄也。"这显然是引用《货殖列传》中的话。但由于种种原因,统治者极力限制《史记》的流传范围,《汉书·宣元六王传》载,东平王刘宇来朝向他的侄儿成帝上疏求《太史公书》,成帝问大将军王凤,王凤对曰:"《太史公书》有战国纵横权谲之谋,汉兴之初谋臣奇策,天官灾异,地形厄塞,皆不宜在诸侯王,不可予。"结果"天子如凤言,遂不予"。《史记》在民间的流传始于宣帝时,由司马迁的外孙杨恽将藏于家中的正本宣布于世。

此书一出，文人学士习读成风，续补者众多，据刘知几《史通·古今正史》载，至西汉末哀、平间续补者就有刘向、刘歆父子等十五家，足以说明《史记》面世后产生的巨大冲击波。

东汉正统观念强烈，一方面对《史记》历史编纂学上的成就推崇备至，另一方面对《史记》的史观极力诋毁。扬雄等沿袭刘向等人的评论，认为《史记》不虚美，不隐恶，视之为"良史"。班彪甚重《史记》，接续之撰成《史记后传》六十五篇，其子班固在此基础上撰成第一部纪传体断代史——《汉书》。班氏父子以圣人是非为是非，对司马迁的史观提出批评，即所谓"史公三失"论。光武建武四年（公元28年），博士范升反对立《左传》博士，并殃及《史记》，因司马迁多引《左传》之言，批评《史记》"违戾五经，谬孔子言"[①]。东汉末，司徒王允更赤裸裸地攻击《史记》为"谤书"，为武帝未杀司马迁而抱憾，他说："昔武帝不杀司马迁，使作谤书，流于后世。"[②]在这种氛围下，《史记》影响比之于正统的《汉书》要小得多，唐颜师古《汉书叙例》所列《汉书》注，东汉即有荀悦、服虔、应劭、伏严等八家，而《史记》注释至东汉末仅有延笃《音义》及无名氏《音隐》两家。

魏晋至隋由于社会政治的变化，越名教而任自然的玄学风行一时，士人的正统观念相对淡薄，《史记》成为士人们关注的焦点。这种状况一直延续至唐代，以"三家注"为代表，《史记》

①《后汉书·范升传》。
②《后汉书·蔡邕传》。

的注释取得辉煌成就,《隋书》及两《唐书》记载多达十五家。"三家注"成为《史记》的经典注,为后人所推重。

《史记》纪传体"正史"的地位是在唐代确立的。《史记》由文人学士的案头之物走向民间,影响日益广泛和深化,表现在如下几方面:其一,唐正式设立史馆,这是中央政府设立的修撰正史的专门性机构,终至清代沿袭不更。唐修《晋书》、《梁书》、《陈书》、《北齐书》、《周书》、《南史》、《北史》、《隋书》八部正史,占《二十四史》三分之一。刘知几所撰《史通》中将纪传体列为史书"二体"之一,与孔子《春秋》编年体等量齐观。其二,唐推行科举取士制,有"三史"之目,将《史记》、《汉书》、《后汉书》列为科举考试科目,《史记》成为士子入仕必须研习的基本文献。其三,唐代韩愈、柳宗元倡导"古文运动",反对六朝骈俪文风,以先秦、秦汉诸子、历史散文为典范,经宋代的推波助澜,既奠定了《史记》文学上的地位,又通过文学深化了《史记》的影响。

由于雕版印刷术的发明与推广,宋以后《史记》流传更广。宋、元、明、清《史记》的评点、注释成为士人们十分热衷的课题,成就巨大,已如前述。值得一提的是,伴随着城市经济的繁荣,市民文化兴起,《史记》也越过传统的学术畛域,其中的人物故事被改编成多种文艺形式,在民间产生广泛而深远的影响。宋代城市瓦肆中,取材于《史记》的话本众多,元代在此基础上形成杂剧,以直观的艺术形式将历史再现于舞台之上。据今人傅惜华《元代杂剧全目》载,元代取材于《史记》的杂剧达一百八十余种,且大多为演出本,其中许多经明、清传至今日,成为人们喜闻乐见的经典剧目,如叙述廉颇、蔺相如故事的《将相和》,叙述伍子胥故事的《文昭关》,叙述赵国程婴、公孙杵臼救护赵氏遗孤故事的《赵氏孤儿》等。至如再现四面楚歌声中项羽与爱姬诀别故事的《霸王别姬》,经一代艺术大师梅兰芳的绝妙表演更是家喻户晓、尽人皆知了。

历史进入到 20 世纪中叶,在民族危亡的紧要关头,著名史学家、文学家郭沫若取材于《史记》而编成的历史剧,上演后极大地激发了大后方人民抗击日本侵略的民族热情。在重庆风雨如晦的岁月里,郭沫若编写反映自沉汨罗、以身许国的屈原事迹的历史剧《屈原》;根据魏公子无忌智窃虎符、大义救赵的故事编成《虎符》;根据聂荣、聂政姐弟气贯长虹的事迹编成《棠棣之花》,在重庆上演盛况空前,万人争睹,鼓舞了后方人民的抗日热情与斗志。

越是民族的,越是世界的。《史记》不仅是中华民族的文化瑰宝,也是人类文化的共同财富,其影响早就跨越国界,成为东西文化交流史的重要一页。

世界各国中,与中国文化关系最为密切的莫过于东亚的朝鲜与日本。据《北史·高丽传》及《旧唐书·高丽传》载,魏晋南北朝时《史记》与《五经》一同流传至高丽。唐代与日本关系密切,日本屡派遣唐使来唐学习中国文化,据考证,《史记》在公元600—604 年由日本圣德太子派出的第一批遣唐使带入日本,并立即对日本文化产生重大影响。

其一,政治方面。公元 604 年,圣德太子颁布《宪法十九条》，汲取了《史记》封建大一统思想及其他儒学义理，为次年的大化改新准备了理论基础。不仅如此，圣德太子以《史记·秦始皇本纪》中"天皇"名号代替日本国君"大王"称号，天皇制度对日本历史影响至为深刻。据日本史籍记载，历代天皇都有习读《史记》的习惯，明治天皇即规定每周二、七为读《史记》日，皇室也常将《史记》赏赐文武百官，鼓励他们习读。

其二，史学方面。《史记》对日本史学的影响既深且巨。《史记》传入之前，日本尚无自己的国史与史学，产生于712年的第一部国史《古事记》及720年完成的第二部国史《日本书纪》都直接受《史记》的影响，不仅书名相似，《日本书纪》由纪、传、世家、志、表五部分组成，体例与《史记》相同。内容上二部国史皆为神话开篇，也与《史记·五帝本纪》十分相似。

其三，教育方面。明治以前，《史记》是宫廷教育和藩校的教学科目，明治以后在大中学校推广普及。至奈良（710—794年）、平安（794—1192年）时代，《史记》不仅是宫廷教育的必修课，而且是"纪传儒"的必读书。室町、江户时代，培养武士的足利学校和幕府所属各藩校都把《史记》等书定为必修科目。《史记》的影响深入社会各阶层，如医家皆读《扁鹊仓公列传》，从中汲取医学知识；僧侣习读《史记》成风，产生了桃源瑞仙这样精悉《史记》的高僧。他于文明年间（1464—1486年）著成《史记桃源抄》十九卷，为日本最早的"国字解"《史记》。

其四，文学方面。《史记》的传入，促使日本传记文学的产生，传记文学成为日本古典文学的重要组成部分，《古事记》与

《日本书纪》就是两部代表作。此外,日本著名的古典文学著作《源氏物语》与《史记》有着密切的渊源关系,此书成于11世纪,作者紫式部自幼受到良好的汉文化熏陶,《源氏物语》中不仅大量引用《史记》的文辞典故,还从《史记》戚夫人的形象受到启发,塑造了与之相似的桐壶皇后。需要一提的是,《史记》在日本汉诗领域影响甚大。日本汉诗指用汉字写成的律诗,其咏史诗大量取材于《史记》及司马迁经历之中。

《史记》研究在日本素来受到重视,成果丰硕,据统计历代治《史记》名家不下一百五十人,重要著作达二百余种。产生于20世纪上半叶泷川资言的《史记会注考证》及水泽利忠的《史记会注考证校补》,是研究《史记》的重要参考文献。

《史记》对欧洲也有着重要的影响,其中的人文精神为启蒙思想家所看重,被用作启蒙的理论工具,取材于《史记·赵世家》的杂剧《赵氏孤儿》在法、英等国的影响颇具代表性。《赵世家》所记情节是这样的:赵氏世为晋重臣,景公时大夫屠岸贾诛灭赵氏,赵朔妻为晋成公姊,恰入宫中幸免于难,有遗腹子,后产一男婴。屠岸贾得此消息欲斩草除根,入宫搜索。赵朔有二宾客程婴和公孙杵臼,公孙杵臼携程婴子藏匿山中,程婴向屠岸贾谬称知公孙杵臼及赵氏孤儿去处,带屠岸贾入山中斩杀之。调开屠岸贾后,程婴托人将真正的赵氏孤儿带出城外,然后含辛茹苦抚养成人,终于复仇。这是一个充满节义、感人至深的悲剧故事,后人依此编成杂剧,名《赵氏孤儿》。

1732—1733年间,在华传教的耶稣会士马若瑟将《赵氏孤儿》传入法国,紧接着著名思想家伏尔泰将其改编为《中国孤儿》。文化的传播有其内在规律,伏尔泰也遵奉"拿来主义"的原则将一个诸侯国内部"文武不和"的悲剧改为两个民族的文野之争,时间由春秋时期后移至一千七八百年后的元代,整个情节也从二十年缩至一昼夜。剧情被改换成这样:成吉思汗征服了中国,搜求前朝遗孤,将藏匿孤儿的遗臣盛缔抓了起来,盛缔也同程婴一样,献出自己儿子以代,但盛缔妻奚氏割舍不住母爱,道出实情。据说成吉思汗多年前避难中国时曾向奚氏求爱,虽时隔多年仍旧情未忘,于是提出条件,如果奚氏离异改嫁于他,他将不予追究。但奚氏爱自己儿子,也深深眷恋丈夫,誓死不从。成吉思汗本以为武力可征服一切,面对这样一个既坚贞又慈爱的女人,心里感动了,改变主意,不但赦免遗孤,还允诺将其抚养成人。奚氏问他为何改变了主意,他答道,"是你们的道德"。剧中有战争,有爱情,但主要是道德,伏尔泰着意塑造盛缔这个角色,说:"盛缔应当像孔子的后裔,他的仪表应当跟孔子一个模样。"[1]因此又将此五幕剧名之为《孔子之道五幕》。可见,伏尔泰从东方文明中汲取理性、智慧、道德等人文主义因素,作为对中世纪神学进行斗争的武器。伏尔泰的《中国孤儿》于 1755 年在巴黎上演,引起轰动。

《赵氏孤儿》传入法国后,迅速波及欧洲大陆,并越过英吉利海峡,影响英伦三岛。马若瑟的译本刊出不久,伦敦出现了

---

[1]《伏尔泰全集》第三十三卷。

抢译现象,一个是以印刷精美而著称的出版家瓦茨,另一个是以《君子杂志》而著名的出版家凯夫,他们都雇了译员日以继夜翻译。瓦茨的译本是删节本,进度较快,于1736年出版,五年内再版三次;凯夫的译本是一个全译本,进程较慢,于1738—1741年间分期出版。结果在出版期间两个出版家互相指摘,进行争辩,在中西文化交流史上留下一段佳话。

中国是一个具有古老文明的国度,不仅以"四大发明"为代表的物质文化深刻地影响了世界,包括《史记》在内的精神文化也对世界产生了深刻的影响,《史记》是人类文化的共同成果。法国汉学家沙畹将《史记》从《五帝本纪》至《孔子世家》译成法文,并加注释,在法国影响甚广。1956年,司马迁被列为世界文化名人。为使《史记》更好地走向世界,外文出版社于1979年出版了英文版《史记》,以让世界人民更好地欣赏这一人类文明的瑰宝。

总之,司马迁的《史记》对中国文化的影响是深刻的、多方面的。它离我们很近,《史记》中的许多典故、成语仍广泛用于我们生活当中;由《史记》的人物故事演绎、改编而成的戏剧、小说等文艺形式仍为人们喜闻乐见,《史记》中的人物形象仍清晰地留在人们意识之中;《史记》的许多精彩篇章仍是我们欣赏、学习的典范;《史记》在中西文化交流史上担任过重要角色,今天仍是西方世界了解中国文化的重要中介。我们完全有理由为《史记》感到骄傲和自豪。

《汉书》解读

《汉书》是中国史学史上第一部断代纪传体史书，记载自公元前 206 年刘邦称帝至公元 25 年东汉建立（包括王莽新朝）间西汉一代的历史。 由于《汉书》思想的正统性，在其成书后的相当长时间中备享尊荣。 无论在体例还是在思想上，《汉书》都对中国古代史学文献产生了重要影响。

一、作者及成书过程

（一）任侠与尚儒的家风

　　《汉书》的作者班固出生在一个权势显赫的书香门第。据《汉书·自叙》记载，其祖先可追溯到春秋时期楚国令尹子文，相传子文刚生下时，被丢弃到云梦泽边，并遇到老虎。令人奇怪的是老虎非但没有吃子文，反而以乳汁喂养他。子文养父母非常惊异，于是将他收养下来。他后来成为掌握楚国军政大权的令尹。楚语中称老虎为"班"，以后就以班为姓。秦统一六国，大将白起攻下楚国后，子文家族由水乡泽国的楚地迁到北方边境晋（今山西屯留南、沁水东北）、代（今河北蔚县西南）之间，在此繁衍生息。

　　秦统一后，天下并不太平，边境地区尤其如此，为了避乱，班氏家族在族人班壹带领下迁到楼烦（今山西雁门）。班壹就是班固的七世祖，他颇通生财殖货之道，利用当地得天独厚的自然资源大量牧养牲畜，牛、马、羊多至数千头。又适逢汉初实行无为而治、与民休养生息的政策,班氏家业更加丰厚,由是富甲一方,成为当地名门望族,以至北方人为了吉祥,多用"壹"字为名。也许受当地任侠尚义民风的熏染,班壹之子班孺并不拥资自负,他重节尚侠,仗义疏财,颇得赞誉,班氏家族的这种特点后来在班固兄弟中仍得到体现。正因如此,班孺之子班长做官至上谷(治今河北怀来)郡守。汉代官吏的铨选实行察举制,由各地推选德行出众、经学优异的人任官,班长之子班回被举为"茂才"(本称"秀才",东汉避光武帝刘秀名讳称茂才),授长子(今山西长子)县令,从此班氏家族又以儒学名显当世。

班回子班况即班固曾祖父,被荐举为孝廉,先任上河(今宁夏境内黄河)农都尉,后在朝廷任左曹越骑校尉(汉代军职,仅次于将军),班氏家族的仕途跨越了由地方官到朝官的关键一步,自此班氏逐渐进入权力的核心。成帝初,班况的女儿受到宠幸,被封为婕妤(在妃嫔中仅次于昭仪的一级),班家成为外戚,权势很大,西汉末谷永上书曾说:"建始、河平(皆为成帝年号)之际,许、班之贵,倾动前朝,熏灼四方,赏赐无量,空虚内藏。"(《叙传》)班况年老致仕时,成帝赏赐多达千金,这时班氏家族迁到长安城郊昌陵定居,后又由昌陵迁入京师长安。

班况共有三个儿子:班伯、班斿(yóu)和班稚。班稚即班固祖父。这时的班家不仅政治地位显赫,儒学上也显山露水,为世人所瞩目。班伯早年曾向西汉末师丹学习《诗经》,经大将军王凤引荐,成帝在晏眠殿予以召见,见他举止合乎法度,深为赞许,被拜为中常侍。① 大臣郑宽中、张禹为皇帝讲说《论语》《尚书》等儒家经典时,成帝特意让班伯旁听,班伯也时常用经书中的古训规谏皇帝。不久,班伯升迁为奉车都尉,主管皇帝车乘,可见皇帝对他的器重。其时北方匈奴与汉修好,单于到长安朝见汉帝,成帝便派班伯持节到塞外迎接单于,适逢定襄郡(今内蒙古呼和浩特南)两大姓石姓和赵姓与朝廷对抗,攻打衙门,驱杀官吏。班伯在迎接单于过程中了解到这个情况,回京师后禀报朝廷,并自告奋勇到定襄郡任太守一年。定襄是班氏居住过数代的故地,班伯下车伊始便将与班氏先祖有过交情的旧族长者召集起来,殷勤款待,执礼甚恭。受召长者由是非常感动,积极协助班伯整饬地方治安,将首乱分子一一抓来治罪,纷乱的定襄郡经过短短一年的整治,风气大变,民心安定。班伯任满回朝廷之前到祖坟祭祀,皇帝特下诏让郡、县官员一同参加祭礼,以示对班家的重视,这在封建社会中是莫大的恩典。不久,班婕妤失宠,班伯与成帝的关系开始疏远,尽管如此,他还是向成帝进谏,以尽为臣之责。

班伯之弟班斿是一个以"博学俊材"闻名的学者,被荐为贤良方正,经朝廷对策,受成帝赏识,被任为议郎,后又迁为谏大夫、右曹中郎等职。成帝时奉命与光禄大夫刘向一同校理天下图书,凡需向皇帝报告的事宜,都由班斿负责上奏。图书校理完成之后,皇帝又将全套藏书的副本赐给班斿,这件事对班家

---

① 中常侍:出入宫廷、侍从皇帝的官员。

来说不仅是无比的荣耀，而且对班氏后代影响深远，班家占有天下珍贵的藏书，坐拥书城，为班彪、班固父子的著述提供了非常优越的条件。

班固的祖父班稚富有才学，持重谨慎，年轻时被授为黄门郎中常侍，侍候在皇帝左右。西汉末年政治混乱，平帝阍弱，外戚王莽气焰嚣张，把持朝政，觊觎皇位，投机取巧的贵僚卖身投靠，伪造符瑞，力图将王莽扶上皇位。班稚幼时与王莽同为外戚，过从甚密，但此时班稚并不随波逐流，不为王莽发迹摇旗呐喊，结果遭到王莽的冷遇，并有性命之虞。为全身远祸，班稚要求担任无足轻重的管理陵园的郎官，王莽败亡后班氏家族安然无恙。因此，在东汉时期，班氏仍然得以与皇帝亲近。

班稚之子班彪即班固的父亲，字叔皮，生于西汉平帝元始三年（公元 3 年）。在他青年时期王莽以新室取代刘汉政权，托古改制弄得乌烟瘴气，班彪利用丰富的藏书潜心治学，当世有名望的学者如扬雄、桓谭等倾慕班家藏书，时常登门造访。藏书殷富，学者临门，交流切磋，乱世之中班家保存了一种十分难得的书香氛围。但是在班彪 20 岁的时候，绿林、赤眉起义军揭竿而起，到处燃起了反抗新莽王朝的烽火，班彪为躲避战祸，举家投奔河西天水的军阀隗嚣。隗嚣割据一方，怀有称王天下的野心，班彪向他分析天下形势，著《王命论》，认为刘氏是真正受有天命的"真龙天子"，必将东山再起，反映了他的神学思想，也直接影响到班固。但隗嚣利令智昏，完全听不进班彪意见，于是班彪转而投向河西（今甘肃河西走廊与湟水流域）大将军窦融。窦融十分钦佩他的才学，以礼相待，班彪为他起草文书，出谋划策。自此班、窦两大家族关系密切，对班固的晚年际遇有重要影响。

基于天下形势，班彪分析说，刘秀兵多将广，号令严明，又据有推翻新莽、复兴刘汉政权的舆论优势，天下必为其所有，要窦融投奔刘秀。这样，窦融在河西地区牵制了隗嚣，刘秀腾出手来对付陇、蜀两地的割据势力。建武八年（公元32年），刘秀率军征隗嚣，在高平（今宁夏固原）与窦融军会合，天下局势基本平定下来。

陇西平定后，光武帝刘秀召窦融入京师，问所上奏章出自何人之手，窦融回答出自门人班彪，于是召班彪入京，由司隶举为茂才，出任徐（今江苏徐州）令，不久因病免官。建武二十一年（公元45年），班彪任望都（今河北中部及唐河流域）长，数年之后卒于任上，享年52岁。

班彪一生著述宏富，其中最重要者是《史记后传》。司马迁《史记》始自远古，终于武帝太初，武帝以下史事缺而不录，有不少学者如褚少孙、刘向、刘歆、冯商、卫衡、扬雄、史岑、梁审、肆仁、晋冯、段肃、冯衍、韦融、萧奋、刘恂等人依《史记》体例续作，但在班彪看来这些著述要么粗俗不堪，要么褒扬新莽政权，犹如狗尾续貂，无法与《史记》相提并论。于是他博览群书，仿司马迁体例，上接《史记》，作《史记后传》数十篇。这部书无疑对班固的著述产生重要影响，《汉书》就是在此基础上写成的，现今《汉书》中的《元帝纪》、《成帝纪》即为班彪原作，《韦贤传》、《翟方进传》《元后传》赞语题"司徒掾班彪曰",即系班彪手笔。

从班氏家族的发展可以看出,任侠与尚儒是代表班门家风的两个显著特点,班壹"任侠",班伯毛遂自荐平定定襄,班固大漠从军为窦宪燕然勒石,班超上朝为兄鸣冤及投笔从戎立功西域,班超之子班勇经略西域也颇有成就。看似矛盾的两个方面在班氏家族中得到了和谐的统一,对班固的人生际遇也很有影响。

(二) 由私撰到官修

建武八年(公元 32 年),班固出生在官宦与儒学门第,自幼受到家风的陶冶。班固天赋也极高,9 岁即能诵读诗赋、撰写文章。他刻苦钻研儒家经典,但不受师承家法的局限,故能融会贯通,发现新义。当时大思想家王充时常到班家与班彪交流学术,班固英俊少年,才思敏捷,意气风发,很得王充赏识。建武二十年(公元 44 年),"固年十三,王充见之,拊其背谓彪曰:'此儿必记汉事。'"[1]王充早年的预见果然被言中了。建武二十三年(公元 47 年),班固进入当时最高学府洛阳太学读书,系统地研读更多的文献。班固为人谦虚,态度随和,结识了崔骃、李育等许多知名学者,在与师友交往中开阔眼界。崔骃也是少年得志,博学多才,13 岁通晓《易》《诗》《春秋》等经

---

[1]《后汉书·班固传》注引谢承书。

书。李育与班固同郡,少习《公羊春秋》,博览群书。在班固于洛阳求学期间,班彪英年早逝,卒于望都长任上,这样,班固不仅失去了博学慈父的督导,而且按当时礼俗,父母去世子女必须在家守丧三年,称为"居忧",班固只好中断太学生活,回到故乡守丧。

这时的班固实际上已具备了著史的各方面条件,守丧期间他整理父亲留下来的文稿,结果发现了《史记后传》。这是一部未竟之作,遗漏颇多,体例上也不合汉统治者的要求,于是班固在此基础上开始了《汉书》的撰述,时为东汉明帝永平元年(公元 58 年),班固 27 岁。

由于家风的影响,班固在潜心著述的同时,仍关注着现实。明帝刘庄即位后,任命他的同母弟东平宪王刘苍为骠骑将军,并且特许他选用官员 40 人。班固利用这个机会,向刘苍上了一篇《幽通赋》,颂扬刘苍广揽人才的同时,荐举桓梁、晋冯、李育、郭基、王雍、殷肃等六位品行端正、饮誉士林的学者,希望他像周公那样,"一饭三吐哺,一沐三握发",渴求天下人才,让山林岩穴之士各尽所能,为国效力。

天有不测风云。正当班固全力以赴、辛勤著述的时候,发生了一件意想不到的事。永平五年(公元 62 年),有人告发班固私撰国史,这在当时是大逆不道的,史书以其记述既往、垂示将来的特性,历来受到最高统治者的重视和控制。朝廷下令扶风郡将班固逮捕,解送洛阳监狱,同时将其书稿没收送呈皇帝。在危急关头,班固之弟班超赴洛阳向朝廷说明事实真相,明帝看了班固书稿,见其颂扬大汉功德,非常高兴,结果非但没有给班固治罪,反而召他到洛阳任职,官拜兰台令史。这样,班固又回到京师任职,利用朝廷优越的条件,继续《汉书》的修撰。

兰台是东汉皇家藏书之所,设令史六人,秩六百石,掌管图籍和校定图书。班固先被委派修撰记载光武帝事迹的《世祖本纪》,接着又完成了光武朝功臣、平林和新市起义军及公孙述事迹的著述,共成列传、载记28篇,光武朝事迹大体完备。不久,班固晋升为郎官,又称"校书郎",负责校理图书。永平五年(公元62年),明帝特下诏班固恢复《汉书》的著述,转为官修。如果说私撰阶段的《汉书》因歌颂汉功德而受到明帝首肯,官修阶段就直接处于皇帝的监视之下。如同一切官撰史书一样,著史条件十分优越,一方面有大量图书可供利用,另一方面有大批学者如刘复、贾逵、傅毅等相互交流,保证了史书在材料及编纂上的质量。同时,皇帝直接过问史书的著述,如永平十七年(公元74年)明帝就《汉书》著述事召见班固、贾逵等兰台官员,这样《汉书》在思想上体现出突出的正统性就不足为怪了。经过班固的艰苦努力,至章帝建初七年(公元82年),除"八表"及《天文志》尚未完成之外,著述工作已告完成。《汉书》传世后,立即在当时受到重视,"学者莫不讽颂焉"①。

---

① 《后汉书·班固传》。

（三） 白虎观会议、大漠从军及窦氏之狱

公元 75 年，明帝卒，子刘炟继位，是为章帝。史载章帝"少宽容，好儒术"[1]，爱文学，班固以其渊博的学识深得章帝的器重，时常跟随皇帝左右，陪伴章帝读书，讨论儒家经典，甚至夜以继日。皇帝出巡，班固也常随同，每到一地，班固常献上诗赋以助兴。元和二年（公元 85 年），章帝东巡五岳之尊的泰山，班固献上《东巡颂》，颂扬大汉亘古未有的功业。朝廷每有大事，章帝都让班固发表意见，参与大臣们的讨论，并不时赏赐大批财物。在章帝时期，班固以高级侍从的身份，成为为数不多的几个常接近皇帝的人物。如同其先祖一样，班固以才学与皇帝交往，并不像许多皇帝身边的弄臣那样一味阿谀逢迎、搬弄是非、瞒上欺下，而是以较清醒的政治头脑和敏锐的政治目光关注国是，不时以婉转的方式规谏皇帝，总结为政的得失教训。在章帝时期，班固参加了许多重要的文化、政治和军事活动，其中突出者文化上是建初四年（公元 79 年）的白虎观会议，政治上是建初八年（公元 83 年）的"匈奴和亲会议"，军事上是以参军身份随同大将军窦宪出击匈奴。可以说，班固参加了章帝朝所有的重大军政外交活动。

白虎观会议是东汉政府为平息经学派内部的纷争由章帝

---

[1]《后汉书·章帝纪》。

亲自主持召开的,白虎观是洛阳宫内讲习儒经的地方。了解召开这次会议的原因,还得简单回顾经学发展的历史。秦始皇统一六国之后,将六经及诸子百家书付之一炬,但秦王朝经过短暂统一即土崩瓦解。西汉建立之后,对儒家经典进行抢救,当时邹鲁地区许多年老儒生尚且健在,于是朝廷派学者到年老儒生那里,由他们口授将经书笔录下来,如亡佚多年的《尚书》就是从济南儒生伏胜处流传下来的。由于这些记录下来的经典是用当时通行的文字即今文写的,故称为"今文经",伏胜所传《尚书》称"今文《尚书》"。今文经被立为官学,立五经博士相传授,至武帝时共立十二博士。西汉景帝以后,一些秦时藏匿的经书被陆续发现,由于这些经书是用战国时通行的文字即古文写的,故称"古文经",如从孔子旧宅中发现的《尚书》称"古文《尚书》"。今、古文经不仅在文字上存在歧异,在思想及学说上也存在着尖锐的矛盾,简言之,今文经注重发掘所谓的"微言大义",即引申、发挥经书的内容,以附会现实,造成臆说的弊端;古文经认为经书是远古文献,注重文字训诂。西汉末年,刘歆掀起了一场争立古文经为博士的运动,要求将古文经立为官学,与今文经学派展开了旷日持久的交锋,这场交锋终封建社会之世,延续近两千年未有终结。

今、古文经之间的矛盾,实质上是统治阶级内部之争,为了争夺政治及学术上的统治地位,两派争论激烈,互不相让,导致思想上的严重混乱。建初四年(公元79年)十一月,校书郎杨终上疏章帝,要求仿效西汉宣帝时的石渠阁会议,召集有权威的学者讨论五经异同,让今、古文两派充分发表意见,并由章帝亲自裁决,以最高权威平息学术之争。参加会议的今、古文大师有赵博、李育、楼望、桓郁、丁鸿、杨终、贾逵、魏应、淳于恭、刘羡、召驯、鲁恭等12人,班固以史官身份参加并担任会议记录,会期持续一个月之久,班固将会议记录加以整理成书,这就是著名的《白虎通义》(又称《白虎通》、《白虎通德论》)。它是中国哲学史上一部非常重要的著作,也是汉代经学的总结性著作,将儒家经典与当时通行的阴阳、谶纬之学结合起来。阴阳通过人世间的自然怪异现象预卜吉凶;"谶"是图谶,为一种符图式的宗教性预言;"纬"相对经而言,指用迷信的图谶解释经书的作品。儒学经典与阴阳谶纬杂糅在一起,使当时的学术思想走向神秘化和宗教化,成为封建统治的理论工具。

应该看到,《白虎通义》虽然出自班固之手,却是在最高统治者的决断之下形成的,以这部书作为了解班固思想的依据,显然失之偏颇,因为会议所形成的文件当然不能看作是会议记录者的著作。当然,《白虎通义》对班固的影响是显而易见的,在他当时正在编纂的《汉书》中我们可以清晰地看出正统思想的印记。

在对外关系问题上,班固力主与匈奴修好。匈奴是我国古代北方的一个游牧民族,逐水草而居,骑马射箭,早在周代就对黄河流域的农业文明构成威胁,《诗经·小雅·采薇》中"昔我往矣,杨柳依依;今我来思,雨雪霏霏"的名句就是当时将士戍边抗击狎狁(即匈奴)严酷军旅生涯的写照。秦统一后在原七国长城的基础上构筑横亘北方边境的万里长城，企图将大漠铁骑挡在长城之外。西汉建立后，汉、匈之间多次发动战争，飞将军李广就以抗击匈奴闻名于世，司马迁也因"李陵事件"而罹祸。东汉初年匈奴内部发生了争夺单于继承权的斗争，不久分裂为南匈奴和北匈奴两部，南匈奴于建武二十四年（公元48年）投奔东汉王朝，被汉政府安置在云中（治今内蒙古托克托县东北）、西河（治今内蒙古东胜县境）一带，北匈奴仍居漠北。章帝建初初年，北匈奴遣使表示愿与东汉和好，在对待北匈奴问题上，统治者内部意见不一，召开所谓"匈奴和亲会议"，朝臣们大都以传统的夷夏大防观念认为匈奴言而无信，恐中计谋，对其和亲不予理睬。班固力排众议，认为应与匈奴修好，当时东边乌桓降服，西部康居、月氏也遣使来朝，北面南匈奴业已归顺，现在北匈奴愿意修好，是求之不得的好事，八方辐辏，四邻来朝，正是中央王朝强盛的体现，各族之间和平共处，互通有无，有百利而无一害。章帝认为班固高瞻远瞩，采纳了他的意见，汉匈之间的联系由此得到加强。

班固基本上完成了《汉书》的著述，可谓功成名就，但班氏素有任侠的家风，即使到了晚年班固仍不甘于笔墨纸砚之间，希望为国建功立业。他在58岁时，以中护军身份走出书斋从戎，跟随大将军窦宪出击匈奴，也因与窦氏的密切关系，陷入政治斗争的漩涡之中，成为政治斗争的牺牲品。

班氏与窦氏两大家族的关系由来已久。章帝初年，窦宪之妹被立为皇后，窦宪很快被升为虎贲中郎将。公元88年章帝卒,年仅 10 岁的和帝即位,窦太后临朝,窦宪以国舅身份把持朝政,肆无忌惮,竟派人刺杀了刘氏宗族齐殇王的儿子刘畅,事情被揭露后窦宪请求出征匈奴以赎罪。

北匈奴与汉通好后不久即反目为仇,南匈奴请兵攻伐,朝廷拜窦宪为车骑将军,任班固为中护军①,率骑兵 8 000 人,会同南匈奴 3 万铁骑挥师北上,在稽落山(今蒙古达兰札达加德西北)与北匈奴展开激战,大获全胜,汉军乘势追击到离边塞 3 000 余里的燕然山(今蒙古杭爱山脉),俘获牛、马、羊百万头,北匈奴 81 部共 20 余万人归降东汉。窦宪在燕然山上勒石记载这次辉煌的胜利,让班固著文,这就是著名的《封燕然山铭》。"燕然勒石"由此成为传诵千古建功立业的典故,北宋著名词人范仲淹面对中原失地,空怀报国之情写下了这样的词句:"浊酒一杯家万里,燕然未勒归无计,羌管悠悠霜满地,人不寐,将军白发征夫泪"②,抒发渴望建功立业的急切心情。

大漠班师后的次年,北匈奴元气大伤,只好派使通报希望朝见汉帝,请求汉朝派使迎接,窦宪上奏委派班固以中护军兼代中郎将职务,与司马梁讽一起率数百人到居延塞(今甘肃额齐纳旗)迎接。适逢南匈奴打败北匈奴,班固一行往北直达私渠北提海(今蒙古杭爱山南),未见北匈奴,只好折返京师。

出征匈奴后,窦宪声威大震,权势更加显赫,位居三公之

---

① 中护军:负责军职的选用及调节将领之间的关系。
② 范仲淹:《渔家傲·秋思》。

上,其弟窦笃任卫尉(掌宫门警卫,主管南军)、窦景任执金吾、窦瑰为光禄勋,位居要津,炙手可热;而且广纳党羽,为所欲为,其宾客爪牙仗势扬威,就连班固门客也颐指气使,为他日后遭遇埋下祸根。

永元四年(公元92年),窦宪爪牙邓叠、女婿郭举密谋刺杀和帝,和帝早有觉察,与中常侍定计,剥夺了窦宪兵权,其亲信邓叠、邓磊、郭璜、郭举及窦宪、窦景、窦笃、窦瑰兄弟皆被迫令自杀,班固属窦氏亲信,自然受到牵连,被免去官职,但案情并未就此了结。挟私报复、牵涉株连是封建社会政治斗争的特点。班固平日对其子弟、家奴管教不严,有一次洛阳令种兢出行,一家奴故意阻挠其车乘通行,种兢随从上前申斥,家奴非但没有收敛,反而变本加厉,破口大骂,种兢深知班氏与窦氏的关系,只好忍气吞声,怀恨在心。窦氏案发,种兢认为机会已到,迅即将班固捕获关押。步入人生暮年的班固无法经受狱吏的严刑拷打,很快死于狱中,终年61岁。事后和帝对种兢挟私报复的行为很恼火,下诏谴责,并处决害死班固的狱吏。

平心而论,班固与窦宪关系密切,一方面出于班窦两家的传统关系,另一方面为了跟随窦宪建功立业,经略边陲。任侠尚义是班家传统,班固也未因窦宪而仗势欺人,胡作非为。从和帝对种兢的处理可以看出,班固是无辜的,班固的含冤屈死无疑是封建黑暗政治的一幕悲剧,后来的许多文人学士都为他洒一掬同情之泪。天地间自有浩然正气,历史最终会作出公正的评判,昔日达官贵人早已湮没无闻,连皇陵也仅只一丘黄土,而在陕西扶风的班固墓却世代受到人们的拜谒凭吊,有诗曰:"不朽文章骨,长垂山水清。至今千载下,若个续芳声。"①

班固弟班超、妹班昭都是历史上的著名人物。班超富有才干,仗义敢为,当班固被人告发身陷囹圄的时候,他只身赶赴京师,同皇帝辩清是非,朝廷欣赏他的才干,不久拜为兰台令史。但他不甘于文墨之事,永平十六年(公元73年)毅然投笔从戎,随同窦固进击北匈奴。继之率36人出使西域各国,在西域活动达30年之久,屡建奇功,以数十人之众除掉了匈奴派往鄯善、于阗的使者,废黜亲近匈奴的疏勒王,又联合各部,平定了莎车、龟兹等地贵族的叛乱,击溃月氏的入侵。三十余年之中,西域同汉联系密切,为表彰他的功绩,朝廷封他为"定远侯",与西汉"博望侯"张骞齐名,彪炳史册。班超之子班勇随父长期居留西域,了解西域道里及风物人情,撰成《西域记》,成为范晔《后汉书·西域传》的基本依据。安帝时,班勇被任为西域长史,带领500人前往西域击退匈奴势力,保障了西域与汉廷的密切关系。从班氏由荆楚迁到河朔起,其家族就与边疆事务有着割不断的世代因缘,在这个诗书传家的书香门第,保留着一种任侠尚义、躬行实践的可贵品格。

班昭是一位才女,为《汉书》成为完璧做出了贡献。班固卒时,《汉书》还有八表及《天文志》尚未完成,和帝令班昭继续《汉书》的编撰。班昭卒后,朝廷又诏令班固同郡学者马续最终完

---

① 明代冯明世《孟坚墓》诗,见《扶风县志》。

成《汉书》的著述。《汉书》从班固始撰时起至此历80余年,在班彪的基础上,以班固为中坚,经班昭、马续历四人之手才大功告成。班昭作为《二十四史》中唯一的一位女作者而享誉史林。

(四) 《汉书》的注释及版本

1.《汉书》的注释

《汉书》一经写成,就受到时人的普遍重视,风行天下。《汉书》文辞雅驯,喜用古字,时人颇感难读,连著名学者马融都向班昭执弟子礼习读《汉书》。正因如此,为《汉书》作注者代不乏人,行世不及百年,灵帝时学者服虔著《汉书音义》,应劭也有注释《汉书》的同名书问世,这是最早的两种注释。魏晋南北朝时《汉书》注特别发达,《隋书·经籍志》实际上是这时期的文献总目录,著录《汉书》注十余种,作者有韦昭、刘显、夏侯咏、萧该、包恺、晋灼、韦棱、姚察、项岱等。相形之下,《史记》受到冷落,此期间注《史记》者仅有裴骃、徐野民、邹诞生三人,《隋书·经籍志》概述这种状况说:"《史记》、《汉书》,师法相承,并有注释……梁时,明《汉书》有刘显、韦棱,陈时有姚察,隋代有包恺、萧该,并为名家。《史记》传者甚微。"

在历代的《汉书》注释中,取得突出成就的有三家,即唐颜师古的《汉书注》、明凌稚隆的《汉书评林》及清王先谦的《汉书补注》,其中又以颜注成就为最。

颜师古(公元581—645年),名籀,京兆万年(今陕西西安)

人,他是北齐著名学者、《颜氏家训》作者颜之推之孙。师古深受家学熏陶,博览群书,奉唐太宗之子承乾之命为《汉书》作注。他广集服虔、应劭、晋灼、如淳、蔡谟等隋以前《汉书》二十余家注释,以"师古曰"形式予以考证,正确者予以申说,错误者予以纠正,遗漏者予以补充,还新增了前人所无的许多注释,内容涉及音义、名物、地理、典故等各个方面。颜注以其广采百家、博大精深为学林所重。宋学者晁补之评价说:"颜师古解《汉书》所以得忠臣之名者,以其尽之矣。《汉书》未经颜氏之前,凡几家,一经颜氏之后,人不能易其说。纵有措辞易之者,如明月晓星,不能有其明也。"唐太宗对颜注很赞赏,特赐丝物 200 缎、良马一匹以示奖励。

北宋时《汉书》改为雕版印刷,学者刘敞、刘攽兄弟及刘敞子刘奉世予以校订,作《汉书标注》,世称"三刘注",也颇有参考价值。

至明代《汉书》的注释不仅限于文字上的校勘训诂,而转向对其内容的评论研究,著名学者凌稚隆在东汉以来 147 家《汉书》评注的基础上,撰成《汉书评林》,成为继颜师古之后的又一集大成著作。

清代是以校订整理古文献而著称的朝代,对古文献的整理涉及校勘、考订、辨伪、补作等多方面,取得了广泛的成就。《汉书》研究著作大量涌现,著名者有钱大昭的《两汉书辨疑》、钱大昕的《汉书考异》、齐召南的《汉书考证》、王峻的《汉书正误》、沈钦韩的《汉书疏证》、周寿昌的《汉书注校补》、李慈铭的《汉书札记》等,对这些成果予以综合、最后集大成的是清末王先谦的《汉书补注》。

王先谦(1842—1917),字益吾,湖南长沙人,曾任江苏学政。辛亥革命时期,他是反对革命的守旧派代表。光绪二十六年(1900年),完成《汉书补注》120卷。王氏将唐代迄于清末的《汉书》各家注释汇集起来,征引多达67家,排比成书,其特点是罗列各家注释,宏富全面,为后世研究者提供了极大的方便。不足之处是考证少,新意无多。

近代以来的《汉书》研究较之古代在方法论上迥然不同,因而取得了前所未有的成就。随着考古事业的发展,大量汉代简、牍、帛书得以重见天日,取地下材料与文献资料相印证,这种被王国维称为"二重证据法"的研究方法为历史研究开辟了新天地,今人成果如杨树达《汉书窥管》、陈直《汉书新证》、日人狩野直喜《汉书补注补》往往别出新意,发前人之所未发。

2.《汉书》的版本

在雕版印刷术发明之前,文献的流传主要靠手抄,不仅费工费时,也难以大规模流传,而且传抄、流传过程中极易产生错谬。我国古代四大发明之一的印刷术始于唐代,考古发掘的唐代《金刚经》残卷被认为是现存最早的印刷品。五代时期,儒家经典开始大量雕印。现在所见《汉书》最早的雕印本是北宋景祐本,《二十四史》百衲本就是影印景祐本。南宋时期通行的版本为刘之问建安本,明代有嘉靖南监本(由朝廷主持雕印的南京国子监本)、毛晋汲古阁本(毛晋为明著名藏书家,藏书阁名汲古阁)。清代有乾隆武英殿本,简称殿本,由朝廷主持雕印;还有同治金陵书局本,俗称局本。清朝末年,王先谦以汲古阁本为主,作《汉书补注》,称《汉书补注》本或王本,是诸版本中较好的版本。

现今最为流行也是质量最好的《汉书》版本是中华书局点校本,由中华书局1960年点校出版。点校本以王先谦《汉书补注》本作为底本(只收颜注,不收王注),参照景祐本、汲古阁本、殿本、局本四种版本,由著名史学家点校,附有校勘记,为我们今天阅读《汉书》提供了可靠版本。由现代史家郑天挺主编、中华书局1962年出版的《汉书选》,作为"中国史学名著选"丛书的一种,选择了《汉书》中思想性、文学性较强的精彩篇章,详加注释,是阅读《汉书》较好的选本。

为便于利用《汉书》,进一步揭示《汉书》的内容,中华书局根据点校本出版了《汉书人名索引》和《汉书地名索引》两种工具书,以《汉书》中出现的人名、地名为目,详列该人名、地名在《汉书》中出现的卷次和页码,为利用《汉书》提供了非常便捷的工具。

二、《汉书》的概况

（一）《汉书》的体例

《汉书》是第一部纪传体断代史，共100篇，后人将其中篇幅较长的篇章析为上、下篇，共为120卷，分十二帝纪、七十列传、十志、八表。班固沿袭司马迁开创的纪传体例，将《史记》的"世家"和"列传"合二为一，统称为"传"，为避免与书名重复，将《史记》的"书"改称为"志"，"表"未作变更。从此，纪、传、志、表成为纪传体史书的四个基本组成部分，直至《清史稿》，一直延续下来。纪传体由司马迁创立，但《史记》并不拘泥于体例，而呈现出相当的灵活性。班固以兰台史官的身份，使纪传体统一化和固定化。

《史记》是纪传体通史，记载自传说中黄帝至司马迁所处的武帝时的史事，因为司马迁的卓越贡献，《史记》传世后对当世史学产生重大影响，褚少孙、刘向、刘歆等大批学者竞相效仿太史公，纷纷续写《史记》。采用什么样的方式记述历史，是史家史才、史学、史识等素质的综合体现,《史记》之所以成为一部杰出之作,是由司马迁对历史的深邃见解决定的,同时也是武帝大一统时代的产物。后世史家要根据自己所处时代的特点以及自己的史观确定自己的写作方式,否则只是邯郸学步。正因如此,班固的父亲班彪对褚少孙等人的续作皆不满意,决意超出他们,撰《史记后传》,但仍是接踵太史公,接续《史记》,实际上也就谈不上创新和发展。

班固一反班彪以前学者的做法,采用纪传体的体裁,断代为史,体现了他卓尔不群的史识,同时也是时代的需求。汉王朝继秦而兴,经过汉初休养生息,尤其是雄才大略的汉武帝的文治武功,王朝统治臻于鼎盛,疆域空前扩大,汉王朝在四邻国家中的影响也是空前的。盛世修史是中国古代的传统,作为一个有着深厚家学渊源、掌管天下典籍图书的朝廷官员,用笔记录下国家强盛的景况,使其垂诸千古,是班固义不容辞的职责。在汉统治者看来,"汉承尧运",如果上接司马迁续编汉史,势必将《高祖纪》置于项羽、陈胜传之后,这当然是统治者所不能允许的。班固适应了时代的要求,开创了纪传体断代史的体例。

纪、传、志、表从《史记》五体演化而来,班固在整个体例上改变了《史记》不甚统一的状况,使《汉书》体例纯一,为正史树立了楷模。

纪。《汉书》按西汉十二帝顺序设立十二纪,记载西汉一代的军政大事。十二纪是:高帝纪、惠帝纪、高后纪、文帝纪、景帝纪、武帝纪、昭帝纪、宣帝纪、元帝纪、成帝纪、哀帝纪、平帝纪。

《史记》中西汉部分立五本纪,即:高祖本纪、吕太后本纪、孝文本纪、孝景本纪、今上(武帝)本纪。两者相较可以看出:其一,《汉书》十二纪名称皆以帝或后谥号为名,显得整齐划一。其次,《汉书》中增加了《史记》所缺的《惠帝纪》,反映了班固的正统观念,但也反映出《汉书》体例上整齐划一。高祖刘邦卒后,其子刘盈即位,年仅 17 岁,是为惠帝。惠帝年幼,吕后干预朝政,惠帝忧郁成疾,在位七年即夭折。惠帝死后,"太后称制"①,"制"是最高统治者的专用术语。再者,司马迁在《吕太后本纪》中使用惠帝年号,年号是皇权的象征,《史记》未立惠帝纪,是为了反映吕后专权的历史实际,但又在吕后纪中使用惠帝年号,单纯从体例上看是矛盾的。《汉书》却不然,惠帝在位七年,立《惠帝纪》,吕后称"制"后立《高后纪》,突出了政治上的正统关系,体例上也显得整齐,后人评说《汉书》帝纪"较《史记》更严而整"②,是就其体例而言的。

传。《汉书》将《史记》中的世家、列传统称为传,是适应形势而作的变更,因为"世家"主要记载春秋、战国的诸侯,在西汉已不复存在。此外,在传的名称上,《汉书》改变了《史记》传称谓不一的状况。《史记》七十列传称谓颇为复杂,可归纳为如下几类:其一,只标姓者,如《管晏列传》,为管仲与晏婴的传记;其二,只标名者,如《伯夷列传》;其三,标姓与名者,如《范睢蔡泽

---

① 《史记·吕太后本纪》。
② 凌稚隆:《汉书评林》引明王维桢语。

列传》;其四,标姓与字者,如《伍子胥列传》,伍员字子胥;其五,标号者,如《黥布列传》;其六,标"子"者,如《孙子吴起列传》,孙子为军事家孙武;其七,标"生"者,如《屈原贾生列传》,贾生即贾谊。其八,标爵位者,如《留侯世家》,留侯为张良爵号;其九,标官名者,如《陈丞相世家》,陈丞相为陈平。前已有述,司马迁不拘泥于体例,称谓上的不统一并无精意深旨,班固在这方面作了统一,《汉书》七十传名主要简化为两种形式:其一标姓,以姓指代人名,如《韩彭英卢吴传》为韩信、彭越、英布、卢绾、吴芮的合传;《公孙刘田王杨蔡陈郑传》为公孙贺、刘屈氂、田千秋、王䜣、杨敞、蔡义、陈万年、郑弘的传记。其二标姓名,如《陈胜项籍传》、《张耳陈余传》、《贾谊传》、《司马迁传》等。班固以人物的常用称谓作为传名,简明统一,这种模式为以后的正史所继承,也便于后人查阅检索。

此外,《汉书》传在类型上以专传、合传、类传的次序编排,雁行有序,这也是对《史记》的规范化。《史记》各种类型传记相互穿插,不遵循固定的程式,如《西南夷列传》之后为《司马相如列传》、《淮南衡山列传》、《循吏列传》、《汲郑列传》、《儒林列传》,以类型论依次为类传、合传、类传、合传、类传,《汉书》的做法也为后世正史提供了范例,就体例而言较诸《史记》有较大改进。

志。"志"是纪传体史书中记载典章制度的体裁,《史记》称"书",其八书是《礼书》、《乐书》、《律书》、《历书》、《天官书》、《封禅书》、《河渠书》、《平准书》,所记皆为政治、经济、文化等方面的重要典制。《汉书》改"书"为"志",共设十志,为《律历志》、《礼乐志》、《刑法志》、《食货志》、《郊祀志》、《天文志》、《五行志》、《地理志》、《沟洫志》、《艺文志》。两相比较，《汉书》除对《史记》八书进行改造、合并予以继承外，增设了《刑法志》、《五行志》、《地理志》和《艺文志》，使正史"志"包容的典章制度内容更加丰富，基本上包括了社会内容的各个方面。《刑法志》记刑法制度，是国家职能的基本内容；《五行志》是根据西汉历史的实际情况增设的，记载阴阳五行和自然灾害，兼有思想文化及自然科学的双重史料价值；《地理志》不仅记道里山川，还包括各地风物人情、行政区划及分合沿革；《艺文志》实际上是当时图书总目录，有图书必有分类，反映了学术源流及发展脉络，具有"辨章学术，考镜源流"的重要作用。

由于班固的加工、增补，《汉书》十志包含的内容更加丰富全面，反映历史也更加周到，强化了正史的职能。后世史家认识到"修史之难，无出于志"，因而许多正史中"志"体皆付之阙如。但另一方面，记载典章制度的文献逐步发展，在史学文献中形成一个新的独立门类——政书，唐朝史家杜佑的《通典》为古代第一部政书，继之有宋郑樵的《通志》、宋末元初马端临的《文献通考》，是为"三通"，至清发展为"九通"，大大丰富了史书的内容。就内容看，基本上沿袭司马迁、班固"志"体的结构。

表。"表"以谱牒形式记载纷繁复杂的历史事件，将复杂的历史内容以直观简洁的形式表示出来，文简事备，有事半功倍之效。"表"为司马迁的重要创造，其十表反映了春秋、战国及秦汉之际的复杂内容。班固在继承上又有所创新，《汉书》设有八表,其中《异姓诸侯王表》、《诸侯年表》、《王子侯表》、《高惠高后文功臣表》、《景武昭宣元成功臣表》、《外戚恩泽侯表》等六表基本沿袭《史记》而来,新增《百官公卿表》和《古今人表》。

《百官公卿表》记载秦汉官制沿革及公卿大臣的升迁任免,将国家官僚体制的构成、秩禄、爵位、职掌及其沿革变化情况直观地表示出来,清晰地反映了至为复杂的职官制度,以后正史中的《宰辅表》、《百官志》、《职官志》、《官氏志》等皆肇始于此。后来职官表从正史中独立出来,如《清代职官表》等,成为专门性文献。

《古今人表》将上起远古的太昊伏羲氏,下迄秦末的陈胜、吴广,按三品九等排列,以儒家思想作为衡量标尺,将孔子列为上圣,孔门弟子列为上等者达30余人,陈胜、吴广、项羽等列为下等,反映了汉代"独尊儒术"的价值取向。

清史家章学诚将史籍分为"撰述"和"记注"两类,各有其不同的特点,"撰述欲其圆而神,记注欲其方以智也"[①],并以《史记》和《汉书》作为代表。撰述为"知来之学",从历史的通变中原始察终,见盛观衰,究天人之际,故不拘体例笔法,是为"圆而神";记注为"藏往之学",以记录历史为目的,重在体例的安排和史料的采录,整齐划一,客观缜密,是为"方以智"。他说:"夫名物制度,繁文缛节,考订精详,记诵博洽,藏往之学也;好学敏求,心知其意,神明变化,开发前蕴,此知来之学也。"《史记》和

---

①《文史通义·书教下》。

《汉书》的体例正反映了二者的特点,章氏进一步指出,"〔班〕固《书》因迁之体,而为一定之义例",为势之不得不然,是史学发展的必然要求。正史的性质决定了其为记注之学,班固因《史记》而确立正史体例,功不可没。

(二) 《汉书》的内容

记载西汉历史的文献除《汉书》外,东汉末荀悦将《汉书》纪传体改为编年体而成《汉纪》,荀氏以《汉书》帝纪为纲,按照时间先后顺序,将传、志、表中的相关材料充斥其间。典章制度方面的文献有东汉应劭《汉官仪》、王隆《汉官解诂》及南宋徐天麟《西汉会要》。北宋史学家司马光编撰的《资治通鉴》始自战国,迄于五代,西汉当然包括在内。这些著作以及其他相关文献或以《汉书》为蓝本重新组织材料,或记汉史的某一方面,都无法与《汉书》相比拟。《汉书》全面系统,成书时间离西汉未远,材料可靠性强,成为记述西汉历史的最基本文献。

1.《汉书》记载了西汉政治、文化大一统的过程

西汉在中国政治史上占有十分重要的地位,封建的政治制度及意识形态是在这个时期确立的。秦在军事上实现了统一,随即推行一系列政治措施,如中央设立三公九卿制,地方实行郡县制,统一文字及度、量、衡等。但秦行急刑峻法,统治很快土崩瓦解,政治上的统一远未完成。

汉高祖刘邦出身卑微,跟随他一起打天下的武将大都是不通文墨的草莽之辈,未受儒风熏染,刘邦本人也看不起峨冠博带的儒生。但马上得天下后面临着如何治理天下的新课题,于是在儒臣陆贾等人的劝导下,刘邦思想上经历了重大转变,开始重用儒士,《汉书·高祖纪下》载:"初,高祖不修文学,而性明达,好谋,能听。……初顺民心,作三章之约,天下既定,命萧何次律令,韩信申军法,张苍定章程,叔孙通制礼仪,陆贾造《新语》。"这是一段非常重要的记载,打败项羽是军事上立国,制订礼仪律令则是政治上立国,从制度上规定封建政治秩序,确立封建政治的基本模式。正因如此,有些学者以此作为封建制度最后确立的标志,并进而认为西汉是中国封建社会的开端,在中国古代社会形态诸说中别树一帜。

武帝是历史上一个雄才大略的皇帝,在他统治时期西汉王朝政治上臻于鼎盛状态,他对历史的影响不在于他的武功,而在于文化方面,奠立封建意识形态的基础——采纳董仲舒"罢黜百家,独尊儒术"的建议,将儒学确定为封建社会的统治学说,奠定了封建统治的文化思想基础。董仲舒对策武帝的《天人三策》是非常重要的文献,班固收录于《董仲舒传》中,其《对策》一云:

> 陛下发德音,下明诏,求天命与情性,皆非愚臣之所能及也。臣谨案《春秋》之中,视前世已行之事,以观天人相与之际,甚可畏也。国家将有失道之败,而天乃先出灾害

以谴告之，不知自省，又出怪异以警惧之，尚不知变，而伤败乃至。以此见天心之仁爱人君而欲止其乱也。自非大亡道之世者，天欲尽扶持而全安之，事在强勉而已矣。强勉学问，则闻见博而知益明；强勉行道，则德日起而大有功：此皆可使还至而有效者也。《诗》曰"夙夜匪（非）解"，《书》云"茂哉茂哉"，皆强勉之谓也。

道者，所由适于治之路也，仁义礼乐皆其具也。故圣王已没，而子孙长久安宁数百岁，此皆礼乐教化之功也。王者未作乐之时，乃用先王之乐宜于世者，而以深入教化于民。教化之情不得，雅颂之乐不成，故王者功成作乐，乐其德也。乐者，所以变民风，化民俗也；其变民也易，其化人也著。故声发于和而本于情，接于肌肤，臧（藏）于骨髓。故王道虽微缺，而筦（管）弦之声未衰也。夫虞氏之不为政久矣，然而乐颂遗风犹有存者，是以孔子在齐而闻《韶》也。夫人君莫不欲安存而恶危亡，然而政乱国危者甚众，所任者非其人，而所由者非其道，是以政日以仆灭也。夫周道衰于幽、厉，非道亡也，幽、厉不由也。至于宣王，思昔先王之德，兴滞补弊，明文、武之功业，周道粲然复兴，诗人美之而作，上天祐之，为生贤佐，后世称诵，至今不绝。此夙夜不懈行善之所致也。孔子曰"人能弘道，非道弘人"也。故治乱废兴在于己，非天降命不可得反，其所操持悖谬失其统也。

臣闻天之所大奉使之王者，必有非人力所能致而自至者，此受命之符也。天下之人同心归之，若归父母，故天瑞应诚而至。《书》曰"白鱼入于王舟，有火复于王室，流为乌"，此盖受命之符也。周公曰"复哉复哉"，孔子曰"德不孤，必有邻"，皆积善絫（累）德之效也。及至后世，淫佚衰微，不能统理群生，诸侯背畔，残贼良民以争壤土，废德教而任刑罚。刑罚不中，则生邪气；邪气积于下，怨恶畜（蓄）于上。上下不和，则阴阳缪戾而妖孽生矣。此灾异所缘而起也。

臣闻命者天之令也，性者生之质也，情者人之欲也。或夭或寿，或仁或鄙，陶冶而成之，不能粹美，有治乱之所生，故不齐也。孔子曰："君子之德风，小人之德草也，草上之风必偃。"故尧、舜行德则民仁寿，桀、纣行暴则民鄙夭。夫上之化下，下之从上，犹泥之在钧，惟甄者之所为；犹金之在镕，惟冶者之所铸。"绥之斯俫，动之斯和"，此之谓也。

臣谨案《春秋》之文，求王道之端，得之于正。正次王，王次春。春者，天之所为也；正者，王之所为也。其意曰，上承天之所为，而下以正其所为，正王道之端云尔。然则王者欲有所为，宜求其端于天。天道之大者在阴阳。阳为德，阴为刑；刑主杀而德主生。是故阳常居大夏，而以生育养长为事；阴常居大冬，而积于空虚不用之处。以此见天之任德不任刑也。天使阳出布施于上而主岁功，使阴入伏于下而时出佐阳；阳不得阴之助，亦不能独成岁。终阳以成岁为名，此天意也。王者承天意以从事，故任德教而不任刑。刑者不可任以治世，犹阴之不可任以成岁也。为政而任刑，不顺于天，故先王莫之肯为也。今废先王德教之官，而独任执法之吏治民，毋乃任刑之意与（欤）！孔子曰："不教而诛谓之虐。"虐政用于下，而欲德教之被四海，故难成也。

臣谨案《春秋》谓一元之意，一者万物之所以始也，元者辞之所谓大也。谓一为元者，视大始而欲正本也。《春秋》深探其本，而反自贵者始。故为人君者，正心以正朝廷，正朝廷以正百官，正百官以正万民，正万民以正四方。四方正，远近莫敢不一于正，而亡有邪气奸其间者。是以阴阳调而风雨时，群生和而万民殖，五谷孰（熟）而草木茂，天地之间被润泽而大丰美，四海之内闻盛德而皆徕臣，诸福之物，可致之祥，莫不毕至，而王道终矣。

孔子曰："凤鸟不至，河不出图，吾已矣夫！"自悲可致此物，而身卑贱不得致也。今陛下贵为天子，富有四海，居得致之位，操可致之势，又有能致之资，行高而恩厚，知明而意美，爱民而好士，可谓谊主矣。然而天地未应而美祥莫至者，何也？凡以教化不立而万民不正也。夫万民之从利也，如水之走下，不以教化堤防之，不能止也。是故教化立而奸邪皆止者，其堤防完也；教化废而奸邪并出，刑罚不能胜者，其堤防坏也。古之王者明于此，是故南面而治天下，莫不以教化为大务。立大学以教于国，设庠序以化于邑，渐民以仁，摩民以谊，节民以礼，故其刑罚甚轻而禁不犯者，教化行而习俗美也。

圣王之继乱世也，埽（扫）除其迹而悉去之，复修教化而崇起之。教化已明，习俗已成，子孙循之，行五六百岁尚未败也。至周之末世，大为亡道，以失天下。秦继其后，独不能改，又益甚之，重禁文学，不得挟书，弃捐礼谊而恶闻之，其心欲尽灭先圣之道，而颛（专）自恣苟简之治，故立为天子十四岁而国破亡矣。自古以来，未尝有以乱济乱，大败天下之民如秦者也。其遗毒余烈，至今未灭，使习俗薄恶，人民嚚顽，抵冒殊扞①，孰（熟）烂如此之甚者也。孔子曰："腐朽之木不可彫（雕）也，粪土之墙不可圬也。"今汉继秦之后，如朽木粪墙矣，虽欲善治之，亡（无）可奈何。法出而奸生，令下而诈起，如以汤止沸，抱薪救火，愈甚亡（无）益也。窃譬之琴瑟不调，甚者必解而更张之，乃可鼓也；为政而不行，甚者必变而更化之，乃可理也。当更张而不更张，虽有良工不能善调也；当更化而不更化，虽有大贤不能善治也。故汉得天下以来，常欲善治而至今不可善治者，失之于当更化而不更化也。古人有言曰："临渊羡鱼，不如退而结网。"今临政而愿治七十余岁矣，不如退而更化；更化则可善治，善治则灾害日去，福禄日来。《诗》云："宜民宜人，受禄于天。"为政而宜于民者，固当受禄于天。夫仁义礼智信五常之道，王者所当修饬也；王者修饬，故受天之

———————

① 抵冒殊扞：抵，触。冒，犯。殊，绝。扞，距。指作奸犯科。

祐,而享鬼神之灵,德施于方外,延及群生也。

在这里,可以看出董仲舒"天人感应"政治学说的基本内容,天人相互感应,"天"以灾祥的形式昭示意志,对天子的为政状况进行善恶褒贬,当政治有道时天降符瑞,反之灾变并出。为人君者要勤政理民,小心谨慎,他十分强调君主"强勉"的重要。董仲舒的思想有强化君权天授的一面,也有强调民本性的一面,以"天"约束、规范君权,突出为政者的人格责任,所谓"存亡废兴在于己",政治的兴替成败完全掌握在为政者自己手中,这也是实现王朝长治久安唯一现实的选择。董仲舒将儒学政治化,使儒家学说成为指导政治运作的理论,体现出儒学实践理性特征,为汉王朝的统治提供了系统的理论体系,理所当然地为武帝所采纳,确立了统治的文化思想基础,对中国历史影响深远。因此,董仲舒的《天人三策》是非常重要的文献。班固收录于《董仲舒传》中,这是他对文化思想史的重要贡献。《汉书》在文化思想史上占有重要的一席之地。

2.《汉书》保存了大量汉代士人的政论文献

西汉是一个"士"阶层意识全面显现的时代。春秋、战国时期,学术由官府散向民间,士成为具有独立意识的阶层,他们对当时社会的嬗变见仁见智,各抒己见,形成"百家争鸣"的局面。秦始皇统一天下以后,文化上采取高压钳制措施,焚书坑儒,儒生不仅失去了独立自主意识,甚至性命也难保。西汉建立,为了恢复残破不堪的社会经济,推行与民休息的政策,政治上无为而治,文化上广开献书之路,鼓励收徒授业,这样压抑已久的士阶层意识复苏起来,涌现出一大批政论家,他们以天下为己任,关心国计民生,总结秦亡的教训,为现实政治出谋划策,在政治理论和政治策略方面提出了一系列深邃的见解。《汉书》中收录了大量这方面的文献,著名者如贾谊《治安策》、《论积贮疏》,晁错《论贵粟疏》、《言兵事疏》、《募民徙塞下疏》,路温舒《尚德缓刑疏》,贾山《至言》,枚乘《谏吴王谋逆》,公孙弘《贤良策》等,对这些文献的注重也反映出班固与他们意识上的一致性。

贾谊,洛阳人,年幼博学,18岁时文章诗赋为郡中之冠。他被文帝召为博士,后遭权贵排挤,贬为长沙王太傅。渡湘水,追思空怀报国之情、怀才不遇的屈原,作《吊屈原赋》,实则以屈原自况。后来文帝怜惜贾谊的才学,召他回京师,促膝攀谈至夜,但所谈不是国计民生大事,而是问鬼神之事,唐李商隐《贾生》诗云:"可怜夜半虚前席,不问苍生问鬼神。"这时的西汉面临内外交困的危机,北面匈奴犯边甚急,内部诸侯王怀有犯上僭越之意,贾谊激于国事,向文帝上《治安策》,直陈天下危如累卵的形势,发表他对天下政治的见解,开首即曰:

臣窃惟事势,可为痛哭者一,可为流涕者二,可为长太息者六,若其他背理而伤道者,难遍以疏举。进言者皆曰天下已安已治矣,臣独以为未也。曰安且治者,非愚则谀,皆非事实知治乱之体者也。夫抱火厝(措)之积薪之下而寝其上，火未及燃，因谓之安，方今之势，何以异此！本末舛逆，首尾衡决，国制抢攘，非甚有纪，胡可谓治！陛下何不一令臣得孰数之于前，因陈治安之策，试详择焉！

夫射猎之娱，与安危之机孰急？使为治，劳智虑，苦身体，乏钟鼓之乐，勿为可也。乐与今同，而加之诸侯轨道，兵革不动，民保首领，匈奴宾服，四荒乡风，百姓素朴，狱讼衰息，大数既得，则天下顺治，海内之气清和咸理，生为明帝，没为明神，名誉之美，垂于无穷。……建久安之势，成长治之业，以承祖庙，以奉六亲，至孝也；以幸天下，以育群生，至仁也；立经陈纪，轻重同得，后可以为万世法程，虽有愚幼不肖之嗣，犹得蒙业而安，至明也。以陛下之明达，因使少知治体者得佐下风，致此非难也。其具可素陈于前，愿幸无忽。臣谨稽之天地，验之往古，按之当今之务，日夜念此至孰（熟）也，虽使禹、舜复生，为陛下计，亡以易此。

……

然而天下少安，何也？大国之王幼弱未壮，汉之所置傅相方握其事。数年之后，诸侯之王大抵皆冠，血气方刚，汉之傅相称病而赐罢，彼自丞尉以上偏置私人，如此，有异淮南、济北之为邪！此时而欲为治安，虽尧、舜不治。

……今令此道顺而全安，甚易，不肯早为，已乃堕骨肉之属而抗刭之，岂有异秦之季世乎！夫以天子之位，乘今之时，因天之助，尚惮以危为安，以乱为治，假设陛下居齐桓之处，将不合诸侯而匡天下乎？臣又以知陛下有所必不能矣。假设天下如曩时，淮阴侯尚王楚，黥布王淮南，彭越王梁，韩信王韩，张敖王赵，贯高为相，卢绾王燕，陈豨在代，令此六、七公者皆亡恙，当是时而陛下即天子位，能自安乎？臣有以知陛下之不能也。……然尚有可诿者，曰疏，臣请试言其亲者。假令悼惠王王齐，元王王楚，中子王赵，幽王王淮阳，共王王梁，灵王王燕，厉王王淮南，六、七贵人皆亡恙，当是时陛下即位，能为治乎？臣又知陛下之不能也。……故疏者必危，亲者必乱，已然之效也。其异姓负强而动者，汉已幸胜之矣，又不易其所以然。同姓袭是迹而动，既有征矣，其势尽又复然。殃祸之变，未知所移，明帝处之尚不能以安，后世将如之何！

屠牛坦①一朝解十二牛，而芒刃不顿者②，所排击剥割，皆众理解也。至于髋髀③之所，非斤则斧。夫仁义恩厚，人主之芒刃也；权势法制，人主之斤斧也。今诸侯王皆众髋髀也，释斤斧之用，而欲婴以芒刃，臣以为不缺则折。胡不用之淮南、济北？势不可也。

臣窃迹前事，大抵强者先反。淮阴王楚最强，则最先反；韩信倚胡，则又反；贯高因赵资，则又反；陈豨兵精，则又反；彭越用梁，则又反；黥布用淮南，则又反；卢绾最弱，最后反。长沙乃在二万五千户耳，功少而最完，势疏而最

---

① 坦：《管子》所载屠牛者名。
② 芒刃：锋利之刃。顿，钝。
③ 髋髀：髋，髋骨。髀，股骨。

忠,非独性异人也,亦形势然也。……欲天下之治安,莫若众建诸侯而少其力。力少则易使以义,国小则亡邪心。令海内之势如身之使臂,臂之使指,莫不制从,诸侯之君不敢有异心,辐辏并进而归命天子,虽在细民,且知其安,故天下咸知陛下之明。……其分地众而子孙少者,建以为国,空而置之,须其子孙生者,举使君之。诸侯之地,其削颇入汉者,为徙其侯国及封其子孙也,所以数偿之:一寸之地,一人之众,天子亡所利焉,诚以定治而已,故天下咸知陛下之廉。地制一定,宗室子孙莫虑不王,下无倍(背)畔之心,上无诛伐之志,故天下咸知陛下之仁。……

天下之势方病大瘇[1]。一胫之大几如要(腰),一指之大几如股,平居不可屈信(伸),一二指搐,身虑亡聊[2]。失今不治,必为锢疾,后虽有扁鹊,不能为已。病非徒瘇也,又苦蹠盭[3]。元王之子[4],帝之从弟也;今之王者,从弟之子也。惠王[5],亲兄子也;今之王者,兄子之子也。亲者或亡分地以安天下,疏者或制大权以偪(逼)。天子,臣故曰非徒病瘇也,又苦蹠盭。可痛哭者,此病是也。

西汉建立,政治上实行分封制,将宗室及功臣分封各地为王,建

---

① 瘇:肿足。
② 亡聊:无所依靠。
③ 蹠盭:足下之病。
④ 元王:楚元王,高帝之弟,其子于文帝为从弟。
⑤ 惠王:齐悼惠王。

立王国,企图以此藩卫朝廷,结果事与愿违,王国拥有政权、财权、军权,自铸钱币,自缮甲兵,轻侮朝廷,纷纷举兵反叛,对中央政权构成严重威胁。北面匈奴频频犯边,形势危急;豪强兼并土地,恃财自负,武断乡曲,奢靡无度,而下层民众胼手胝足,生活难以为继。所有这些都说明西汉统治面临着深刻的危机,而统治者坐享太平。贾谊深谋远虑,提出了具体改革时弊的措施,如限制王国势力、充实边陲、爱惜民力等。

针对当时背本(农)趋末(商)的浮华风气,贾谊上了著名的《论积贮疏》,班固收于《食货志》中:

管子曰:"仓廪实而知礼节。"民不足而可治者,自古及今,未之尝闻。古之人曰:"一夫不耕,或受之饥;一女不织,或受之寒。"生之有时而用之亡(无)度,则物力必屈。古之治天下,至纤至悉也,故其畜(蓄)积足恃。今背本而趋末,食者甚众,是天下之大残也;淫侈之俗,日日以长,是天下之大贼也;残贼公行,莫之或止;大命将泛,莫之振(赈)救。生之者甚少而靡之者甚多,天下财产何得不蹶!汉之为汉几四十年矣,公私之积犹可哀痛。失时不雨,民且狼顾;岁恶不入,请卖爵、子。既闻耳矣,安有为天下阽危者若是而上不惊者!

世之有饥穰,天之行也,禹、汤被之矣。即不幸有方二、三千里之旱,国胡以相恤?卒(猝)然边境有急,数十百万之众,国胡以馈之?兵旱相乘,天下大屈,有勇力者聚徒而衡(横)击,疲夫羸老易子而齩(咬)其骨。政治未毕通也,远方之能疑者并举而争起矣,乃骇而图之,岂将有及乎?

夫积贮者,天下之大命也。苟粟多而财有余,何为而不成?以攻则取,以守则固,以战则胜。怀敌附远,何招而不至?今殴(驱)民而归之农,皆著于本,使天下各食其力,末技游食之民转而缘南亩,则畜积足而人乐其所矣。可以为富安天下,而直为此廪廪(懔,担心)者,窃为陛下惜之!

在农业立国的社会,生产力水平低下,农业是整个社会的基础。就生财获利而言,农不如工,工不如商,于是在利益的驱使下,背本趋末者如过江之鲫,游食天下,导致田地荒芜,国家府库空虚,毫无应急的能力。贾谊的这篇奏疏就是对这种浮华世风的批判,时至今日,仍有醒人耳目的警示作用。

与贾谊重农思想相一致,晁错把"粟"视作立国的基础,向文帝上了著名的《论贵粟疏》,同贾谊《论积贮疏》一样,议论犀利,文采飞扬,班固在《汉书·食货志》中也予以收录,晁错说:

圣王在上而民不冻饥者,非能耕而食之、织而衣之也,为开其资财之道也。故尧、禹有九年之水,汤有七年之旱,而国亡捐瘠者,以畜(蓄)积多而备先具也。今海内为一,土地人民之众不避汤、禹,而加以亡(无)天灾数年之水旱,而畜积未及者,何也?地有遗利,民有余力,生谷之土未尽垦,山泽之利未尽出也,游食之民未尽归农也。民贫,则奸邪生,贫生于不足,不足生于不农,不农则不地著,不地著则离乡轻家,民如鸟兽,虽有高城深池,严法重刑,犹不能禁也。

夫寒之于衣,不待轻煖(暖);饥之于食,不待甘旨;饥寒至身,不顾廉耻。人情,一日不再食则饥,经岁不制衣则寒。夫腹饥不得食,肤寒不得衣,虽慈母不能保其子,君安能以有其民哉!明主知其然也,故务民于农桑,薄赋敛,广畜积,以实仓廪,备水旱,故民可得而有也。

……

今农夫五口之家,其服役者不下二人,其能耕者不过百亩,百亩之收不过百石。春耕夏耘,秋获冬藏,伐薪樵,治官府,给徭役;春不得避风尘,夏不得避暑热,秋不得避阴雨,冬不得避寒冻,四时之间,亡时休息;又私自送往迎来,吊死问疾,养孤长幼在其中。勤苦如此,尚复被水旱之灾,亡者取倍称之息[①],于是有卖田宅鬻子孙以偿责(债)者矣。而商贾大者积贮倍息,小者生列贩卖,操其奇赢,日游都市,乘上之息,所卖必倍。故其男不耕耘,女不蚕织,衣必文采,食必粱肉;亡农夫之苦,有仟佰之得[②]。因其富厚,交通王侯,力过吏势,以利相倾;千里游敖(遨),冠盖相望,乘坚策肥,履丝曳缟。此商人所以兼并农人,农人所以流

---

① 倍称之息:称,举借;息,利息。借一还二,名倍称之息。
② 仟佰:仟谓千钱,佰谓佰钱。一说仟佰为阡陌,指农桑之利。

亡者也。

今法律贱商人，商人已富贵矣；尊农夫，农夫已贫贱矣。故俗之所贵，主之所贱也；吏之所卑，法之所尊也。上下相反，好恶乖迕，而欲国富法立，不可得也。方今之务，莫若使民务农而已矣。欲民务农，在于贵粟；贵粟之道，在于使民以粟为赏罚。今募天下入粟县官（朝廷），得以拜爵，得以除罪。如此，富人有爵，农民有钱，粟有所渫（xiè，分散）。夫能入粟以受爵，皆有余者也；取于有余，以供上用，则贫民之赋可省，所谓损有余补不足，令出而民利者也。顺于民心，所补者三：一曰主用足，二曰民赋少，三曰劝农功。今令民有车骑马一匹者，复卒三人[1]。车骑者，天下武备也，故为复卒。神农之教曰："有城十仞，汤池百步，带甲百万，而亡粟，弗能守也。"以是观之，粟者，王者大用；爵者，上之所擅，出于口而无穷；粟者，民之所种，出于地而不乏。夫得高爵与免罪，人主所甚欲也。使天下人入粟于边，以受爵免罪，不过三岁，塞下之粟必多矣。

晁错把粟置于立国基础的重要地位，百姓输粟可获得爵位、免除刑罚，既促使百姓趋本务农，又可使国家府库充实，反过来减轻百姓的赋税负担，施恩于民。此外，晁错还建议输粟于边，百姓可免除徭役，国家一方面减轻了征收、储运的沉重负

---

[1] 复卒三人：一家有车骑及马匹者，免除三人的徭役。

担,另一方面使边境粮食充足,为军士戍边提供可靠的物质保障,遇有战事无粮饷之忧,从容应付。贾谊、晁错把粮食放在解决内政外交问题的首要地位,抓住了治国理民的关键,反映了他们对社会政治问题的卓越见解,体现出士人们良好的政治素质。汉初士人对西汉政治格局的影响十分深刻,如果说文化素质不高的刘邦君臣以武力平定了天下,建立汉政权,汉初儒士们则从政治、文化上立国,在为政方针及为政方略上提出了系统的见解。事实说明这些措施的推行取得了显著的效果,就"积贮"、"贵粟"而言,文、景时"则民人给家足,都鄙廪庾尽满","太仓之粟陈陈相因,充溢露积于外,腐败不可食"(《食货志》)。

汉初士人关注的社会政治内容是多方面的,《汉书》中大量收录士人的政论文献,反映了士人们积极有为、兼济天下的品质。

3.《汉书》保存了珍贵的文化史料

完成于刘歆之手的《七略》是西汉时期的图书总目录,原书已散佚,保存在《汉书·艺文志》中,使我们得以窥见汉代文献状况。汉初除挟书之律,至成帝时收集了大量文献,这些以竹简、木牍为载体的图书在京师堆积如山,错乱严重,于是成帝命光禄大夫刘向负总责,由学有专长的学者分工负责,进行了中国历史上第一次大规模的文献整理工作。具体分工是,刘向负责校理六艺(经书)、诸子、诗赋,步兵校尉任宏校兵书,太史令尹咸校术数,侍医李柱国校方技,每部书整齐篇章部次,校定文字,确定书名,然后写一篇内容提要,上奏皇帝。刘向过世后,其子刘歆继领其事,他将这些书的内容提要汇集起来,分门别类,编成我国古代第一部图书总目录——《七略》,比西方"目录学之父"德人吉士纳的《万象图书分类法》早了 1 700 余年。

《七略》分六艺略、诸子略、诗赋略、兵书略、术数略、方技略、辑略 7 个部分,其中辑略是全书的总序,实际上将图书分为 6 大类,下分 38 小类,共著录图书 603 家,计 13 219 卷,基本上反映了汉代图书的全貌。班固著《汉书》,以《七略》为基本依据,成《汉书·艺文志》,《七略》后失传,但其材料因《汉书》而流传下来。

值得一提的是,班固并非一字不易地照录《七略》,而是经过细致的考订、辨别,原记录不可靠的予以省略,编排不合理的予以调整,新发现的予以增加,使其更趋科学和全面。如:礼书类增《司马法》155 篇,儒家类增扬雄著作 38 篇,乐书类将刘向《琴颂》7 篇调出归入他类,《春秋》类中调出《太史公》等 4 篇。有疑问处班固详加注释,如在《大禹》37 篇下注说:"传禹所作,其文似后世语。"在《伊尹说》27 篇下注说:"其语浅薄,似依托也。"体现出班固无征不信、实事求是的审慎态度。

4.《汉书》新增《李陵传》、《张骞传》、《苏武传》

《史记》记事终于武帝之世,司马迁在世时苏武尚未归汉,故未能记述其事迹。但李陵、张骞二位重要历史人物事迹的记载过于简略。班固《汉书》传记中所加三位人物都因边疆事务而名标青史，反映出他的价值取向。

李陵是西汉名将李广之后，"李陵之祸"对司马迁的人生及《史记》著述有着深刻的影响。对于这样一个重要人物，《史记》将其事迹附于《李广传》之后，记述也十分简略。班固为其立传，详述其战功、战败被俘的过程以及由此而引发的风波，通过李陵与苏武交往的描写，深刻揭示他降匈奴后矛盾、苦闷的心情。张骞出使西域几十年，以过人的胆识遍历诸国，为加强西域同内地的联系作出了巨大贡献。司马迁在《史记》中将其事迹简略地附于《卫将军骠骑列传》之后，而将其在西域的经历放在《大宛列传》中。苏武与司马迁同时代，司马迁去世时苏武尚未归汉，《史记》中未能留下他的记载，对于这样一个志坚如磐石的爱国者，理应让他名垂青史。

班固在《汉书》中十分注意边陲民族的记述，记载了大量资料，他将《史记·大宛列传》扩充为《西域传》，叙述了西域几十个国家的历史、汉与匈奴在西域进行争夺战争的情况及汉与西域各国经济文化的交流。《汉书》又将《史记》匈奴、南越、东越、朝鲜、西南夷等列传加以补充，撰成《匈奴传》《西南夷两越朝鲜传》，尤其在《匈奴传》中增补武帝以后大量史实，这些记载为研究东亚、东南亚及中亚有关各国的历史保存了宝贵资料。值得称道的是，班固提出了对匈奴的和平政策，"来则征而御之，去则备而守之，其慕义而贡献，则接之以礼让"（《匈奴传赞》）。既反对穷兵黩武，也反对消极退让，这是中央王朝应有的态度，也是班氏家族传统的边事方针。

武帝以前的西汉历史,《汉书》基本取材于《史记》,大都经过审慎的甄别和加工,也有照录之处,以致出现讹谬。如《史记·陈涉世家》记载陈涉死后,其子孙"至今血食","今"指司马迁所处的武帝时期,"血食"指以牺牲祭祀。班固在《陈胜传》中照录上句,后接"王莽败,乃绝"语,《汉书》之"今"指班固所处的东汉明、章帝时期,造成前后句意矛盾。后世有些史家以此作为班固抄袭《史记》的证据,进而全盘否定《汉书》,不免失之偏颇。

(三) 理性、民本思想与正统观念

班固出身官宦世家,本人长期侍候皇帝左右,他又是《白虎通义》的整理者,在《汉书》中对司马迁的《史记》多所指摘,基于这些方面,《汉书》在思想上体现出较强的正统观念。但是另一方面,班固深受儒学思想的影响,在阴阳五行与谶纬盛行的时代反对迷信,继承了儒家民本思想,反对急刑暴政,从而体现出理性与民本特征。理性、民本思想与正统观念并不矛盾,三者有机统一,反映出汉代思想领域内"独尊儒术"、儒学政治化的特征。

1. 理性

自西汉中后期开始,阴阳五行、图谶之学盛行,经东汉光武帝刘秀至班固所处的时代变本加厉。在《汉书》中班固以理性批判神学，我们今天看到的是一部客观、严肃的理性著作。

图谶作为一种神秘的预言由来已久，其原始状态由于人类对自然及社会缺乏理性认识所致，具有素朴性。人类的认识提高以后，它又反过来被有意识地利用，成为神秘的意志论和目的论。秦始皇时有"亡秦者胡"的说法，秦末陈胜、吴广起义时也以鱼腹缣书、夜半狐鸣"大楚兴，陈胜王"为号召。在西汉前中期，儒学独尊，政治空气尚且清明，图谶仅在民间方士中流行，政治人物和学者很少引用。西汉末年，风气大变，王莽为攫取皇位，借助天神大造舆论，于是谶纬之学大兴，在王莽飞黄腾达的过程中起了重要的作用。先是齐人甘忠可炮制了一部《包元太平经》，预言赤精子下凡，汉家当再受命，因此时王莽势力尚弱，甘忠可被下狱治罪。哀帝时，王莽羽翼渐丰，甘忠可的学生夏贺良承其师说，要哀帝自称"陈圣刘太平皇帝"，因王莽自称是虞舜之后，而舜为陈姓，夏贺良要哀帝更姓为陈，明显包含王莽代汉的用意。王莽做了"安汉公"之后，一朝臣上奏说有人掘井，掘出一块石头，上书"告安汉公为皇帝"七个朱字，显系事先安排，结果王莽做了"摄皇帝"，距皇位仅一步之差。时隔不久，在长安读书的广汉郡人哀章杜撰天书，上言王莽该做真皇帝，并有八个大臣的姓名，哀章当然为其中之一，于是王莽应谶言登上九五之尊，定国号为"新"，封哀章为"美新公"，位列三公之一。

图谶在王莽篡汉过程中发挥了重要作用，因而身价百倍，在当时政治生活中的地位与日俱增。刘秀利用图谶为自己服务,在他起兵之初,南阳人李通效法哀章,造出"刘氏复起,李氏为辅"的谶言。刘秀利用其早年同学强华的谶言即皇帝位,并将这个"刘秀发兵捕不道,卯金修德为天子"(卯、金,意指繁体"刘"字)的谶言写在祭祀群神的祝文上,以说明皇位乃天所授。在建立东汉政权过程中,刘秀深切体会图谶的妙处,当皇帝后更利用图谶强化其统治地位,建武三十二年(公元56年),刘秀仿效武帝封禅太(泰)山,并钦定八十一篇谶纬刻石勒铭,由是"宣布图谶于天下"。

上有所好,下必甚之。光武帝好图谶,上至军国大事,下至身家吉凶祸福,全由谶纬决定,神学意识弥漫。如光武帝在谶文中读到一句"孙咸征狄"的话,恰巧手下有人名孙咸,于是命他为平狄将军,行大司马事。有个负责校定谶纬书的尹敏认为有机可乘,利用职责之便在纬书缺文中加上"君无口,为汉辅"(君无口,指"尹"字),因光武帝常看他起草的文书,认出他的字体,骗局被揭穿,但光武也未治罪于他。

神学迷雾笼罩整个社会,容身保位的官僚及禄利之徒全副心思用在见风使舵上,一有风吹草动,就炮制出大量神秘谶语。只有桓谭、王充等少数学者坚守住一片理性天空,班固记述了他们同谶纬迷信进行斗争的情形。桓谭极富政治勇气,在朝廷上公开表示对谶纬的怀疑态度。王充是著名的无神论思想家,《论衡》为宣扬无神论的代表著作。班固则以史家的笔法批评谶纬,在《汉书》中记载了桓谭等反谶纬的事迹。

前已有述,《汉书·艺文志》从刘歆《七略》而来,而刘向、刘歆父子是西汉宣扬阴阳五行学说的重要人物,"汉兴,承秦灭学之后,景、武之世,董仲舒治《公羊春秋》,始推阴阳,为儒者宗。宣、元之后,刘向治《穀梁春秋》,数其祸福,传以《洪范》,与仲舒错。至向子歆……所陈行事……著于篇。"(《五行志》)既如此说,那在刘歆的《七略》中应著录有大量谶纬书,但在《汉书·艺文志》见不到谶纬书的踪迹,显然被班固删去,体现出"子不语怪、力、乱、神"的理性风范。

在对史事的评论中,班固不为神学所迷惘,能透过神学的迷雾,从时势、人事上论述成败兴衰,而不是归结为神秘的图谶。在《高祖纪》中有为汉政权神秘说教的一面,这是由《汉书》的正统性质决定的,但对具体史事的论述更多地呈现出理性的一面,如刘邦从草莽之中成为天子,班固认为乃"势"使然:"古世相革,皆承圣王之烈,今汉独收孤秦之弊。镂金石者难为功,摧枯朽者易为力,其势然也。"(《异姓诸侯王年表》)关于王莽代汉,班固摒弃五花八门谶纬的神学目的论,从历史的逻辑上演绎、解释历史,故能中肯綮,他分析说:"〔王莽〕乘四父历世之权,遭汉中微,国统三绝,而太后寿考为之宗主,故得肆其奸慝,以成篡盗之祸。推是言之,亦天时,非人力之致矣。"(《王莽传赞》)是天时而非人力,班固一再强调"时"、"势",即历史发展的趋势,亦即历史本身的规律性,评史、论史以此为出发点,是一个史家持有理性态度的体现。

迷信的基本特征之一是神的泛化和强化,西汉中后期神祇众多,因之祭祀泛滥成灾,淫祀成风。宣帝时祭祀五花八门,下诏祀江、海、洛水,五岳、四渎(江、淮、河、济)皆设常祭,还祀石鼓、石社、蚩尤、天神等,当时京师及郡国有皇室宗庙176所,卫士达4.5万人,专门负责祭祀的祝宰、乐工多达1.3万余人。

成帝初年,丞相匡衡上奏祭祀过多,耗费浩繁,民不堪负,淫祀稍有收敛。不久匡衡因事免职,祭祀又被恢复,甚至过之,到处庙宇林立,香烟缭绕,钟磬祝颂之声不绝于耳。这时耿直敢言的谷永向成帝上书,揭露鬼神的虚伪,抨击淫祀的祸害,班固在《汉书·郊祀志》中收录谷永上成帝疏然后评论说:"究观方士祠官之变,谷永之言,不亦正乎! 不亦正乎!"对谷永的胆量和见识击节赞赏,反映出他对淫祀的批评态度,这是他理性思想的又一体现。

2. 民本思想

中国古代的民本思想是在西周重民轻神的潮流下产生的。殷商时"神"为最高主宰,西周时期神的地位开始下降,到了春秋、战国时期,以民为本蔚为一种思想潮流。孔子强调仁、爱,孟子言"民贵君轻",墨子更是民本思想的典型代表。秦统一六国,推行愚民、虐民的高压政策,人的主体性遭到摧残和扼杀。西汉初推行无为而治、休养生息的政策,归根结底还是重民,使民有安身立命之本。武帝时期,董仲舒建立了"天人感应"的政治学说体系,在强调"天不变,道亦不变"的同时,主张以民的状况作为衡量君主政治状况的标准,把"民"置于相当重要的政治地位。

班固在《汉书》中继承了先秦诸子、董仲舒以来的民本思想,以民的利害得失作为政治的权衡,在《循吏传》中对"兴于闾阎,知民事之艰难"的宣帝表以赞赏之情,称赞宣帝时政治清明,"吏称其能,民安其业";对匈奴采取适当的政策,避免兴师劳民之苦,"权时施宜,覆以威德",使"边城晏闭,牛马布野,三世无犬吠之警,藜(黎)庶无干戈之役"。与此形成鲜明对照的是,武帝穷兵黩武,"征发烦数,百姓贫耗,穷民犯法,酷吏击断"(《刑法志》),批评他不能法"文景之恭俭,以济斯民"(《武帝纪》)。崇尚黄老、清静无为的萧何、曹参为相,"从民之欲,则不扰乱,是以衣食滋殖,刑罚用稀"(《刑法志》),钦佩之情溢于言表。对地方官吏,班固也是以重民与否作为评价的依据,在《循吏传》中以"所居民富,所去民思"旌表文翁、朱邑、召信臣等良吏,记载他们的嘉言懿行,在《食货志》中以"汤死而民不思"评判酷吏张汤。

班固在《汉书》中记载了大量勇于为民请命官员的奏疏议论。元帝时,连年灾荒,天下饥馑,而皇宫大兴土木,谏大夫贡禹上书直言:

> 臣禹尝从之东宫,见赐杯案,尽文画金银饰,非当所以赐食臣下也。东宫之费亦不可胜计,天下之民所以为大饥饿而死者是也。今民大饥而死,死又不葬,为犬猪所食,人至相食。而厩马食粟,苦其大肥,气盛怒至,乃日步(遛马)

作之。王者受命于天,为民父母,固当若此乎!天不见邪!
(《贡禹传》)

贡禹一针见血地指出残酷的现实:一面是人相食,一面是厩马
苦肥。他还要求元帝裁抑后宫,把深宫怨女放归民间,享受人
间烟火:"子产多少有命,审察后宫,择其贤者留二十人,余悉归
之。及诸陵园女亡(无)子者,宜悉遣。独杜陵宫人数百,诚可
哀怜也。"

哀帝时政治腐败,嬖倖者当权,加之天灾连年,民不聊生,
哀鸿遍野,谏大夫鲍宣极言直谏,概述了百姓所面临的"七亡"、
"七死"的悲惨境遇:

> 凡民有七亡:阴阳不和,水旱为灾,一亡也;县官重责,
> 更赋租税,二亡也;贪吏并公,受取不已,三亡也;豪强大
> 姓,蚕食无厌,四亡也;苛吏徭役,失农桑时,五亡也;部落
> 鼓鸣,男女遮迣①,六亡也;盗贼劫略,取民财物,七亡也。
> 七亡尚可,又有七死:酷吏殴杀,一死也;治狱深刻,二死
> 也;冤陷亡辜,三死也;盗贼横发,四死也;怨仇相残,五死
> 也;岁恶饥饿,六死也;时气疾疫,七死也。民有七亡而无
> 一得,欲望国安,诚难!民有七死而无一生,欲望刑措,诚
> 难!此非公卿守相贪残成化之所改耶?群臣幸得居尊官,

---

① 遮迣:迣,古列字。指闻鼓声以为有盗警,男女群出追捕。

食重禄,岂有肯加恻隐于细民,助陛下流教化者邪?志但在营私家,称宾客①,为奸利而已!……

天下乃皇天之天下也,陛下上为皇天子,下为黎庶父母,为天牧养元元,视之当如一,合《尸鸠》之诗②。今贫民菜食不厌,衣又穿空,父子夫妇不能相保,诚可为酸鼻。陛下不救,将安所归命乎?……夫官爵非陛下之官爵,乃天下之官爵也。陛下取非其官,官非其人,而望天说(悦)民服,岂不难哉!(《鲍宣传》)

天下是皇天的天下,皇帝为皇天之子,职责是代天治养万民;官爵也是天下的官爵,是给勤政理民者的职位,皇帝不能随意任官。照此言之,"皇帝"也是爵位之号,只不过是最高的爵位,为天下所有,并非某一人专有,官要得其人,皇帝也须得其人。政治状况取决于民的状况,民处于七死、七亡的悲惨处境下,皇帝欲得国安位稳,是难乎其难的。鲍宣以民作为政治的立足点,班固对鲍宣的赞赏,说明他们民本思想上的一致性。

3. 正统观念

班固批评《史记》说:"其是非颇谬于圣人,论大道则先黄老而后《六经》,序游侠则退处士而进奸雄,述货殖则崇势利而羞

---

① 称宾客:指收罗爪牙。
② 《诗经·曹风·尸鸠》:"尸鸠在桑,其子七兮;淑人君子,其仪一兮。"尸鸠养七子,平均如一,君主对人民也一视同仁,使各得其所。

贫贱,此其所蔽也。"(《司马迁传赞》)司马迁从社会、历史的客观实际出发,肯定黄老无为而治思想在汉初的意义,颂扬"其言必信,其行必果,已诺必成,不爱其躯,赴士之厄困"[1]布衣之侠的节义,揭示"天下熙熙,皆为利来;天下攘攘,皆为利往"[2]的社会本质,不符合儒家正统观念。班固以儒家思想为标准评论历史,以圣人是非为是非,对司马迁的批评也就理所当然了。

武帝以前的史事,《汉书》基本取材于《史记》,大都经过调整与改造,在相当程度上是以正统观念改造《史记》的,对《史记》体例的调整就是一个典型事例。史书的体例不仅仅是组织材料、记述历史的方式,而且是史家世界观的体现。《史记》将项羽列为本纪,陈胜列为世家,从历史发展的高度肯定二者的历史作用。项羽虽没有当上帝王,但在灭秦过程中起中坚作用;陈胜出身低微,在大泽乡振臂一呼,天下云行影从,秦的土崩瓦解,陈胜"首义"之功不可没。司马迁的做法遭到班固的反对,认为《史记》体例不纯,《汉书》中将陈胜、项羽传记合于一处,为《陈胜项籍传》。

再如班固在《古今人表》中将远古到秦的历史人物划为九等,孔丘为第一等,孟轲为第二等,商鞅、韩非入第四等,陈胜、吴广、项羽列第六等,以儒学坐标系排成座次,诚如清学者钱大昕所言:"此表用彰儒学,有功名教。"[3]

---

① 《史记·游侠列传》。
② 《史记·货殖列传》。
③ 见梁玉绳《古今人表考序》。

班固在《汉书》中极力论证汉王朝的法统。在他看来，秦为正统中的闰位，汉承尧运周德，应为火德。《高祖本纪》中言刘邦母"梦与神通"而产刘邦，刘邦为亭长时拔剑斩蛇，并说蛇为白帝子，被赤帝子斩杀。赞云："由是推之，汉承尧运，德祚已盛，断蛇著符，旗帜上赤，协于火德，自然之应，得天统矣。"刘邦为"真龙天子"，就毋庸置疑了。

需要指出的是，班固尊重儒家，但不固步自封，而是兼容各家，体现出思想上的兼容性。随着历史的发展，绝对单纯的各家学派已不复存在，呈现出交融之势，无论是汉初的黄老之学，还是武帝的独尊儒术，都已不是先秦道、儒的原貌。这种交融在战国天下趋向统一时就开始了。秦统一天下，综合百家思想的《吕氏春秋》应运而生，"老聃贵柔，孔子贵仁，墨翟贵廉，关尹贵清……有金鼓，所以一耳也；必同法令，所以一心也……故一则治，异则乱；一则安，异则危"①。汉代各家思想进一步融合，代表作是淮南王刘安聚集门徒所撰的《淮南子》，这部以道家面目出现的著作，杂取道、法、儒、阴阳各家，构成一个完整的思想体系，此书出，"则天地之理究矣，人间之事接矣，帝王之道备矣"②。

班固在《汉书·艺文志》中详述各家学术源流，认为儒家出于司徒之官，道家出于史官，法家出于理官（法官），名家出于礼

---

① 《吕氏春秋·不二》。
② 《淮南子·要略训》。

官,墨家出于掌管宗庙之官,纵横家出于接待诸侯宾客之官,农家出于农稷之官,各家皆切于人事,分工不同而已,诸子各家"其言虽殊,辟犹水火,相灭亦相生也。仁之与义,敬之与和,相反而皆相成也。《易》曰:'天下同归而殊途,一致而百虑。'今异家者各推所长,穷知究虑,以明其指,虽有蔽短,合其要归,亦《六经》之友与流裔。……方今去圣久远,道术缺废,无所更索,彼九家者,不犹愈于野乎?若能修六艺之术,而观此九家之言,舍短取长,则可以通万方之略矣"。班固认为综合各家,舍短取长,就可以找到一条治国安邦的要略。

班固的史评也颇有值得称道之处。著史论史是中国史学的优良传统,《左传》于每篇叙事之末以"君子曰"形式发表评论,《史记》以"太史公曰"评史、论史。班固继承了《左传》以降的传统,在篇之末以"赞曰"评论史事。据统计,《汉书》百篇之中,只有八表及《律历志》、《礼乐志》、《天文志》、《五行志》、《地理志》、《艺文志》和《循吏传》、《货殖传》、《游侠传》三传共十八篇无赞,其余八十二篇皆有赞语,有自撰者,有承袭司马迁者,也有改正司马迁之处,对晁错的评价就是一例。

晁错,西汉著名政治家,削除藩国势力的积极支持者。刘邦建汉后,仿效西周分封制度,将刘氏宗族分封各地为王,建立藩国。文、景时期,这些藩国拥有甲兵,垄断财权,轻侮朝廷。如悼惠王刘肥据七十二城,楚元王刘交占四十城。吴王刘濞占五十余城,开山采铜,自铸钱币,煮海水为盐,聚积大量财富,并长期称病不朝见皇帝。尾大不掉的藩国成为西汉王朝的腹心之患,御史大夫晁错深察其严重性,向景帝提出"削藩"主张,他说:"今削之亦反,不削亦反。削之,其反亟,祸小;不削之,其反迟,祸大。"(《吴王濞传》)结果以吴王刘濞为首的七个藩国打着"清君侧,诛晁错"的旗号,联合举兵,反叛朝廷,酿成"七国之乱"。景帝被吓得手足无措,匆忙将晁错处死。司马迁在《史记·晁错列传》中评论说:"晁错为家令时①,数言事不用,后擅权,多所变更。诸侯发难,不急匡救;欲报私仇,反以亡躯。语曰'变古乱常,不死则亡',岂错等谓耶!"晁错主张削藩加强中央集权,维护统一,是有积极意义的,晁错的屈死,也值得同情。但司马迁却认为晁错削藩是挟私报复,是"变古乱常",他的死是自食其果。班固对晁错的评论与司马迁不同,他在《晁错传赞》中说:"晁错锐于为国远虑,而不见身害","错虽不终,世哀其终",对晁错为国亡身作出公正评价,是符合历史实际的。

总之,从《汉书》可以看出,班固的思想反映了汉代儒学政治化的历史实际,以孔、孟儒家思想为准的,坚持理性与民本性的基本特征。因此,在汉代神学迷信弥漫的形势下,《汉书》反对谶纬,体现出不语怪、力、乱、神的儒学特征,当然也不可避免地烙上时代的印记。同时坚持儒学的民本思想,重视作为"邦本"的民,以民的状况作为衡量政治状况的标准,这些都是汉代政治化儒学的基本内容,从董仲舒到司马迁到班固,可以看出汉代政治思想的清晰脉络。

---

① 指景帝为太子时,晁错曾任太子家令之职。

（四） 不朽文章骨，长垂山水清

"言之无文，行之不远"①，历史文献尤其如此。《汉书》的文章历来受到人们称颂，成为文人士子学习的典范。据《汉书人名索引》统计，《汉书》中提到人物达 7 022 人，班固以传神之笔描绘了各种人物形象，如成帝以其师傅张禹为丞相，张氏颇通儒家经典，在道貌岸然、"为人谨厚"的背后，满脑子功名利禄、男盗女娼，"多买田至四百顷"，"内奢淫，身居大第"，沉溺于声色犬马之中；官场之中练就一手阿谀逢迎、应付自如的绝活，根据来客的性格、身份等特点安排相应的接待场合和办法，自己随之扮演反差很大的各种角色。如沛郡人戴崇为人轻浮，张禹将他"入后堂饮食，妇女相对"，轻歌曼舞至"昏夜乃罢"；淮阳人彭宣敦厚谦恭，为人持重，"禹见之于便坐，讲论经义"（以上俱见《张禹传》），招待也极为简朴，一酒一肉而已，俨然一位饱读经书的儒士。

张禹官场应变，游刃有余，对皇帝也不例外，身为宰辅，不管军国大事的成败，一切以身家利益为准的。张禹同成帝舅父曲阳侯王根心存芥蒂，适逢连续的日蚀和地震，吏上书言灾异，以为是王根专权所致，要求罢免王氏。成帝一时拿不定主意，就请教早年师傅、现为丞相的张禹。张禹此时年老，子孙也不

---

① 《左传·襄公五年》，又见《史通·言语》。

成气候，担心得罪王根于后代不利，于是以《春秋》之义劝慰成帝，勿听吏民之言，一切以"经术断之"。张禹置国家大事于不顾，一方面迎合成帝意旨，另一方面讨好权贵王根，"曲阳侯根及诸王弟子闻知禹言，皆喜悦，遂亲就禹"（《张禹传》）。在这样上下左右应付之中，张禹禄位得以保存，而且荫及子孙。

这样一个奸诈圆滑的官僚自以为左右逢源，平安无事，却遭到一个无所畏惧的耿直之臣的揭露与斥责，这位职位低下却敢批逆鳞的耿直之臣就是朱云，班固在《朱云传》中描述了这个骨鲠之臣的形象，至今读来仍令人荡气回肠：

> 至成帝时，丞相故安昌侯张禹以帝师位特进，甚尊重。云上书求见，公卿在前。云曰："今朝廷大臣上不能匡主，下亡以益民，皆尸位素餐，孔子所谓'鄙夫不可与事君'，'苟患失之，亡所不至'者也。臣愿赐尚方剑斩马，断佞臣一人以厉其余。"上问："谁也？"对曰："安昌侯张禹。"上大怒，曰："小臣居下讪上，廷辱师傅，罪死不赦！"御史将云下，云攀殿槛，槛折。云呼曰："臣得下从龙逢、比干游于地下，足矣！未知圣朝何如耳？"御史遂将云去。于是左将军辛庆忌免冠解印绶，叩头殿下曰："此臣素著狂直于世。使其言是，不可诛；其言非，固当容之。臣敢以死争。"庆忌叩头流血。上意解，然后得已。及后当治槛，上曰："勿易！因而辑之，以旌直臣。"

这的确是惊心动魄的一幕。朱云字子游,据《汉书·朱云传》载,云身材魁伟,崇武尚侠,40岁开始学儒,拜博士白子友为师,学《易》经。当时儒士五鹿充宗亦习《易》经,深受元帝的宠幸,元帝想知道各家《易》的异同,下诏让儒生与五鹿充宗论辩,儒生们慑于他的权势不敢与之交锋。朱云以非凡的勇气、渊深的学识和雄辩的口才使五鹿声名扫地,以致当时流行民谣说:"五鹿岳岳,朱云折其角。"朱云矛头直指权贵张禹,与当时容身保位的儒生有霄壤之别。朱云的拼死抗争,博得了千古名声,"折槛"从此成为流传千古的典故,据说自朱云之后,宫廷正门不再设栏杆,以旌表朱云,杜甫也对他赞叹不已:"千载少似朱云人,至今折槛空嶙峋。"[1]后世史家则从西汉末社会文化的大背景下看待朱云的勇气,"成帝之后,士皆依附儒术容身保位,志节日微,卒成王氏之篡,史家于朱云深有取焉"[2]。

班固还善于通过细节刻画人物的形象,且看《陈万年传》对陈万年夜半教子的一段描写:

> 万年尝病,召(子)咸教戒于床下,语至夜半。咸睡,头触屏风。万年大怒,欲杖之,曰:"乃公教戒女(汝),女反睡,不听吾言,何也?"咸叩头谢曰:"具晓所言,大要教咸谄也。"万年乃不复言。

---

[1]《杜工部诗史补遗》六《折槛行》。
[2]《汉书补注·朱云传》注引何焯语。

短短数语，将陈万年的形象展现出来，妙不可言。

《朱买臣传》对朱买臣由一个仕途失意之人到会稽太守周围人对他态度变化的描写，反映了世故、炎凉的世态，可见班固为文之妙：

> 初，买臣免，待诏，常从会稽守邸者寄居饭食。拜为太守，买臣衣故衣，步归郡邸。会稽吏方相与群饮，不视买臣。买臣入室中，守邸与共食，食且饱，少见其绶，守邸怪之，前引其绶，视其印，会稽太守章也。守邸惊，出语上计掾吏。皆醉，大呼曰："妄诞耳！"守邸曰："试来视之。"其故人素轻买臣者，入内视之，还走，疾呼曰："实然！"坐中惊骇，白守丞，相推排陈列中庭拜谒。买臣徐出户。有顷，长安厩吏乘驷马车来迎，买臣遂乘传去。（《朱买臣传》）

朱买臣是会稽郡吴县（今江苏苏州）人，曾因通《春秋》被授为中大夫，后因事免职，生活无着，只好寄食于会稽守邸者（会稽驻京办事处的看守人）。武帝时东越王起兵反叛，买臣对那里的地理形势很熟悉，向武帝献计从海上进攻，被武帝采纳，因其有功被任命为会稽太守。上段文字记述买臣拜官后回到邸舍的情形，他回来后将印绶藏在衣服里，一如既往，会稽上计吏（向朝廷汇报钱粮数字的官吏）照例大吃大喝，不理睬他，买臣也照例与看守一同吃饭，饭快吃完时看守看见他怀里的印绶，发现太守印章，勿忙报告上计吏，而上计吏醉醺醺地说是骗人的，当一个平常最瞧不起朱买臣的人进屋证实后，他们大惊失色，互相推推挤挤，在院子里排好队，诚惶诚恐地等待拜谒新太守。班固以平实的笔法将整个过程娓娓道来，通过上计吏前后神态的变化，刻画了对上摇尾乞怜、对下颐指气使者的面目。

《苏武传》记述了苏武坚贞不渝的气节。武帝天汉时，苏武以中郎将身份奉使持节①出使匈奴，结果被匈奴扣留19年，"始以强壮出，及还，须发皆白"。班固详细记述了苏武在匈奴不顾威胁利诱、矢志守节的非凡经历。苏武被拘后，单于派汉降臣张胜、卫律劝降，许以高官厚禄，遭苏武痛斥拒绝。单于无计可施，让他到人迹罕至的北海（今俄罗斯贝加尔湖）牧羊，所牧全是公羊，对苏武说：待所牧之羊生下羊羔之后就可回汉，实则让他断绝回汉的念头。这就是后来广为传诵的"苏武牧羊"的故事，且看班固的描写：

　　（卫）律知武终不可胁，白单于。单于愈益欲降之，乃出武置大窖中，绝不饮食。天雨雪，武卧啮（niè，食）雪与毡毛并咽之，数日不死。匈奴以为神，乃徙北海上无人处，使牧羝（dì，公羊），羝乳（产子）乃得归。别其官属常惠等，各置他所。

　　武既至海上，廪食不至，掘野鼠去草实而食之。杖汉节牧羊，卧起操持，节旄尽落。积五、六年，单于弟於靬王

---

① 节：使臣所持的凭据，类似鞭，上附牦牛之尾。

弋射海上。武能网纺缴，檠弓弩，於靬王爱之，给其衣食。三岁余，王病，赐武马畜服匿穹庐（毡帐）。王死后，人众徙去，其冬，丁令①盗武牛羊，武复穷厄。

在生活极端艰苦、归汉绝对无望的情况下，苏武在荒无人烟的旷野上坚强地生活着，汉节从不离手，以致节旄尽落。

在《苏武传》中，班固通过李陵与苏武交往的描写，反衬了苏武凛然不可犯的气节，又可看出李陵备受煎熬的无奈灵魂。李陵与苏武曾为同朝侍中，孤军远征匈奴被俘，开始拒不投降，而武帝一开始就认定李陵变节投降，司马迁因说公道话而被残酷地处以腐刑。后来武帝又听信传闻说李陵在匈奴"教习"单于士兵"以备汉军"，其实是投降匈奴的塞外都尉李绪所为，武帝不辨真伪，将李陵灭族，"母、弟、妻、子皆伏诛"，在受到这种极端不公正待遇、无家可归的情况下，李陵不得已投降了匈奴。单于知道李陵与苏武素有交情，派李陵劝降。李陵开始不敢见苏武，后联系自己悲惨的身世遭遇，劝苏武说："子卿（苏武字）妇年少，闻已更嫁矣。独有女弟二人，两女一男，今复十余年，存亡不可知。人生如朝露，何久自苦如此！陵始降时，忽忽如狂，自痛负汉，加以老母系保宫②，子卿不欲降，何以过陵？且陛下春秋高，法令无常，大臣亡罪夷灭者数十家，安危不可知，子

---

① 丁令：又作丁灵、丁零，胡族的一支。
② 保宫：狱名，李陵母被囚于此。

卿尚复谁为乎？愿听陵计，勿复有云。"其时苏武被拘已十数年，与汉音信不通，家眷情形更不知晓，苏武回答说："今得杀身自效，虽蒙斧钺汤镬[①]，诚甘乐之。臣事君，犹子事父也。子为父死，亡所恨，愿勿复再言！"苏武将个人的一切置之度外，志坚如磐石，回答李陵之言掷地有声。李陵负汉投降虽事出有因，但毕竟有亏大节，他听了苏武之言后无地自容，羞愧难当，涕如雨下，感到罪孽深重，喟然叹说："嗟乎，义士！陵与卫律之罪上通于天！"

昭帝即位后，匈奴与汉通使，汉几经周折发现苏武仍在匈奴，于是与匈奴交涉，召他回朝。经过19年难以言状的困苦磨难，苏武终于全节而归，昭大义于千古，李陵怀着企羡与羞愧的复杂心情为他饯行，酒酣之际，李陵既歌且舞，泪飞如雨，长期压抑的情绪迸发出来，班固描写的场面真切动人：

> 于是李陵置酒贺武曰："今足下还归，扬名于匈奴，功显于汉室，虽古竹帛所载，丹青所画，何以过子卿？陵虽驽怯，今汉且赦（shī，宽赦）陵罪，全其老母，使得奋大辱之积志，庶几乎曹柯之盟，此陵宿昔之不忘也！收族陵家，为世大戮，陵尚复何顾乎？已矣！今子卿知吾心耳！异域之人，一别长绝！"陵起舞，歌曰："经万里兮度沙幕，为君将兮奋匈奴，路穷绝兮矢刃摧，士众灭兮名已隤。老母已死，虽

---

① 镬：大锅，用以烹人。

欲报恩将安归!"陵泣下数行,因与武决。

在某种程度上说,李陵变节负汉是迫不得已的,并非出自他的初衷。归降匈奴后,既非俯首帖耳,也非佯狂弄痴,时隔二十余年,内心深处仍潜藏着对故国、老母的无限眷念。如今苏武历经磨难修得正果,怎不令他百感交集!班固《苏武传》对李陵的记述,使后人清晰了解李陵之为人,也可想见司马迁因"李陵事件"遭祸后的冤屈心情,加深对太史公著述《史记》的深层次理解。

《汉书》的传记虽不如《史记》传神生动,但在正史中是突出的,章学诚说《汉书》颇得《史记》"圆而神"之趣。《汉书》的议论同样文质俱佳,《儒林传》序清晰叙述儒学源流:

> 古之儒者,博学乎《六艺》之文。《六艺》者,王教之典籍,先圣所以明天道,正人伦,致至治之成法也。周道既衰,坏于幽、厉,礼乐征伐自诸侯出,陵夷二百余年而孔子兴,以圣德遭季世,知言之不用而道之不行,乃叹曰:"凤鸟不至,河不出图,吾已矣夫!""文王既没,文不在兹乎?"于是应聘诸侯,以答礼行谊。西入周,南至楚,畏匡厄陈,奸(干)七十余君。适齐闻《韶》,三月不知肉味;自卫反鲁,然后乐正,《雅》《颂》各得其所。究观古今之篇籍,乃称曰:"大哉,尧之为君也!惟天为大,惟尧则之。巍巍乎其有成功也,焕乎其有文章!"又曰:"周监于二代,郁郁乎文哉!

吾从周。"于是叙《书》则断《尧典》,称乐则法《韶舞》,论《诗》则首《周南》。缀周之礼,因鲁《春秋》,举十二公行事,绳之以文武之道,成一王法,至获麟而止。盖晚而好《易》,读之韦编三绝,而为之传。皆因近圣之事,以立先王之教,故曰:"述而不作,信而好古";"下学而上达,知我者其天乎!"

仲尼既没,七十子之徒散游诸侯,大者为卿相师傅,小者友教士大夫,或隐而不见。故子张居陈,澹台子羽居楚,子夏居西河,子贡终于齐。如田子方、段干木、吴起、禽滑釐之属,皆受业于子夏之伦,为王者师。是时,独魏文侯好学。天下并争于战国,儒术既黜焉,然齐、鲁之间学者独弗废,至于威、宣之际,孟子、孙卿之列咸遵夫子之业而润色之,以学显于当世。

及至秦始皇兼天下,燔《诗》《书》,杀术士,六学从此缺矣。陈涉之王也,鲁诸儒持孔氏礼器往归之,于是孔甲为涉博士,卒与俱死。陈涉起匹夫,殴(驱)适戍以立号,不满岁而灭亡,其事至微浅,然而搢绅先生负礼器往委质为臣者何也?以秦禁其业,积怨而发愤于陈王也。

及高皇帝诛项籍,引兵围鲁,鲁中诸儒尚讲诵习礼,弦歌之音不绝,岂非圣人遗化好学之国哉?于是诸儒始得修其经学,讲习大射乡饮之礼。叔孙通作汉礼仪,因为奉常,诸弟子共定者,咸为选首,然后喟然兴于学。然尚有干戈,平定四海,亦未皇(遑)庠序之事也。孝惠、高后时,公卿皆武力功臣。孝文时颇登用,然孝文本好刑名之言。及至孝景，不任儒，窦太后又好黄老术，故诸博士具官待问，未有进者。

汉兴，言《易》自淄川田生；言《书》自济南伏生；言《诗》，于鲁则申培公，于齐则辕固生，燕则韩太傅；言《礼》，则鲁高堂生；言《春秋》，于齐则胡毋生，于赵则董仲舒。及窦太后崩，安武君田蚡为丞相，黜黄老、刑名百家之言，延文学儒者以百数，而公孙弘以治《春秋》为丞相封侯，天下学士靡然向风矣。

类似议论在《外戚传》、《佞幸传》序中可以看到。

班固为东汉文坛高手，以辞赋著称于世，他的《幽通赋》、《答宾戏》、《两都赋》在当世有着广泛影响。《幽通赋》作于"弱冠而孤"之时，慈父过世，自己职位不高，希望得到重用，向皇帝上此赋，叙述家族渊源及先祖显赫功勋，而他无缘仕进，不能施展政治抱负，"咨孤矇之眇眇兮，将圮绝而无阶"，又含蓄地说："岂余身之足殉兮，惟世业之可怀。"为国分忧，以身报国，是为了继承祖先的业绩，弘扬班氏门风。通篇委婉曲折，含蓄而又炽烈，词句有楚辞风格。《答宾戏》作时班固已年四十有余，未得升迁，所抒发的仍是一种空怀抱负、无缘报国的苦闷情怀。这部作品采用汉赋惯常使用的宾主对话方式，一问一答，将自己内心世界展示出来。客对他说："幸游帝王之世，躬带绂冕之服，浮英华，湛道德，矕龙虎之文，旧矣。卒不能摅首尾，奋翼鳞，攘拔洿涂，跨腾风云，使见之者影骇，闻之者响震。"即是说像你这样满腹经纶,文章冠于当世,什么时候能像深渊潜龙那样腾空而起呢?什么时候能为国家建功立业呢?可见班固建功立业的情绪是多么强烈,由此我们不难理解他以暮年之躯随窦宪远涉大漠的举动了。《答宾戏》曲折含蓄,感情沉郁,意味深长,写成后很快在文人中流传,也传到章帝手中,章帝迁他为玄武司马①。《两都赋》更是汉赋的代表作品,与纯粹的宫廷文学不同,旨在宣扬光武帝建都洛阳的合理性,消除士绅们眷恋长安旧都的心理。

如前所述,班固在《汉书》中登录了大量政论文献,这些同时也是两汉散文的代表作品,以至后人认为《汉书》是西汉文章的总汇,成为《汉书》备受后世文人青睐的重要因素。这些文章虽不是出自班固之手,但大都借《汉书》得以流传,不能不说是《汉书》对文学史的贡献。

《汉书》文体近骈,对偶颇多,尤受六朝文人推崇,梁萧统编《文选》,以文为取舍标准,其中"史论"和"史述赞"所选只有《汉书》中的《公孙弘传赞》、《高帝纪赞》、《成帝纪赞》及《韩彭英卢吴传赞》四篇,而《史记》一篇未录,可见时人对《汉书》文的偏爱。《西域传赞》就是骈偶性颇强的文字:

　　遭值文、景玄默,养民五世,天下殷富,财力有余,士马

---

① 玄武:宫掖门之一。汉制,每门设司马一名,禄千石。

强盛。……自是之后，明珠、文甲、通犀①、翠羽之珍盈于后宫，蒲梢、龙文、鱼目、汗血之马充于黄门②，巨象、师（狮）子、猛犬、大雀之群食于外囿。殊方异物，四面而至。于是广开上林③，穿昆明池，营千门万户之宫④，立神明、通天之台⑤，兴造甲、乙之帐⑥，落以随珠和璧⑦。

六朝文士对班固文的推崇主要在其形式方面，而忽视了班文的内质。《汉书》文章无论骈散对后世影响均很大，近代张之洞在四川做学政时向川蜀学子推荐说："古来词章，无论骈散，凡雅词丽藻，大半皆出其中，文章之美，无待于言。"⑧

《汉书》文字洗练简洁、明净典雅，备受后人青睐，但《汉书》过分追求文字简洁，不免影响其形象性和生动性。如有关鸿门宴的记载，项羽不听范增安排，让刘邦得以逃脱，坐失良机，司马迁在《史记·项羽本纪》中记载说："亚父（范增）受玉斗，置之地，拔剑撞而破之，曰：'唉！竖子不足与谋。夺项王天下者，必沛公也，吾属今为之虏矣！'"人物形神兼备，生动自然。班固在《汉书·高帝纪》中记述这一情节云："〔范增〕怒撞其斗，起曰：

---

① 文甲：瑇瑁。通犀：文理透明的犀角。
② 四者皆为骏马名。
③ 上林：上林苑，宫廷苑囿名称。
④ 千门万户之宫：指建章宫。
⑤ 神明、通天：二台名。
⑥ 甲、乙之帐：汉武帝以珠玉珍宝为甲、乙二帐，甲帐居神，乙帐自居。
⑦ 落以随珠和璧：落，同"络"，装饰。随珠和璧，指随侯珠、和氏璧，皆珠宝名称。
⑧ 张之洞：《张文襄公全集》卷二〇四《輶轩语·语学》。

'吾属今为沛公虏矣！'"文字气氛明显不如前者,明代查慎行就此评论说:"所争只在几字,却失语气之重。"①

此外,《汉书》过分讲究文字的雅驯,喜用古字古词,如"视"作"眡"、"笑"作"关"、"嗅"作"歆"、"累"作"絫"、"鲜"作"鱻"、"仮"作"迢"、"和"作"龢"、"蚌"作"蜯"等,给后人的阅读和理解造成困难,这也是《汉书》注释特别发达的主要原因。

---

① 查慎行:《得树楼杂钞》卷一三,见《适园丛书》。

三、《汉书》的影响

　　《汉书》作为第二部正史，在史学文献中具有重要的影响。体例上，创立断代纪传体，对《史记》体例加以改造，被后世正史奉为圭臬；材料上，《汉书》以"多载有用之文"[1]的特点，成为西汉史料的渊薮；思想上，反映汉代思想领域儒学政治化的现实，体现出理性、民本思想及正统观念等特征，当然也带有时代的印记。因其正统观念，《汉书》在封建社会中一直享有优越的政治地位；文学上，无论是班固的文章还是《汉书》中载录的西汉文章，都深刻地影响着后世文人学士。这里对《汉书》在古代社会各方面的影响作一鸟瞰。

　　《汉书》一经成书，就为世人所重。书成后不久，作者之一马续的弟弟、当世大学者马融就执弟子礼，"从昭受读"[2]。时隔不久，学者服虔感到《汉书》难读，著《汉书音义》，这是《汉

---

① 赵翼：《廿二史札记》卷二"《汉书》多载有用之文"条。
②《后汉书·班昭传》。

书》最早的注释。接着，著有《风俗通义》的应劭也有《汉书音义》问世。

三国鼎立，军事、政治竞争激烈，江东孙权非常重视对太子孙登的调教，其中就以《汉书》作为基本素材，教习孙登，使其"习知近代之事"①。时人研习《汉书》甚重师承，在江东以传授《汉书》而著称的权威学者是孙吴大臣张昭，但张昭政务繁忙，于是令太子师傅张休从张昭受读，然后再传授孙登。

两晋以后，匈奴、鲜卑、羯、氐、羌等族逐鹿中原，在豪强并起、纷争不已的环境下，《汉书》仍得到文明程度并不高的少数民族首领的重视。羯族首领石勒建立后赵政权，他凶狠强悍，戎马倥偬之中对《汉书》却情有独钟，时常让人为他读《汉书》，并对其中史事发表自己的见解。《晋书·石勒载记下》载："勒雅好文学，虽在军旅，常令儒生读史书而听之，每以其意论古帝王善恶，朝贤儒士听者莫不归美焉。尝使人读《汉书》，闻郦食其劝立六国后，大惊曰：'此法当失，何得遂成天下！'至留侯谏，乃曰：'赖有此耳。'其天资英达如此。"很显然，石勒看重《汉书》并非附庸风雅，怡情冶性，而是从中汲取历史的教训。

南北朝时南北政治、军事上处于对立状态，文化上的交流当然也大受影响，在严肃的政治交往中却因《汉书》增添了一段轻松明快的插曲，留下一段佳话。据《陈书·姚察传》载，姚察精于《汉书》，著有《汉书训纂》、《汉书集解》、《定汉书疑》三

---

① 《三国志·吴书·孙登传》。

种著作，在南北士大夫中享有盛誉。陈宣帝时，他以史馆馆臣兼通直散骑常侍身份出使北周，时北周也有一位以治《汉书》而著称的学者刘臻，《隋书·文学传》说他"精于两汉书，时人称之为'汉圣'"。姚察来使，刘臻认为是切磋《汉书》不可错失的良机，于是不避忌讳，"沛国刘臻窃于公馆访《汉书》疑事十余条，并为剖析，皆有经据。臻谓所亲曰'名下定无虚士'"①。由此可见，南北虽然政治上对立隔阂，但在文化心理上却是相通的，而这种文化心理上的相通是任何政治力量都难以阻隔的，由此也可看出中国历史上虽然有分裂，但最终将走向统一的必然趋势。

隋结束了东晋以降长达数百年的分裂状态，重新实现了统一，亡国贵族、原梁朝鄱阳王萧恢之孙萧该在隋都长安"尤精《汉书》，其为贵游所礼"②，开皇初赐爵山阴县公，拜国子博士，著《汉书音义》，为当世所推崇。他和国子监另一位精通《汉书》的学者包恺被士林推为宗师，士子们纷纷投其门下问学，"于时《汉书》学者，以萧、包二人为宗匠，聚徒教授，著录者数千人"③，可见当时的盛况。

自汉至隋《汉书》一直享有崇高的地位，注释成果甚为丰硕，已如前述。唐代《汉书》的研究取得新成就，突出的标志是颜师古注的出现。此外，韩愈、柳宗元倡导"古文运动"，《汉书》

①《陈书·姚察传》。
②《隋书·儒林传》。
③《隋书·儒林传》。

之文成为文学家仰慕的典范,柳宗元对《汉书》文学上的贡献很赞赏,他说:"由高帝迄于哀、平、王莽之诛,四方之文章盖烂然矣。史臣班孟坚修其书,拔其尤者充于简册。"[①]肯定《汉书》对汉代文章的汇集登录的成就,《汉书》的影响越出史学的藩篱,在文学史上占有重要的一席之地。

据《新唐书·儒林传》载,唐人甚重《汉书》的研习传授,其中以刘伯庄、秦景通和秦景曜兄弟、刘讷言最为著名,秦氏兄弟因精悉《汉书》而名播士林,被称为"大秦君"和"小秦君"。《汉书》的讲习也蔚为风气,刘知几在《史通》中说《汉书》"至于专门授业,遂与《五经》相亚",仅次于儒家经典。《史记索隐》作者司马贞也说:"《汉书》后迁而述,所以条流更明,是兼采众贤,群理皆备,其词文,是以近代群贤共行钻仰。"[②]体例、文章固然是《汉书》为人所重的方面,司马贞未能指出主要的即思想正统性方面。

宋代学者更侧重于《汉书》的旨趣(义理)和文学方面,带有明显的时代特色。黄庭坚一有闲暇即研读《汉书》,而且友人相聚也以读《汉书》为乐趣,简直到了须臾不可或缺的地步。他说:"每相聚辄读《前汉书》数页,甚佳人胸中。久不用古人浇灌之,则尘俗生其间,照镜则面目可憎,对人则语言无味。"[③]可见看重其文采和精神旨趣两个方面。朱熹教导弟子读史书方法也以

①《柳宗元文集》卷二一。
②《史记索隐后序》。
③ 凌稚隆:《汉书评林》引。

读《汉书》为例,可见《汉书》在他心目中的地位,他说:"人读史书,节目处须要背得,始得。如读《汉书》,高祖辞沛公处,义帝遣沛公入关处,韩信初说汉王处,与史赞《过秦论》之类,皆用背得,方是。若只是略绰看过,心下似有似无,济得甚事。"①不仅要求读《汉书》,而且要求对其重点内容心记口诵。学者洪迈盛赞《汉书》文章,说:"英茎咸韶,音节超诣。后之为史者,莫能及其仿佛。"②认为《汉书》文章是后人难以企及的典范,未免言过其实。

明代学者徐中行总结了《史记》、《汉书》地位的变化过程,他说:"历代之宗《汉书》,至宋尤为盛,其宗《史记》者,乃始盛于今日之百家。然二氏皆良史之才,而其得失靡定。"③《史记》和《汉书》的不同特点决定了各自不同的文化地位,在正统文化层面,《汉书》一直享有较高的政治地位,而在非正统文化层面,《史记》在士人中有着广泛的影响,尤其在宋以后的通俗文化中,《史记》的影响得到扩大和深化。历代有关马、班《史记》、《汉书》短长优劣的评论很多,见仁见智,未有定论。对待二者要以实事求是的态度具体分析,徐中行"二氏皆良史之才,而其得失靡定"的论评是颇有见地的。

---

① 《朱子语类·语学》。
② 凌稚隆:《汉书评林》引。
③ 徐中行:《刻史记评林序》。

《后汉书》解读

后汉，相对于刘邦建立的前汉而言，都城洛阳，在前汉都城长安的东面，故又称东汉，前汉称西汉。后汉包括公元25年刘秀称帝到公元220年曹丕代汉建魏共196年的历史，南朝宋人范晔撰著的《后汉书》就是记载后汉历史的纪传体史书。

一、作者及成书情况

（一） 世代为官

  《后汉书》的作者范晔，字蔚宗，顺阳郡顺阳县（今河南淅川）人，出生在一个世代显贵的官宦门第。其五世祖范晷，字彦长，在西晋官历上谷（今河南怀来）太守，加封左将军。范晷有二子，长子范广官堂邑（今江苏南京六合区）令，次子范稚即范晔高祖曾任大将军掾。范稚之子范汪，任晋安北将军，徐、兖二州刺史，晋爵武兴县侯。范晔祖父范宁，字武子，博览群书，以经术见称于当世，任余杭（今浙江杭州余杭区）令、豫章（今江西南昌）太守等职。

  范氏家族的显贵到范晔之父范泰时达到顶点。范泰，字伯伦，东晋时为太学博士，博学多才，曾任卫将军谢安、骠骑将军司马道子二府参军，迁中书侍郎，袭爵遂乡侯。桓玄专权时，范泰一度受到排挤，官职被罢，不得不离开京师，携家眷徙居丹徒（今江苏镇江丹徒区）。不久，刘裕在京口（今江苏镇江）起兵，进攻建康,翦灭桓玄,晋安帝复位,刘裕执掌东晋政权,范泰得以入朝任黄门侍郎、御史中丞。

东晋末年,政治黑暗,南渡后的世家大族在江南地区敲诈盘剥,求田问舍,圈山占水,奢靡腐朽,生活难以为继的农民揭竿而起,孙恩、卢循在东南沿海地区领导的农民起义对东晋王朝统治构成严重威胁。安帝义熙六年(公元 410 年)刘裕率兵镇压,时为东阳(今浙江金华)太守的范泰发兵千人壮其军威,并为刘裕提供大量粮饷,以解除他的后顾之忧。范泰投靠刘裕并非一时冲动,表现了他敏锐的政治目光。刘裕是正在崛起的寒门势力的代表人物,拥有重兵,得天下指日可待。这样,在镇压农民起义过程中范泰与刘裕紧密地结合在一起,刘裕对他也特别器重与赏识,加封振武将军,次年升侍中,不久转任度支尚书;义熙十一年(公元 415 年),为大司马长史、右卫将军,位至三公。公元 420 年,刘裕正式代晋建宋,是为宋武帝,封范泰为金紫光禄大夫,加散骑常侍。421 年,宋政权开办国学,任范泰为国子祭酒,范泰时年已 67 岁。范泰长于经学,颇染魏晋士人的豪爽放达之风,不拘礼节,刘裕以故人相待,从不计较。范泰患有足疾,行动不便,刘裕竟允许他乘辇上朝。在文帝刘义隆时期,这位开国重臣每逢朝廷聚会,仍"乘辇到坐"[1],发表政见。元嘉五年(公元 428 年),范泰病故,享年 74 岁,被追赠车骑将军、侍中、特进,生前备享尊贵,死后极尽哀荣。曾撰《古今善言》二十

---

[1]《宋书·范泰传》。

四篇。

范泰有五子：长子范昂，幼年夭折；次子范暠，官至宜都（今湖北宜都）太守；三子范晏，任侍中、光禄大夫；四子范晔；少子范广渊，曾为世祖抚军谘议参军。除长子早夭外，其余四子都在刘宋政权中任职。

（二）恃才傲物与宣城之贬

范晔生于东晋安帝隆安二年（公元398年），自幼过继给伯父范弘之，袭武兴县五等侯。受家风熏陶，且天赋极高，"博涉经史，善为文章，能隶书，晓音律"[①]，由是年少即负盛名。17岁时，雍州（治今湖北襄樊）刺史鲁宗元请他去做州主簿，范晔未就职。其父范泰与刘裕关系日见密切，范晔投向刘裕第四子刘义康部下。刘裕代晋后，封义康为彭城（今江苏徐州）王，范晔任刘义康冠军参军，不久转任右军参军，后入朝补尚书兵外郎。

文帝刘义隆即位后，刘义康改任荆州刺史，范晔随之任荆州别驾从事史，不久，朝廷征他为秘书丞。在他31岁时，父范泰去世，范晔以丁忧去职。两年后，到征南大将军檀道济部下为司马，领新蔡（治今河南新蔡）太守。檀道济是南朝著名将领，在对北朝战争中屡建功勋。元嘉七年（公元430年）北魏发兵南侵逼近滑台（今河南滑县），文帝加封檀道济为都督征讨诸军

---

① 《宋书·范晔传》。

事,率兵北伐,令范晔负责水路运送兵员及军械粮饷。檀道济击退北魏兵回师,不久遭谗被杀,范晔调任彭城王义康部下为司徒从事中郎,不久,迁任尚书吏部郎。

魏晋南朝时期,前代礼教的种种束缚被"越名教而任自然"的玄学冲击得七零八落,知识分子的主体性得到张扬,不拘礼节、豪爽放达、表现个性遂成为一时风尚,形成所谓的魏晋风度。范氏家族不免受到熏染,范泰"好酒,不拘小节","通率任心,虽在公坐,不异私室"①。范晔深受家风的影响,鄙视权贵、菲薄公卿、恃才傲物、率性放达,构成了他的人生。

范晔善弹琵琶,并能谱写新曲,但他从不以此邀宠竞媚。文帝知道他的才能,朝会宴享之中屡次暗示他弹奏助兴,可范晔一再佯装不知,敷衍搪塞。一次朝廷宴会之上,文帝饮酒过量,心情舒畅,也顾不得皇帝的尊严,对范晔说"我欲歌,卿可弹"②,要范晔为他伴奏,借着酒兴放声而歌。在这种情况下,范晔才不得已一露身手,但当文帝歌声停止,范晔立即止弦。

对文帝尚且如此,对公卿权贵的态度就可想而知了,范晔凭卓异的才思曾作一篇奇文名《和香方》,借谈论各种香料、药物的性味特征,暗指当朝权贵,对权臣遍加讽刺,形象贴切,趣味盎然。文章说:"麝本多忌,过分必害;沈实易和,盈斤无伤;零蕾虚燥,詹唐粘湿。……又枣膏昏钝,甲煎浅欲。"③"麝本多

---

① 《宋书·范泰传》。
② 《宋书·范晔传》。
③ 《宋书·范晔传》。

忌"影射侍中、吏部尚书庾炳之,据《宋书》本传记载,庾炳之素无学问,但精通权术,以致"内外归附,势倾朝野"。此人脾气暴躁,粗俗不堪,令人不解的是他还有"洁癖",如有人到他家,客人尚未出门就令人"拭席洗床"。他大肆收受贿赂,后被人告发而罢官。麝香有兴奋作用,但使用不宜过量,"过分必害",以此比喻庾炳之的性格及为人,颇为贴切。"零藿虚燥"指侍中何尚之,此人少时好斗鸡走狗,游玩博戏,后沉溺佛鬼,神秘莫测,以零藿的"虚燥"比喻他可谓恰如其分。"枣膏昏钝"指左卫将军、光禄大夫羊玄保,以枣膏的混沌黏稠状态比喻他的迂腐无能,中庸敷衍。"甲煎浅俗"指侍中、太子詹事徐湛之,他贪得无厌,穷奢极欲,"使乐之妙,冠绝一时"[1]。三吴游手好闲的富家子弟千余人,臭味相投,成日跟从他的左右,装扮不伦不类,"资质端妍,衣服鲜丽"[2],浅薄低级,俗不可耐。"沉实易和"作者用以自比,说明他表里如一、超凡脱俗的品格。

封建社会的专制性质决定了扼杀人的主体性以服从于统治者意志的本质,即使在礼教束缚较为松弛的魏晋时代,人的主体性的张扬也是很有限度的,名士们虽然以"越名教而任自然"自居,但无时不受到礼教罗网的羁绊,嵇康等名士大多未得善终的人生归宿就是最好的说明。范晔桀骜不驯的性格使得他迟早要碰壁,并对他的人生归宿不能不产生影响。

---

① 《宋书·徐湛之传》。
② 《宋书·徐湛之传》。

果然在文帝元嘉九年（公元 432 年），范晔经历了人生的一次大挫折。这年冬天，彭城王刘义康的生母彭城太妃死，刘义康的僚属故旧皆前来参加葬礼，范晔当然也在其列。此时范晔的幼弟范广渊任司徒祭酒，当夜恰逢轮他值守。范晔与司徒左西属王深二人宿于司徒府，酒瘾发作，于是二人开怀畅饮，饮到兴处，竟开窗听挽歌以助酒兴。此事迅即传到刘义康耳里，他大发雷霆，将范晔逐出建康，贬任宣城（今安徽宣城）太守。

宣城是一个富有灵气的地方，南朝诗人谢朓及唐代大诗人李白都在此留下了奇丽的诗篇。塞翁失马，焉知非福，宣城之贬使范晔在宣城完成了足以让他名垂青史的《后汉书》的大部分写作。在太守任上，他郁郁不得志，于是"穷览旧籍，删烦补略"①，"删众家后汉书为一家之作"②。《后汉书》的写作在被贬之年就开始了，但具体年代《宋书》记载前后不一，《范晔传》说文帝元嘉元年（公元 424 年）义康母死，范晔因失礼被贬。据此，修史应始于元嘉元年。但《刘义康传》说："（元嘉）九年，（王）弘薨，（义康）又领扬州刺史。其年太妃薨。"据此范晔被贬在元嘉九年（公元 432 年），修史也应始于同年。二说以何为是呢？《宋书·文帝纪》说王弘死在元嘉九年五月，与义康传相合，因此范晔被贬与修史以元嘉九年的可能性较大，是年他 35 岁。约在元嘉十七年（公元 440 年）范晔由宣城太守调任文帝第二子刘浚的

---

① 《史通·正史篇》。
② 《宋书·范晔传》。

后军长史,领下邳(今江苏睢宁)太守,从此又在宦海浮沉。在宣城的近10年时间,是范晔著史的关键时期,这期间他完成了《后汉书》的大部分写作。

刘浚年幼,但肩负督南豫、豫、司、雍、并五州诸军事的重责,日常事务由长史范晔办理。范晔掌管军政大权。两年后,范晔升任左卫将军,与右卫将军沈演之同掌禁军,参与机要,进入政治权力的核心。元嘉二十一年(公元444年),范晔为太子詹事,次年以谋反罪被杀,死时年46岁。从宣城之贬到被害,《后汉书》写作前后历时12年,尚只完成纪、传部分,范晔带着《后汉书》未能终篇的千古遗恨匆匆地走完了他短暂的人生历程。

(三) 谋逆之诛

范晔与刘义康的交往大约在他20岁左右就开始了。刘义康其人颇有才干,"纠剔是非,莫不精尽"①,而且广纳贤才。范晔聪颖过人,加之父辈间的亲密交情,使范晔与刘义康之间保持着非同寻常的密切关系。范晔自投义康后,作为僚属一直跟随着他。义康任彭城王时,范晔任冠军参军、右军参军等职。义康任荆州刺史时,范晔任荆州别驾从事。义康入朝任司徒,录尚书事,又领平北将军、南徐州刺史,掌管朝政,范晔任其部

---

①《宋书·彭城王义康传》。

下司徒从事中郎。元嘉九年的"挽歌事件"虽然引起义康的恼怒,范晔被逐出京师,二人关系一度蒙上阴影,但这个阴影很快被消除。范晔的外甥谢综任义康的大将军记室参军,义康特意让谢综向范晔转达捐弃前嫌、重修旧好之意,不仅使范晔消除了心中的不快,而且更加崇敬、信任义康。"士为知己者死"是古代正直知识分子的人生信条,在人的主体性凸现的魏晋时代,这种信念益发变得强烈。

刘义康的才干与参与朝政必然引起生性多疑的宋文帝的警惕,为避免尾大不掉,他于元嘉十七年(公元440年)将刘义康逐出建康,解除司徒之职,改授都督江、广、交三州诸军事,出镇豫章(今江西南昌),这些都是当时的僻远蛮荒之地。刘义康的外放是其"谋反"的直接诱因,深受义康恩泽的员外散骑侍郎孔熙先率先发难。

孔熙先素有大志,其父孔默之曾任广州刺史,在任期间因触犯刑律下狱,经刘义康斡旋幸免于祸,由是孔氏父子非常感激,常思报答。刘义康被贬黜,孔熙先自然心头不平,认为时机已到,但自己势单力薄,难成大事,于是想到与刘义康颇有交情的范晔。孔与范晔起初并无联系,他通过范晔外甥谢综的引荐而结识,并愈见亲密。交往到一定程度之后,孔熙先方才向范晔吐露心迹,希望范晔与他携手共辅义康。范晔开始并没有立即应承下来,经过孔熙先的一再申说,又有与刘义康的交往为基础,遂下定决心。参与此事的还有丹阳尹徐湛之、范晔外甥谢综等。

孔熙先与范晔定下元嘉二十二年(公元445年)九月的一天

为举事日期,是日宋文帝在武帐冈为征北将军王义季、右将军王铄行出镇外地设宴饯行。孔、范拟在宴席上见机行事,但因没有机会未能得手,此事遂被耽搁下来。延至十一月,丹阳尹徐湛之贪生怕死,邀功请赏,将所谋之事向文帝和盘托出,于是孔熙先、范晔、谢综等被投进监狱。

范晔身陷囹圄自知无生还的可能,在狱中写了一封家书即《狱中与诸甥侄书》,对自己的人生作了回顾总结,更主要的是对萦绕于心的《后汉书》的写作情况作了交待,是后人了解此书的重要材料。范晔对死看得十分平淡,狱中曾作诗一首,其中两句说:"虽无嵇生琴,庶同夏侯色。"表明他要同嵇康、夏侯玄一样面对死亡。嵇生即嵇康,善弹琴,被司马昭所杀,临刑前平静地弹奏一曲《广陵散》,从容引颈就戮。夏侯即夏侯玄,拟谋杀司马师,事泄被害,临刑时颜色不变,神态自若。范晔临刑时如同他所说的那样,"将出市,晔最在前,于狱门顾谓(谢)综曰:'今日次第,当以位邪?'综曰:'贼帅为先。'在道语笑,初无暂止。"[1]一同被杀者有数十人。

对于范晔以谋逆罪被杀,后人颇存在一些不同的看法。古代史家出于对《后汉书》的推崇和爱护,爱屋及乌,不愿意看到其作者背上谋反这样大逆不道的罪名,如清代学者王鸣盛、陈澧、李慈铭、傅维森等都极力为范晔开脱辩护,认为范晔之死是千古奇冤。

---

[1]《宋书·范晔传》。

现代有些学者从当时的社会背景出发,希图发现范晔谋立刘义康的"进步"性。其实,范晔参与谋立刘义康是无需否认的历史事实,连他自己也不隐讳,狱中写的家书首句即言"吾狂衅覆灭,岂复可言"[①],临刑前自称"贼帅"。文帝时毕竟尚属开国之初,社会政治尚且安定,文帝也并非桀、纣那样的无道君主,尽管刘义康富有才干,范晔谋立他为皇帝很难说有什么进步性,政治上动荡大都会给社会经济带来破坏。范晔之死一方面与他鄙视权贵、树敌过多有关,另一方面是他重视与刘义康的交情,而这两点正体现了魏晋时期人格的主体精神。不拘礼法,鄙视公卿,贵德重义,反映了个体的自觉,范晔之死毋宁说是魏晋时代精神的典型体现,在人的主体性的复归及凸现上,有不可忽视的意义。史书在某种程度上是史家个性的体现,《后汉书》中范晔对鄙视皇帝、菲薄公卿事例的记载,对东汉末党人勇斗权贵、视死如归的尽情描述,使我们能看到范晔的影子。

范晔毕生著述除《后汉书》外,还有《汉书缵》十八卷、集十五卷、录一卷、《百官阶次》一卷及诗赋等,这些著作惜皆散失,唯有《后汉书》彪炳千古,嘉惠史林。

(四)《后汉书》的补作、注释及版本

范晔撰修东汉历史本打算写十纪、八十列传、十志,共百

---

① 《宋书·范晔传》。

篇,但未及终篇即被杀,只成十纪及八十列传,缺少记载典章制度的志,留下千古之憾。后世学者为使《后汉书》成为完璧,进行了大量的补修工作。

最早为《后汉书》补志的是南朝梁人刘昭。刘昭是南朝著名文学家江淹的外兄。他为范晔书作注,因范晔生前曾称赞过晋人司马彪的《续汉书》,于是他将《续汉书》中的八志分三十卷补入范书之中,并为纪、传、志作注,这就是我们今天所见到的《后汉书》的面貌。司马彪,字绍统,晋宗室,高阳王司马睦长子,初拜骑都尉,晋武帝时为秘书郎,转为丞。曾为《庄子》作注,著有《九州春秋》,卒于晋惠帝末年。司马彪《续汉书》的"志"也不全面,尤其缺少记载一代文献著述情况的《艺文志》,后人尤其是清人竞相补撰《艺文志》,著名的有钱大昭的《补续汉书艺文志》、姚振宗的《后汉书艺文志》、顾怀三的《补后汉书艺文志》、曾朴的《补后汉书艺文志并考》、侯康的《补后汉书艺文志》等。

范晔《后汉书》缺"表"。最早为《后汉书》补表的是宋人熊方,著《补后汉书年表》十卷,广搜东汉一代史迹掌故,以表谱形式编排起来,对了解后汉史实颇有价值,清《四库全书总目》称其"经纬周密,叙次井然,使读者按部可稽,深为有裨于史学",评价甚高。熊方之后,补表者代有人出,尤以清人最有成就,著名者有钱大昭的《后汉书补表》、褚以敦的《熊氏后汉书年表校补》、练恕的《后汉六卿年表》、黄大华的《东汉中兴功臣侯世系表》及《东汉皇子王世系表》。清初著名史家万斯同撰有《历代年表》，有关东汉者有《诸王世表》、《宦者侯表》、《外戚侯表》、《将相大臣年表》、《云台功臣年表》及《九卿年表》等。

《后汉书》未及成书作者便告别人世，使全书未能进行最后润色加工，文字、结构等方面不免有粗略疏漏之处，历代为其作注者不乏其人。最早为范书作注的是刘昭，刘昭注不仅限于文字的训诂，而且注意补充史实，使刘注具有较高价值。唐代，章怀太子李贤为《后汉书》作注，此即所谓李注。李贤为高宗第六子，本立为太子，但不久被武则天废为庶人，并被迫令自杀，卒年33岁，谥章怀太子。与李贤一同为《后汉书》作注的人，还有太子左庶子张大安、洗马刘讷言、洛州司户格希玄以及学士许成牙、成玄一、史藏诸、周宝宁等人，前后历时六年。李注在名物、训诂方面颇有成就，又广泛引用《东观汉记》及谢承《东汉史》等东汉史文献，材料翔实。因参加人多，又未仔细校订，存在一些错误、冗杂和疏漏处。

清人对《后汉书》的注释以惠栋的《后汉书补注》及王先谦的《后汉书集解》成就为高，后者尤为突出。如同王先谦所作的《汉书补注》一样，《后汉书集解》以同一体例网罗唐、宋以来诸家之说，翔实完备，为《后汉书》诸注中最佳者。除此之外，被称为清代三大考史著作钱大昕的《廿二史考异》、赵翼《廿二史札记》、王鸣盛《十七史商榷》，对《后汉书》的校补考订细致缜密，成就卓著。钱大昕的《后汉书辨疑》、周寿昌的《后汉书补正》、李慈铭的《后汉书札记》，都是考订《后汉书》的专门著作，在内容及文字方面对《后汉书》补益甚多，为后人提供了很大便利。

《后汉书》成书之后，以抄本流传于世，南朝梁将司马彪八志补入史书，出现两书的合抄本。唐末、五代雕版印刷术逐渐普及，为史书的广泛流传提供了现实条件，但《后汉书》最初雕印本宋太宗淳化五年(公元994年)初刻本及宋真宗景德二年(公元1005年)的校订本都未将司马彪八志补入范书，两书仍分开流传。宋真宗乾兴元年(公元1022年)，判国子监孙奭奏请朝廷将二书合刻，于是才出现二书的合刻本。明毛晋汲古阁本即为合刻本，把志放在纪、传之后，但明监本将志刻在帝纪之后、列传之前。清武英殿本以明监本为蓝本，沿用监本的程式。

现存最早的《后汉书》版本是商务印书馆《四部丛刊》本选用的南宋绍兴刊本，较为完整地保存了《后汉书》的原貌。现今最流行的《后汉书》版本是中华书局出版的点校本，以商务印书馆影印的绍兴本为底本，与汲古阁本及武英殿本反复校对，最为可靠。点校本每篇之后附有"校勘记"，对了解诸本之间的情况也有帮助。

中华书局出版、现代史家郑天挺主编的《中国史学名著选》丛书中的《汉书选》，由束世澂编注，精选《后汉书》的重要篇章，是阅读《后汉书》的较好选本。

为便于查找、利用《后汉书》的材料，详细揭示其内容，中华书局出版了《后汉书人名索引》和《后汉书地名索引》，二书以《后汉书》点校本为底本，以《后汉书》中出现的人名、地名为目，详加辨析分合，注出在《后汉书》中的具体出处，为利用《后汉书》提供了十分便捷的工具。

二、《后汉书》的概况

（一）《后汉书》的结构及体例特点

1.《后汉书》的结构

我国具有修史的悠久传统，汉代由于司马迁和班固两位伟大史学家的发扬光大，著史述史愈益受到人们的重视。史类文献空前繁富，至魏晋史书从经书中独立出来，成为一个独立的门类，反过来为史学自身的发展提供了新的契机。三国两晋时期，刚刚成为过去的东汉历史成为士人们关注的焦点，史家纷纷投身其中，有关东汉史著大量涌现，范晔之前见诸记载的就有 18 家之多，择其要者介绍如下。

东汉刘珍、蔡邕等人修撰的《东观汉记》一百四十三卷。这是东汉官修本朝纪传体史书，"东观"为洛阳宫中殿名，东汉初著述在兰台，章帝、和帝以后皇家藏书于东观，修史也在此处，于是以东观作为书名。修撰始于明帝，止于献帝，断断续续历时百余年，参加者可考的逾二十人，最后仍未完稿。这部官修史书浸透了东汉最高统治者的思想,同时也保存了十分丰富翔实的材料,成为东汉史料的渊薮,魏晋时期与《史记》《汉书》合称"三史",后来的诸家东汉史书大多取材于此。

三国吴谢承撰《后汉书》一百三十卷,为《东观汉记》之后的第一部东汉纪传体史书;晋司马彪著《续汉书》纪、志、表八十三卷;晋华峤《后汉书》九十七篇,包括帝纪、皇后纪、列传、典、谱等,为诸史之中质量最好者;此外,还有东晋人谢沈《后汉书》一百卷、晋秘书监袁山松《后汉书》九十五卷、薛莹《后汉记》一百卷、张莹《后汉南记》五十八卷、萧子显《后汉书》一百卷、袁宏《后汉纪》三十卷、张璠《后汉纪》三十卷、刘义庆(此人非《世说新语》作者)《后汉书》五十八卷、袁晔《献帝春秋》十卷、刘芳《汉灵献二帝纪》六卷等。

这些著述大都从《东观汉记》增删演变而来,内容上没有新的突破,体例及思想上也无可称道,范晔感到很不满意,他说:"详观古今著述及评论,殆少可意者。"①不仅如此,他对当时最负盛名的《汉书》也不满意,认为其体例不甚严谨,史赞中缺乏精辟的议论,只有十志尚可称道。有鉴于此,他在被贬宣城的第一年即开始《后汉书》的写作,至被害时历十余年成十纪、八十列传共九十篇。

十纪记载光武、明、章、和、殇、安、顺、冲、质、桓、灵、献十二代帝王的事迹,按时间顺序记载了东汉一代的重大事件。值得

---

① 《宋书·范晔传》。

注意的是，范晔并非不加区别地每帝立一纪，而是根据皇帝在位的具体情况，开创了后记及附记的写法。东汉外戚、宦官交替专权，皇帝如玩偶，废立频繁，范晔在体例上反映这一历史实际，如殇帝刘隆即位时尚在襁褓之中，在位仅一年，无事迹可记，遂附于《和帝纪》中；冲帝刘炳、质帝刘缵也是年幼即位，在位期短，附于《顺帝纪》中。幼帝即位，朝政由皇后掌管，皇后成了实际上的最高统治者，事迹附入《皇后纪》中。

列传是《后汉书》的主要组成部分，目录中所列人名达五百余个，超过《史记》及《汉书》的数目。特点概括起来有四：其一，范晔有自己的选择标准，即不以职位的高低作为取舍的标尺。一些身居高位的王侯将相并未单独列传，事迹散见于相关的传记之中，相反，为许多逸民处士列传。其二，列传之中以合传居多，将相同类型的人物归于一传。合传并非范晔首创，《史记》、《汉书》之中皆有合传，但所占篇幅远没有《后汉书》大。如王充、王符、仲长统都是东汉著名的哲学家、思想家，他们都对当时社会的弊端提出了深刻的批评，故将他们事迹合于一传，有《王充王符仲长统传》；邓彪、张禹、徐防、张敏、胡广都是苟合取容的腐朽官僚，事迹合于一传，有《邓张徐张胡传》。其三，广设类传。类传的特点是叙事相从，按事设传，将相同事迹的人物传记合在一起，既反映了内容的特点，又增加史书的容量。典型者有《党锢列传》、《宦者列传》、《文苑列传》、《独行列传》、《方术列传》、《逸民列传》、《列女列传》等。其四，在叙述方法上，《后汉书》的突出特点是详略得体，一事不两载。纪传体以人物传记为中心记载历史,同一事件关涉多人,叙述过程中要根据事件的性质及人物特点恰当地组织材料,《后汉书》按照主次轻重,采用互见法,较好地解决了这一问题。因其详略得体、内容精练,颇受后人推崇,唐刘知几评价说:"简而且周,疏而不漏,盖云备矣。"①

范晔原本打算作"志",而且他对志特别看重,雄心勃勃地拟在"志"上超越前人,狱中所写的家书中说:"欲遍作诸志,前书所有者,悉令备。"②从他所完成的纪、传行文中,尚能了解到他拟写志的名目,如《蔡邕传》说"事在《五行志》",《东平王苍传》说"语在《礼乐舆服志》",《后妃传》说"僚品轶事,在《百官志》"。但天不佑斯文,志未完成身即被害,徒让后人扼腕叹息。南朝梁刘昭有感于此,将司马彪《续汉书》八志移入其中。八志共三十卷,是在前代学者的基础上写成的。《律历志》分上、中、下三卷,上卷"律准"和"候气"记述古代音律的有关情况,中卷记东汉历法家的有关言论,下卷记历法理论,汲取了前代学者蔡邕、刘洪等人《律历记》中的内容;《礼仪志》三卷,记述东汉各种礼仪制度;《天文志》记述东汉天文方面日月星辰的变化情况,东汉谶纬迷信及阴阳灾异说盛行,《天文志》中糅合了许多神学迷信内容;《祭祀志》三卷,记述东汉最高统治者祭祀鬼神、封禅等活动;《郡国志》五卷,记录东汉行政区划及变化沿革;

---

① 刘知几:《史通·补注篇》。
② 《宋书·范晔传》。

《百官志》五卷,记载东汉中央及地方官僚体制的构成、职掌、秩禄及变化情况;《舆服志》为司马彪首创,记述先秦以来各级统治者的车舆、服饰制度及沿革;《五行志》记述自然界和社会中的一些怪异现象,并附会人事,迷信色彩浓厚。

由上可以看出,司马彪的八志大都是围绕最高统治者的活动而展开的,而有关国计民生的内容则相形见绌了,如《史记》的《河渠书》、《平准书》,《汉书》的《刑法志》、《食货志》、《艺文志》这样一些经济、刑法、文化等方面的重要内容,司马彪八志皆付诸阙如,与范晔"正一代之得失"的写作主旨是不相符的。可以设想,如果范晔泉下有知,他对司马彪八志是不会满意的。但是,范书本无志,司马彪集中前代学者的共同智慧,记载了东汉重要的典章制度,八志仍不失为后人了解东汉历史的宝贵材料。

《后汉书》无"表",而且从范晔狱中家书及《后汉书》行文中看不出任何他拟作表的痕迹。纪传体史书自班固后纪、传、志、表成为固定体例,范晔不作表是让后人颇费猜疑的。联系到范晔的史学见解,不难揣度个中因由。史家的作史主旨决定了他对史书体例的安排及内容的取舍,正如清学者王鸣盛所说,《后汉书》菲薄公卿,"宰相无多述","公卿不见采",[①]而"表"主要是记载侯者公卿世系脉络及职位传承的体例,因而范晔无意于表就顺理成章了。如《史记》有《三代世表》、《十二诸侯年表》等十表;《汉书》有《异姓诸侯王表》、《诸侯王表》等八表。范晔《后汉

---

① 王鸣盛:《十七史商榷》卷六一。

书》取材于《东观汉记》(原书已散失),从文献记载看,《东观汉记》中有《诸王表》、《王子侯表》、《功臣表》、《恩泽侯表》、《百官表》等[①]。

由上看出,"表"以侯者公卿为主要记载对象,范晔不屑于作表记载他们的事迹,从史料学角度看不能不说是个缺失。遗憾的是,后世史家不明范晔作史主旨,群起效法,皆不作表,一直到北宋欧阳修、宋祁修《新唐书》作表,方才使纪传体的体例重新完善。

2.《后汉书》的体例特点

史书的体例是史家组织材料、记载历史的方式,纪传体史书由司马迁发其端,至班固臻于完善,但并不意味着后世史家循规蹈矩,严守前人的程式而不知变通。史书是记载历史的,而每个时代历史都有区别于其他时代的特点,作史者的使命就是以适当的方式组织材料,将一代历史完整地记录下来,尽可能地反映历史的特点和面貌。这就要求作史者根据历史的实际适当地调整体例,全面、恰当地反映历史,反之只能是胶柱鼓瑟、缘木求鱼。范晔《后汉书》体例上的最大特点是根据东汉历史实际调整体例(如改《外戚传》为《皇后纪》),多立类传(如《党锢列传》、《宦者列传》、《独行列传》、《逸民列传》、《文苑列传》、《列女列传》等),使后人了解到东汉一代历史的独特风貌。

---

① 刘知几:《史通·古今正史》。

外戚指皇帝的妻族或母族。《史记》只为吕太后立纪,因为吕后称"制",独断朝纲,成了实际上的皇帝,其他后妃外戚事迹归于《外戚世家》中。班固沿袭《史记》体例,将《外戚世家》改为《外戚传》。东汉时期,外戚势力登峰造极,与宦官交替凌驾于皇权之上,成为实际意义上的最高统治者,范晔据此将《外戚传》改为《皇后纪》,反映了东汉外戚擅权的历史事实,他在《皇后纪》序中说:"皇统屡绝,权归女主,外立(皇帝无子,在皇族中择立)者四帝(安、质、桓、灵),临朝者六后(章帝窦太后、和帝熹邓太后、安帝思阎太后、顺帝烈梁太后、桓帝思窦太后、灵帝思何太后)……虽成败事异,而同居正号者,并列于篇,其以私恩追尊,非当时所奉者,则随它事附出。"真正临朝擅政者归于此传,徒有其号而无实者则见于他处,目的在反映女主专权的历史事实。

《宦者列传》根据东汉历史实际而设立。东汉宦者为害甚烈,与外戚交替专权,在宫廷内上演了一幕又一幕的血腥活剧。东汉皇帝大多短命而亡,成为宦官与外戚火并争斗的牺牲品,清人赵翼指出:"光武年六十二,明帝年四十八,章帝年三十三,和帝年二十七,殇帝二岁,安帝年三十二,顺帝年三十,冲帝三岁,质帝九岁,桓帝年三十六,灵帝年三十四,皇子辨即位年十七,是年即为董卓所弑。惟献帝禅位后,至魏明帝青龙二年始薨,年五十四,此诸帝之年寿也。"[①]宦官利用本身独特的身份在

---

① 赵翼:《廿二史札记》"东汉诸帝多不永年"条。

与外戚斗争中屡屡得势,如桓帝时单超、徐璜、具瑗、左悺、唐衡五人因诛外戚梁冀有功,"赐钱各千三百万","五人同日封,故世谓之'五侯'"(《宦者列传》),"天朝政事,一更其手,权倾海内,宠贵无极,子弟亲戚,并荷荣任"(《张穆传》),宦官遍结党羽,霸占田地跨州连郡,骄横无比。宦官专权,导致政治更加腐败,是东汉王朝衰亡的重要因素之一。

《党锢列传》集中记载与宦官殊死斗争的"党人"的事迹。"党锢之祸"是东汉政治史的重要内容,延续时间之长、涉及人物之多、事件之复杂、影响之深远,依靠人物列传是难以完整反映出来的。范晔通过设立《党锢列传》,以事件为核心,全面、清晰地反映了事件的全过程,来龙去脉,前因后果,一目了然。范晔以饱满的热情颂扬了党人们不畏权贵、崇尚节义、慷慨赴死的可贵精神。

《独行列传》记载"独立卓行"人物的事迹,也记载了相当部分以诡异言行博取声誉并由此进入仕途的人物。东汉王朝取士实行察举制,由州郡推荐品、学卓异者人仕,以此达到收摄士人的目的。犹如科举制扭曲士人的灵魂一样,一些人为获取乡评世誉,跻身仕途,往往标新立异,做出种种惊世骇俗、耸人听闻的举动。范晔在记载一些确实具有独立人格之士的同时,也记录了东汉这一病态社会现象。如向栩即为其中典型,此人性格怪异,披发佯狂,成年累月坐于板床之上,以致床板上留下了凹下去的足印。他不好言语,但喜"长啸"。如此一来,从游之者如过江之鲫,竞相效尤,弟子以"颜渊"、"子贡"、"季路"、"冉有"为名。时而骑着毛驴,乞食于人,时而把乞丐招至家中,大摆筵席款待。向栩由此声名鹊起,州郡竞相辟举,他开始并不应征,以博取更多筹码,果然当上了"赵相",时人以为他必定朴素勤俭,谁知他真相毕露,"乘鲜车,御良马",且"略不视文书,舍中生蒿莱"。

又如汝南(今属河南)人戴良,以"孝"著称,其母喜听驴鸣,他成日学驴叫。母卒,他哥哥"居庐啜粥",恪守孝道,而戴就饮酒食肉,酒足饭饱之后就放声大哭。人们问他为何不守丧礼,他回答说:"情苟不佚,何礼之论",即是说他对母有孝心就行了,守不守礼是次要的。

《逸民列传》记隐逸山林、隐居不仕的人物。此传的设立,既反映了东汉历史的特点,又体现了范晔对"节义"的推崇。西汉末王莽代汉,许多士人出于正统观念不附流俗、洁身自好,东汉建立后仍矢志不渝,如所载野王二老、逢蒙、梁鸿、河阴老农、周党、严光等人,蔑视权贵,屡诏不仕,砥砺名节。东汉统治者重逸民,以达到"举逸民,天下归心"(《逸民列传》)的目的。但也有一些欺世盗名之辈,"文不能演义,武不能死君",自标名节,利用统治者表彰节义的心理,捞取俸禄,跻身污浊官场。

《文苑列传》为《后汉书》首创,记载杜笃、祢衡、赵壹等22人的文学活动。此传是根据后汉文学发展的实际情况而设立的,反映了东汉"文的自觉"的历史实际。《史记》及《汉书》中只设立《儒林传》,儒学独尊,知识分子以经学作为利禄之阶,皓首穷经,无暇对自己情性及思想进行表达。西汉文学盛极一时,但

只是作为宫廷玩物,最多只是以隐晦曲折方式对统治者进行规
劝讽喻。东汉时期,经学趋向衰落,文学作品不仅数量空前增
多,而且内容空前丰富,开始进入所谓"文的自觉"的时代,如
《文苑列传》载郦炎的一首诗从形式到内容都富有意味:

> 灵芝生河洲,动摇因洪波。兰荣一何晚,严霜瘁其柯。
> 哀哉二芳草,不植太山阿。文质道所贵,遭时用有嘉。绛、
> 灌临衡宰,谓谊崇浮华。贤才抑不用,远投荆南沙。抱玉
> 乘龙骥,不逢乐与和,安得孔仲尼,为世陈四科①!

诗中前半部分仿效《离骚》,以美人香草自况生不逢时、怀
才不遇。后半部分写西汉贾谊遭绛侯周勃及灌婴等武夫的排
斥,空负绝世之才,也以贾谊自比。最后希望能得到圣明君主
的重用,施展自己的才华。这样形式清新、直抒胸臆的作品在
前代是难以见到的,范晔为文士作传,反映了他敏锐的历史
眼光。

《列女传》也为范晔首创,他并无俗见,赞美女德,序中说:
"《诗》《书》之言女德尚矣。若夫贤妃助国君之政,哲妇隆家人
之道,高士弘清淳之风,贞女亮明白之节,则其徽美未殊也,而
世典咸漏焉。故自中兴以后,综其成事,述为《列女篇》。"因此,
他的取舍标准是"才行尤高秀者","不必专在一操而已",该传

---

① 四科:指孔子所言人生修养的四个方面:德行、政事、文学、言语。

中就记载了一些这样妇女的事迹：

> 渤海鲍宣妻者，桓氏之女也，字少君。宣尝就少君父学，父奇其清苦，故以女妻之，装送资贿甚盛。宣不悦，谓妻曰："少君生富骄，习美饰，而吾实贫贱，不敢当礼。"妻曰："大人以先生修德守约，故使贱妾侍执巾栉①。既奉承君子，惟命是从。"宣笑曰："能如是，是吾志也。"妻乃悉归侍御服饰，更着短布裳，与宣共挽鹿车归乡里。拜姑礼毕，提瓮出汲。修行妇道，乡邦称之。

这是一位不计贫富、勤劳持家的妇女。

> 太原王霸妻者，不知何氏之女也。霸少立高节，光武时连征不仕。霸已见《逸人传》。妻以美志行。初，霸与同郡令狐子伯为友，后子伯为楚相，而其子为郡功曹。子伯乃令子奉书于霸，车马服从，雍容如也。霸子时方耕于野，闻宾至，投耒而归，见令狐子，沮怍②不能仰视。霸目之，有愧容，客去而久卧不起。妻怪问其故，始不肯告，妻请罪，而后言曰："吾与子伯素不相若，向见其子容服甚光，举措有适，而我儿曹③蓬发厉齿，未知礼则，见客而有惭色。父

---

① 巾栉：代指嫁妆。栉（zhì）：梳子。
② 沮怍：沮丧惭愧。怍：惭。
③ 曹：辈。

子恩深，不觉自失耳。"妻曰："君少修清节，不顾荣禄。今子伯贵孰与君高？奈何忘宿志而惭儿女子乎？"霸屈起而笑曰："有是哉！"遂共终身隐遁。

这是一位矢志不移、志行高洁的妇女。

汉中程文矩妻者，同郡李法之姊也，字穆姜。有二男，而前妻四子。文矩为安众令，丧于官。四子以母非所生，憎毁日积，而穆姜慈爱温仁，抚字①益隆，衣食资供皆兼倍所生。或谓母曰："四子不孝甚矣，何不别居以远之？"对曰："吾方以义相导，使其自迁善也。"及前妻长子兴遇疾困笃，母恻隐自然，亲调药膳，恩情笃密。兴疾久乃疗，于是呼三弟谓曰："继母慈仁，出自天受。吾兄弟不识恩养，禽兽其心。虽母道益隆，我曹过恶亦已深矣！"遂将三弟诣南郑狱，陈母之德，状己之过，乞就刑辟。县言之于郡，郡守表异其母，镯除家徭，遣散四子，许以修革，自后训导愈明，并为良士。

穆姜八十余卒。临终敕诸子曰："吾弟伯度，智达士也。所论薄葬，其义至矣。又临亡遗命，贤圣法也。令汝曹遵承，勿与俗同，增吾之累。"诸子奉行焉。

---

① 字：抚育。

这是一位恩爱无边、感化顽子的慈母。

> 吴许升妻者，吕氏之女也，字荣。升少为博徒[1]，不理操行，荣尝躬勤家业，以奉养其姑。数劝升修学，每有不善，辄流涕进规。荣父积忿疾升，乃呼荣欲改嫁之。荣叹曰："命之所遭，义无离二。"终不肯归。升感激自厉（励），乃寻师远学，遂以成名。寻被本州辟命，行至寿春，道为盗所害。刺史尹耀捕盗得之。荣迎丧于路，闻而诣州，请甘心仇人[2]。耀听之。荣乃手断其头，以祭升灵。后郡遭寇贼，贼欲犯之，荣逾垣走，贼拔刀追之。贼曰："从我则生，不从我则死。"荣曰："义不以身受辱寇虏也！"遂杀之。是日疾风暴雨。雷电晦冥，贼惶惧叩头谢罪，乃殡葬之。

这是一位敢恨敢爱的刚烈妇女。

> 酒泉庞淯母者，赵氏之女也，字娥。父为同县人所杀，而娥兄弟三人，时俱病物故[3]，仇乃喜而自贺，以为莫己报也。娥阴怀感愤，乃潜备刀兵，常帷车以候仇家，十余年不能得。后遇于都亭，刺杀之。因诣县自首，曰："父仇已报，请就刑戮。"禄〔福〕长尹嘉义之，解印绶欲与俱亡。娥不肯

---

[1] 博徒：赌徒。
[2] 甘心仇人：食仇人之心。
[3] 物故：去世，病故。

去。曰："怨塞身死，妾之明分；结罪理狱，君之常理。何敢苟生，以枉公法！"后遇赦得免。州郡表其闾。

"君子报仇，十年不晚"，这是一位巾帼之中的伟丈夫。

安定皇甫规妻者，不知何氏女也。规初丧室家，后更娶之。妻善属文，能草书，时为规答书记，众人怪其工。及规卒时，妻年犹盛，而容色美。后董卓为相国，承其名，娉以辎軿百乘，马二十四，奴婢钱帛充路。妻乃轻服诣卓门，跪自陈请，辞甚酸怆。卓使傅奴侍者悉拔刀围之，而谓曰："孤之威教，欲令四海风靡，何有不行于一妇人乎！"妻知不免，乃立骂卓曰："君羌胡之种，毒害天下犹未足邪！妾之先人，清德奕世。皇甫氏文武上才，为汉忠臣。君亲非其趣使走吏乎？敢欲行非礼于尔君夫人邪！"卓乃引车庭中，以其头县（悬）軥（轭），鞭扑交下。妻谓持杖者曰："何不重乎，速尽为惠。"遂死车下。后人图画，号曰"礼宗"云。

"宁为玉碎，不为瓦全"，这是一位重节尚义的烈女。

犍为盛道妻者，同郡赵氏之女也，字媛姜。建安五年，益部乱，道聚众起兵，事败，夫妻执系，当死。媛姜夜中告道曰："法有常刑，必无生望，君可速潜逃，建立门户，妾自留狱，代君塞咎。"道依违未从。媛姜便解道桎梏，为赍粮货。子翔时年五岁,使道携持而走。媛姜代道持夜,应对不失。度道已远,乃以实告吏,应时见杀。道父会赦得归。道感其义,终身不娶焉。

夫为亡妻而终身不续娶,这在封建社会并不多见,媛姜以其大义对封建礼教构成一大讽刺。再如历代为人传颂的乐羊子妻故事:

> 河南乐羊子之妻者,不知何氏之女也。羊子尝行路,得遗金一饼,还以与妻。妻曰:"妾闻志士不饮盗泉之水,廉者不受嗟来之食,况拾遗求利,以污其行乎!"羊子大惭,乃捐金于野,而远寻师学。一年来归,妻跪问其故。羊子曰:"久行怀思,无它异也。"妻乃引刀趋机而言曰:"此织生自蚕茧,成于机杼,一丝而累,以至于寸,累寸不已,遂成丈匹。今若断斯织也,则捐失成功,稽废时月。夫子积学,当日知其所亡(无),以就懿德。若中道而归,何异断斯织乎?"羊子感其言,复还终业,遂七年不反(返)。妻常躬勤养姑,又远馈羊子。

> 尝有它舍鸡谬入园中,姑盗杀而食之,妻对鸡不餐而泣。姑怪问其故。妻曰:"自伤居贫,使食有它肉。"姑竟弃之。

> 后盗欲有犯妻者,乃先劫其姑。妻闻,操刀而出。盗人曰:"释汝刀从我者可全,不从我者,则杀汝姑。"妻仰天

而叹,举刀刎颈而死。盗亦不杀其姑。太守闻之,即捕杀
盗贼,而赐妻缣帛,以礼葬之,号曰"贞义"。

后世史家要么对范晔的取舍标准进行讥讽批评,要么偷梁
换柱,将《列女传》改为《烈女传》,为恪守封建道德的贞妇节女
树碑立传,其史识与范晔有霄壤之别。

《方术列传》也反映了东汉历史的特点。光武宣布图谶于
天下,专事怪异的方士更加活跃,范晔记载了费长房、王子乔等
灭火、缩地、长生不老等神奇怪诞事例,同时又记载了精通医术
的名医郭玉、华佗以及镇抑豪强、兴修水利的良吏许杨等人的
事迹。世界医学史上最早以麻醉方式施行外科手术的记载就
见于此,《华佗传》云:

若疾发结于内,针药所不能及者,乃令先以酒服麻沸
散,既醉无所觉,因刳破腹背,抽其积聚。若在肠胃,则断
截湔洗,除去疾秽,既而缝合,傅(敷)以神膏,四、五日创
愈,一月之间皆平复。

《后汉书》中有关周边民族的记载有《东夷列传》、《南蛮西
南夷列传》、《西域列传》、《西羌列传》、《南匈奴列传》及《乌桓鲜
卑列传》等六传,其中特别值得注意的是为西羌立传。西羌与
东汉王朝战争断断续续,贯穿始终,与东汉的衰败关系很大,
《西羌传》反映了范晔对汉羌关系的关注。

　　《后汉书》卷三十九《刘赵淳于江刘周赵列传》实际上是"孝子列传",反映了东汉"以孝治天下"的特点。两汉重孝,皇帝庙号前都加一"孝"字,《孝经》的地位空前提高。统治者力图将伦理与政治结合在一起,将"名分"思想内化为与生俱有的意识,以求长治久安,确如孔子弟子有子所说:"其为人也孝弟(悌),而好犯上者,鲜矣;不好犯上,而好作乱者,未之有也。"①

　　此外,从《后汉书》的一些体例安排,可以看出范晔的良苦用心。如张衡是著名文学家,其事迹不归于《文苑列传》,而是另设专传,主要记载张衡反图谶思想及其科学成就,反映了作者的卓识。科技发明及科学制造在古代常被视为奇技淫巧,不受重视,范晔在《张衡传》中详细记载了张衡制造候风地动仪的有关情况:

　　　阳嘉元年,复造候风地动仪。以精铜铸成,员(圆)径八尺,合盖隆起,形似酒尊,饰以篆文山龟鸟兽之形。中有都柱,傍行八道,施关发机。外有八龙,首衔铜丸,下有蟾蜍,张口承之。其牙机巧制,皆隐在尊中,覆盖周密无际。如有地动,尊则振龙,机发吐丸,而蟾蜍衔之。振声激扬,伺者因此觉知。虽一龙发机,而七首不动,寻其方面,乃知震之所在。验之以事,合契若神。自书典所记,未之有也。尝一龙发机,而地不觉动,京师学者,咸怪其无征。后数

———————

① 《论语·学而》。

日,驿至,果地震陇西,于是皆服其妙。自此以后,乃令史官记地动所从方起。

这是中国科学史上的宝贵文献。尤可注意的是,范晔在传论中对张衡的科学成就推崇备至,称为"人之上术",并对《礼记》贵德贱艺的观念提出批评。他说:"推其围范两仪,天地无所蕴其灵;运情机物,有生不能参其智。故智思引渊微,人之上术。《记》曰:'德成而上,艺成而下。量斯思也,岂夫艺而已哉?何德之损乎!'"范晔有这种见解,是难能可贵的。

范晔撰《后汉书》,根据所记载对象的特点适当地调整体例,富有针对性地反映了一代历史的特点及风貌,这是它后来居上的奥秘所在。南朝梁刘昭说:"范晔《后汉》,良诚夸众氏。"[1]范书一出,十八家后汉史书渐至散亡,不是偶然的。至唐代,范晔《后汉书》取代了《东观汉记》的地位,与《史记》、《汉书》相提并论,合称"三史"。

(二) 正一代之得失

在《狱中与诸甥侄书》中,范晔直截了当地提出了《后汉书》的写作目的:"欲因事就卷内发论,以正一代之得失。"即通过对东汉一代历史的记述,揭示其由兴盛走向衰亡的历史轨迹,总

① 刘昭:《后汉书注序》。

结成败兴衰的历史教训。在史书的组织结构及序论赞上，都鲜明地体现了这一主旨。

范晔"正一代之得失"的写作主旨首先表现在《后汉书》的材料采录与组织上，这在一些政论家的传记中得到充分体现。王符、仲长统、荀悦等都有系统的指陈现实得失的论著，范晔为他们立传时注意采录最有代表性、最切中时弊的言论，从中我们可以窥见这些政论文献的特色与风貌，鲜明地体现出他的价值取向。

王符生活于政治腐败的和帝、安帝时期，一些知识分子寡廉鲜耻，贿赂请托，跻身仕途，王符不屑于随波逐流，不求闻达，以"潜夫"自居，所著称为《潜夫论》，计三十余篇。范晔选择"其指讦时短，讨谪物情，足以观见当时风政"（《王符传》）的五篇著录于《后汉书》中，为针砭时弊之论。如《贵忠篇》强调为臣之忠，同时也指出人主对天忠的重要，人主对天尽忠即勤政理民，清除积弊，为君者"不上顺天心，下育人物，而欲任其私智，窃弄君威，反戾天地，欺诬神明。居累卵之危，而图泰山之安；为朝露之行，而思传世之功，岂不惑哉，岂不惑哉"（《王符传》）。矛头直指皇帝，言词激切。《浮侈篇》抨击上下靡费无度的恶劣现象："是则一夫耕，百人食之；一妇桑，百人衣之。以一奉百，孰能供之？"（《潜夫论》）对统治者厚葬的恶习严加挞伐："今京师贵戚，郡县豪家，生不极养，死乃崇丧。或至金缕玉匣，襦梓楩楠，多埋珍宝，偶人车马，造祀大家，广种松柏，庐舍祠堂，务崇华侈。"（《潜夫论》）《实贡篇》针对当世群小日进、贤路壅塞的局面，希望选贤任能，斥退小人，"国以贤兴，以谄衰；君以忠安，以佞危"(《潜夫论》)。《爱日篇》针对徭役无度的情况提醒统治者爱惜民力，国以民为本，民以谷为天，而谷生于农功。省徭役，劝农桑，则本固。《述赦篇》针对滥施刑罚的情况提出省刑禁，废酷刑。

仲长统是东汉末著名政论家，著《昌言》34 篇，十余万言。在《后汉书·仲长统传》中，范晔"今简撮其书有益政者"(《仲长统传》)，选录《理乱篇》、《损益篇》和《法诫篇》三篇。

《理乱篇》主要是揭露统治者的荒淫腐朽，指出天下丧乱一代甚于一代，东汉末社会疲敝不堪，他痛心疾首地说：

> 昔春秋之时，周氏之乱世也。逮乎战国，则又甚矣！秦政乘并兼之势，放虎狼之心，屠裂天下，吞食生人①，暴虐不已，以招楚、汉用兵之苦，甚于战国之时也。汉二百年而遭王莽之乱，计其残夷灭亡之数，又复倍于秦、项矣。以及今日，名都空而不居、百里绝而无民者，不可胜数，此则又甚于亡新之时也！(《仲长统传》)

《损益篇》认为人君要根据实际情况对前代制度进行增益和删削，既不要墨守成规，也不要随心所欲，朝令夕改。仲长统提出了"三代不足摹，圣人未可师也"(《仲长统传》)的骇人之论，要

---

① 生人：《后汉书》因经唐李贤注，"民"字因避太宗李世民讳均改"人"字。"生人"即生民。

求统治者废除残酷的肉刑，选贤任能，以救累卵之危。《法诫篇》针对外戚、宦官弄权的情况，要求加强皇权和相权，以根除政治上的赘瘤。

荀悦上书皇帝指陈弊乱，不被采纳，作《申鉴》五篇，范晔在其传中选录"四患"、"五政"之论。所谓"四患"，"一曰伪，二曰私，三曰放（放纵），四曰奢。伪乱俗，私坏法，放越轨，奢败制"（《荀悦传》），总结了天下丧乱的根源。所谓"五政"，"兴农桑以养生，审好恶以正其俗，宣文教以章其化，立武备以秉其威，明赏罚以统其法"（《荀悦传》），即劝课农桑、端正风俗、推崇文教、整饬武备、严明法禁五个方面，从经济、风俗、文教、军事、法制"五政"上入手，可说是澄清政治的根本性措施。

价值判断决定价值取向，范晔对王符、仲长统、荀悦论著中切中时弊、指陈政治得失言论的特别青睐，反映了他"正天下之得失"的写作主旨。史书是史家思想的物化形式，在《后汉书》的体例安排、内容结构上都可鲜明地看出他的写作思想。

当然，范晔"正一代得失"的写作主旨最直接、最集中地体现在对后汉重大历史事实的叙述和议论上。范晔继承了《左传》以来的史论传统，所不同的是他的史论明确地以总结政治的得失为目的，他在《狱中与诸甥侄书》中说："又欲因事就卷内发论，以正一代得失。"①范晔的目光关注在与东汉王朝统治命运成败攸关的重大问题上，剖析原因，总结教训。概括起来，集

---

①《宋书·范晔传》。

中在东汉的用人及选举制度、谶纬迷信、宦官专制、党锢之祸及与西羌等少数民族关系方面，而这些恰是东汉王朝兴衰之所系。

东汉建立以后，光武帝吸取前汉分封王国引起政治动荡的教训，采取"任文吏而黜功臣"的策略，后人对此颇多非议。范晔独具慧眼，认为这个政策的推行，维持了东汉前期政治上的太平稳定，因而备加肯定，在《马武传》后论中说：

> 议者多非光武不以功臣任职，致使英姿茂绩，委而勿用……亦有鬻缯屠狗轻狷之徒，或崇以连城之赏，或任以阿衡之地，故执疑则隙生，力侔则乱起。萧、樊且犹缧绁，信、越终见菹戮，不其然乎！自兹以降，迄于孝武，宰辅五世，莫非公侯。遂使缙绅道塞，贤能蔽壅，朝有世及之私，下多抱关之怨。其怀道无闻，委身草莽者，亦何可胜言。故光武鉴前事之违，有矫枉之志，虽寇、邓之高勋，耿、贾之鸿烈，分土不过大县数四，所加特进、朝请而已。观其治平临政，课职责咎，将所谓"导之以政，齐之以刑"者乎！若格之功臣，其伤已甚。何者？直绳则亏丧旧恩，桡情则违废典禁，选德则功不厚，举劳则人或未贤，参任则群心难塞，并列则其蔽未远。……建武之世，诸侯百数，若夫数公者，则与参国议，分均休咎，其余优以宽科，完其封禄，莫不终以功名延就于后。……夫崇恩偏授，易启私溺之失，至公均被，必广招贤之路，意者不其然乎！

范晔对两汉前期政治进行比较，其成败得失昭然若揭。前汉建立后，重用功臣故旧，封疆裂土，弊端有三：其一，被封功臣武断一方，觊觎皇位；功臣之间相互猜忌，造成政治动荡。其二，任用功臣，破坏法禁。功臣自视功高，不守法禁，皇帝出于恩旧关系，不能秉公执法，由此导致法禁废弛，形同虚设，无以垂范天下。其三，功臣居高位，且世代承袭，致使贤路堵塞，天下英才无缘施展才智。光武建立后汉，为改前汉之失，将功臣许以厚禄，让他们优游退居，另选贤才治理天下。这样，避免了前汉初期政治动荡的局面，贤路畅通，官吏的考课奖惩皆有规章，功臣享有厚禄，全身寿终，不再有"兔死狗烹"之叹。范晔总结出的历史教训足可以作为后世统治者为政的镜鉴，宋太祖"杯酒释兵权"就是典型的例子。反之，就不免重蹈前汉之覆辙，明太祖的分封就招致了"靖难之役"的政治恶果。

东汉的选举制度沿袭前汉，即荐举制，由州郡推荐德行出众、经术突出的人任官，这种制度的本身决定了选举的随意性，时谚生动地说明了荐举制的虚伪现象："举秀才，不知书；察孝廉，父别居。寒素清白浊如泥，高第良将怯如鸡。"[①]东汉时期选举的科目繁多，有敦朴、有道、贤能、直言、独行、高节、质直、清白、敦厚等，一律由州郡中正官荐举。由此出现这种现象：循规蹈矩、中庸持重的人无法仕进，沽名钓誉之徒纷纷大修"异操"，做出不近情理的"异行"，范晔说时人"好违时绝俗，为激诡之

---

① 葛洪：《抱朴子外篇》卷一五《审举》。

行"(《范冉传》),伪名士大量出现,并能青云直上。如赵咨和戴封都是因为被强盗抢劫之后,再将钱财追送强盗而成"名士"。为了名利,弄虚作假大行其道:

> 许荆字少张,会稽阳羡人也。祖父武,太守第五伦举为孝廉。武以二弟晏、普未显,欲令成名,乃诘之曰:"礼有分异之义,家有别居之道。"于是共割财产为三分,武自取肥田广宅奴婢强者,二弟所得并悉劣少。乡人皆称弟克让而鄙武贪婪,晏等以此并得选举。武乃会宗亲,泣曰:"吾为兄不肖,盗声窃位,二弟年长,未豫荣禄,所以求得分财,自取大讥。今理产所增,三倍于前,悉以推二弟,一无所留。"于是郡中翕然,远近称之,位至长乐少府。(《循吏列传》)

弄虚作假者能名利双收,为人所钦羡。再如赵宣于亲人墓道中守孝二十余年,远近知名,州郡数请,从不应诏,其中骗局被著名党人陈蕃识破,《陈蕃传》载道:

> 民有赵宣葬亲而不闭埏隧①,因居其中,行服二十余年,乡邑称孝,州郡数礼请之。郡内以荐(陈)蕃,蕃与相见,问及妻子,而宣五子皆服中所生。蕃大怒曰:"圣人制

---

① 埏隧:墓道。

礼,贤者俯就,不肖企及。且祭不欲数,以其易黩故也。况乃寝宿冢藏,而孕育其中,诳时惑众,诬汙鬼神乎?"遂致其罪。

像这种被揭露的骗局毕竟只是少数,选举不实导致吏治腐败,社会风气江河日下,对汉政治造成严重危害。为了改变这种局面,左雄提出了限制年龄、实行试用制等措施,他对顺帝说:"郡国孝廉,古之贡士,出则宰民,宣协风教。若其面墙,则无所施化。孔子曰'四十不惑',《礼》称'强仕'。请自今孝廉年不满四十,不得察举,皆先诣公府,诸生试家法①,文吏试笺奏,副之端门②,练其虚实,以观异能,以美风俗。有不承科令者,正其罪法。若有茂才异行,自可不拘年齿。"(《左雄传》)次年,广陵(今江苏扬州)人徐淑年未及四十而举孝廉,并以颜回自命,左雄诘问说:"昔颜回闻一知十,孝廉闻一知几邪?"徐淑无言以对,自然遭罢斥,济阴太守胡广等十余人皆因此案而免官,后来成为党人领袖的陈蕃、李膺等却在此次选举中脱颖而出。左雄的举措自然遭到腐朽官僚的激烈反对。范晔在《左雄传》论中系统总结东汉选举制度的得失,对左雄改革之举予以肯定,为改革被废止感到痛心疾首,同时对汉末儒士以天下自命、主天下沉浮的精神由衷赞赏:

---

① 家法:指儒学。罢黜百家,仅儒一家之学。
② 端门:宫殿正南门。荐举诸生课试副本汇于此处,由尚书复审。

　　论曰：古者诸侯岁贡士，进贤受上赏，非贤贬爵土。升之司马，辩论其才，论定然后官之，任官然后禄之。故王者得其人，进仕劝其行，经邦弘务，所由久矣。汉初诏举贤良、方正，州郡察孝廉、秀才，斯亦贡士之方也。中兴以后，复增敦朴、有道、贤能、直言、独行、高节、质直、清白、敦厚之属。荣路既广，觖望①难裁，自是窃名伪服，浸以流竞。权门贵仕，请谒繁兴。自左雄任事，限年试才，虽颇有不密，固亦因职时宜。而黄琼、胡广、张衡、崔瑗之徒，泥滞旧方，互相诡驳，循名者屈其短，筭②实者挺其效。故雄在尚书，天下不敢妄选，十余年间，称为得人，斯亦效实之征乎？顺帝始以童弱反政，而号令自出，知能任使，故士得用情，天下喁喁仰其风采。遂乃备玄𫄸玉帛，以聘南阳樊英，天子降寝殿，设坛席，尚书奉引，延问失得。急登贤之举，虚降己之礼，于是处士鄙生，忘其拘儒③，拂巾衽褐，以企旌车之招矣④。至乃英能承风，俊乂咸事，若李固、周举之渊谟弘深，左雄、黄琼之政事贞固，桓焉、杨厚以儒学进，崔瑗、马融以文章显，吴祐、苏章、种暠、栾巴牧民之良干，庞参、虞翻将帅之宏规，王龚、张皓虚心以推士，张纲、杜乔直道以纠违，郎𫖮阴阳详密，张衡机术特妙：东京之士，于兹盛焉。

---

① 觖望：不满意，不满足。觖：音 jué。
② 筭：同"算"。
③ 拘儒：偏狭。
④ 以企旌车之招矣：时刻做好准备，等待公车的征召。

向使庙堂纳其高谋,疆场宣其智力,帷幄容其謇辞①,举厝(措)禀其成式,则武、宣之轨②,岂其远而?《诗》云:"靡不有初,鲜克有终。"可为恨哉!及孝桓之时,硕德继兴,陈蕃、杨秉处称贤宰,皇甫、张、段出号名将,王畅、李膺弥缝袞阙③,朱穆、刘陶献替匡时,郭有道奖鉴人伦,陈仲弓弘道下邑。其余宏儒远智,高心絜(洁)行,激扬风流者,不可胜言。而斯道莫振,文武陵队(坠),在朝者以正议婴戮④,谢事者以党锢致灾。往车虽折,而来轸方遒⑤。所以倾而未颠,决而未溃,岂非仁人君子心力之为乎?呜呼!

读这篇论,我们会深切体会到范晔沉重的历史感。他论选举制度,实际上把士人置于社会中坚的地位,得士则兴,失士则亡,汉末士人以生命为代价维持着大一统王朝的统治。

光武帝即位以后,钦定81篇图谶,以神学迷信作为指导现实政治的依据,史家记述东汉史,不能不涉及对神学迷信的态度。范晔反谶纬迷信的态度是十分鲜明的,《宋书·范晔传》说:"晔常谓死者神灭,欲著《无鬼论》。"当时尚书仆射何尚之崇佛信鬼走火入魔,范晔图圄之中无法与他论辩,只好"寄语何仆

---

① 謇辞:正直的言词。謇:正直。
② 武、宣之轨:指西汉武帝、宣帝时政治。
③ 弥缝袞阙:弥补君主的过失。袞,君主礼服,代指君主。
④ 婴戮:遭杀戮。婴,同"撄",触犯。
⑤ 来轸方遒:前进的车子正疾驶而来。

射,天下决无佛鬼"①。《后汉书》中范晔通过反神学迷信人物事迹的记载,字里行间一再表明他的立场。

桓谭是光武朝敢于反图谶的著名学者。光武以图谶决政事,桓谭上疏极力反对,认为谶纬"其事虽有时合,譬犹卜数只偶之类",不足为据。光武召集群臣议建兰台,择址时光武对桓谭说:"吾欲以谶决之,何如?"桓谭沉默良久后说:"臣不读谶"(《桓谭传》),引起光武勃然大怒,要将他斩首。时已年届古稀的桓谭叩头血流满面,光武才免他一死,贬出京师,卒于道中。与桓谭相似,郑兴不信图谶,终身未得重用。在《贾逵传》论中范晔感慨地说"桓谭以不善谶流亡,郑兴以逊辞仅免,贾逵能附会文致,最差贵显,世主以此论学,悲矣哉!"桓谭、郑兴因不言谶不受重用,贾逵因善言谶而享尊贵,范晔指出以此作为用人论学的标准,实在太可悲了。

西汉末佛教开始经由西域传入中国,并为中土所接受。范晔反佛,在《后汉书·西域传》论中批评佛教"好大不经,奇谲不已,虽邹衍谈天之辩,庄周蜗角之论,未足概其万一";又说"精灵起灭,因报相寻,若晓而昧者,故通人多惑焉"。东汉后期政治黑暗,社会危机日甚一日,桓帝不思振作,寄希望于神,成天鼓乐吹笙,沉溺于佛、道之中,范晔在《桓帝纪》论中指出这正是亡国之象,"设华盖,以祠浮图、老子,斯将所谓'听于神'乎!"浮图即佛教。《左传》载史嚚言"国将兴,听于人;将亡,听于神",

---

① 《宋书·范晔传》。

桓帝一心向神,国家灭亡指日可待了。

与反图谶、佛教密切相连,范晔反对迷信,《后汉书·郭躬传》中将几个人物对迷信的不同态度及不同结局加以对照,虽未直接发论,却有一种"此时无声胜有声"的效果,录之于下:

> 顺帝时,廷尉河南吴雄季高,以明法律,断狱平,起自孤宦,致位司徒。雄少时家贫,丧母,营人所不封土者,择葬其中,丧事趣辨,不问时日,医巫皆言当族灭,而雄不顾。及子䜣孙恭、三世廷尉,为法名家。初,肃宗时,司隶校尉下邳赵兴,亦不恤讳忌,每入官舍,辄更缮修馆宇,移穿改筑,故犯妖禁。而家人爵禄,益用丰炽,官至颍川太守。子峻,太傅,以才器称。孙安世,鲁相。三叶皆为司隶,时称其盛。

> 桓帝时,汝南有陈伯敬者,行必矩步,坐必端膝,呵叱狗马,终不言死。目有所见,不食其肉;行路闻凶,便解驾留止;还触归忌,则寄宿乡亭。年老寝滞,不过举孝廉。后坐女婿亡吏,太守邵夔怒而杀之,时人罔忌禁者,多谈为证焉。

通过对比,范晔反迷信态度昭昭然。

东汉宦官为害之烈在历史上实属罕见,对东汉后期政治影响极大,范晔在《后汉书》中设立《宦者列传》专记其事,并在序中追本溯源,详述宦官制度的起源及东汉宦官势力一步步膨胀的原因,以剖视东汉王朝衰亡的根源。范晔认为,宦官与外戚是东汉后期两股对立的政治势力,实质上又是相伴而生的。东汉后期尤其是和帝以后,皇帝年幼者多,皇后擅政,外戚控制朝纲,皇帝被禁宫闱之中,无缘与外界接触。当皇帝长大后要求亲政,只有利用身边的宦官诛杀外戚,宦官利用其独特的政治地位在与外戚斗争中屡屡得手,因为有功加官晋爵乃至封侯。东汉后期宦官与外戚如此交替专政,此消彼长,恶性循环,将东汉王朝一步步拖入绝望的深渊。

范晔回顾东汉历史说,东汉建立之初,宦官悉用阉人。和帝即位年幼,外戚窦宪兄弟专横,和帝长大后利用郑众诛灭窦氏,于是宦官地位显要,开始进入权力的核心。其后孙程立顺帝、曹腾立桓帝有功,宦官羽翼渐丰。及至桓帝利用单超等五人翦灭外戚梁氏,宦官势力如日中天,单超等五人同日被封为侯,世称"五侯",骄奢无比,宾客爪牙遍及天下,"举动回山海,呼吸变霜露。阿旨曲求,则光宠三族;直情忤意,则参夷五宗。汉之纲纪大乱矣"。范晔的分析是客观、深刻的,既是总结东汉灭亡的历史教训,更重要的是为后世提供前车之鉴。

宦官专权是东汉后期政治上的一股浊流,与这股浊流相对立,一大批中下层士大夫对污浊不堪的政治状况深为不满,指摘时政,于是在统治阶级的中下层荡漾着一股"清流"。中下层士大夫和太学生、郡国生徒同宦官及其爪牙进行斗争;而"手握王爵,口含天宪"(《宦者列传》)的宦官利用政治的高压手段对他们进行残酷镇压,酿成了历史上有名的"党锢之祸"。范晔在

《后汉书》中设立《党锢列传》，序中追溯东汉末社会风气形成的根源，论述风气的变迁与社会政治的关系，体现了他深邃的历史眼光，对后世统治者很有借鉴意义。范晔总结说，汉高祖刘邦起于草莽之中，开国功臣多是贩夫屠狗之辈，这些不甚通文墨的人以武力得了天下，不重视文化，遂致斯文荒废，社会风气任侠尚武，"七国之乱"与此不无关系。汉武帝为纠时弊，采纳董仲舒"独尊儒术"之议，设立五经博士，因为利禄的诱使，儒士们恪守师承家法，经学内部派别林立，壁垒森严，儒士之间相互攻击，成为一时风气。王莽篡汉自立，深受儒家正统观念熏陶的士大夫不愿同流合污，隐逸山林，砥砺名节，于是"节义"为风气所尚，即使东汉建立之后，这些儒士们仍不愿为官，《后汉书》中的《逸民列传》专记他们的事迹。所以到东汉后期宦官专权、朝纲败坏时，受节义之风的影响，士大夫、太学生及郡国生徒组成的"党人"不避斧钺汤镬，同宦官进行了英勇不屈的斗争，《党锢列传》通篇弥漫着对党人节义的讴歌颂扬。

范晔这篇序实际上指出了王朝政治与社会风气之间的关系，是《后汉书》序论中"正一代得失"的代表性文字，也特别具有现实的意义，清代史家王鸣盛评价说："《党锢传》首总叙，说两汉风俗之变，上下四百年间，了如指掌。下之风俗，成于上之所好，此可为百世之龟镜，蔚宗之言，切至如此，读之能激发人。"①

---

① 王鸣盛：《十七史商榷》卷三八。

　　东汉王朝自始至终民族矛盾尖锐,长期的边境战争使东汉王朝元气大伤,是导致东汉王朝衰亡的主要因素之一。在与周边诸民族的关系中,东汉王朝与西羌的关系是特别值得注意的方面,范晔《后汉书》特地为西羌立传,在序中对东汉王朝的民族政策提出批评,指出其失当处,后世统治者可从中汲取教训。

　　羌族是我国西北部的一个古老民族,在东汉前期与东汉王朝多次发生战争,汉王朝采取镇压及内迁的政策。如建武十一年(公元35年),先零羌进攻临洮(今甘肃临洮),被陇西太守马援打败,"徙置天水、陇西、扶风三郡";明帝永平元年(公元58年),窦固、马武等击破羌人,将七千余羌人迁至三辅(京兆、左冯翊、右扶风);和帝永元十三年(公元101年)烧当羌迷唐部被镇压后,"降者六千余口,分徙汉阳①、安定②、陇西"(《西羌列传》)。汉政府企图通过内迁使羌人杂处汉人之中,加以驯服与同化。一个民族有一个民族的文化及传统,民族的融合和同化是一个自然的过程,汉王朝这种强制同化的措施显然是不妥当的,其结果必然适得其反。加之地方统治者对内迁民族采取歧视的政策,滥征赋税,滥发徭役,导致民族、阶级矛盾激化,于是人民揭竿而起,与汉王朝对抗。

　　在章帝及和帝、安帝、顺帝、冲帝时期,羌人爆发了三次大规模的起义,桓帝时羌人起义更加频繁。灵帝中平元年(公元

---

① 汉阳:今甘肃甘谷南。
② 安定:今甘肃镇原东南。

184 年）黄巾军起，羌人乘势起义，汇入全国反抗的洪流，给东汉王朝沉重一击。灵帝之前羌人连绵不断的起义虽然都被汉王朝镇压下去，但汉王朝也为此弄得精疲力竭，正如范晔所说："驰骋东西，奔救首尾，摇动数州之境，日耗千金之资……故得不酬失，功不半劳。暴露师徒，连年而无所胜。官人屈竭，烈士愤丧！"（《西羌列传论》）范晔进一步指出产生这种恶果的原因在于汉王朝民族政策的根本性错误："若二汉御戎之方，失其本矣。何则？先零侵境，赵充国迁之内地；煎当作寇，马文渊（马援）徙之三辅。贪其暂安之执，信其驯服之情，计日用之权宜，忘经世之远略，岂夫识微者之为乎？"（《西羌列传论》）

范晔当然不可能站在民族平等的立场上看待民族关系，但他反对强制性迁徙及同化却是值得肯定的，也正因如此，他能指出汉王朝民族政策失误之所在。实际上，汉羌关系只是汉王朝尖锐民族关系的一个典型，汉王朝对周边其他民族同样采取内迁的政策，内迁民族的反抗斗争也从未停止过。范晔对东汉王朝民族政策的剖析，揭示了东汉王朝衰亡的深层原因，达到了"正一代得失"的目的，也足以警示后人。

范晔认为他的序、论"皆有精意深旨"，甚至与贾谊的《过秦论》相提并论，他说："至于《循吏》以下及《六夷》诸序论，笔势纵放，实天下奇作，其中合者，往往不减《过秦》篇。"①很显然，范晔将其序论与《过秦论》相比，是不仅仅就文气笔法而言的，而主

---

① 《宋书·范晔传》。

要在"精意深旨"方面。他所指的《循吏列传》以下包括《酷吏列传》、《宦官列传》、《儒林列传》、《文苑列传》、《独行列传》、《方术列传》、《逸民列传》、《列女列传》以及东夷、南蛮西南夷、西羌、西域、南匈奴、乌桓鲜卑等六篇记述周边民族的列传。在这些传记的序论中范晔穷源溯流，谈古论今，卓见迭出，体现出较强的文学性，更主要地体现出"正一代得失"的史学意旨。

《循吏列传》记载东汉一代恭谨持重、勤政爱民的良吏的事迹。在专制政治中，良吏是值得特别表彰的，范晔在序中指出良吏依存于政治大背景，因为光武帝的表率作用，在东汉前期涌现出一批良吏。由此不难得出结论，君主的言行直接影响政治风气，由此强调君主的人格责任，范晔说：

初，光武长于民间，颇达情伪①，见稼穑艰难，百姓病害，至天下已定，务用安静，解王莽之繁密，还汉世之轻法。身衣大练，色无重彩②，耳不听郑、卫之音，手不持珠玉之玩，宫房无私爱，左右无偏恩。建武十三年，异国有献名马者，日行千里，又进宝剑，贾兼百金，诏以马驾鼓车，剑赐骑士。损上林池籞③之官，废骋望弋猎之事。其以手迹赐方国者，皆一札十行，细书成文。勤约之风，行于上下。数引公

---

① 情伪：弊病。
② 重彩：多种颜色。
③ 籞（yù）：一作"篽"，古代帝王的禁苑。

卿郎将,列于禁坐①。广求民瘼,观纳风谣。故能内外匪(非)懈,百姓宽息。自临宰邦邑者,竞能其官。若杜诗守南阳,号为"杜母",任延、锡光移变边俗,斯其绩用之最章章者也。又第五伦、宋均之徒,亦足有可称谈。然建武、永平之间,吏事刻深,亟以谣言单辞,转易守长。故朱浮数上谏书,箴切峻政,钟离意等亦规讽殷勤,以长者为言,而不能得也。所以中兴之美,盖未尽焉。自章、和②以后,其有善绩者,往往不绝。如鲁恭、吴祐、刘宽及颍川四长③,并以仁信笃诚,使人不欺;王堂、陈宠委任贤良,而职事自理:斯皆可以感物而行化也。边凤、延笃先后为京兆尹,时人以辈前世赵、张④。又王涣、任峻之为洛阳令,明发奸伏,吏端禁止,然导德齐礼,有所未充,亦一时之良能也。

封建政治的优劣取决于最高统治者,东汉前期皇帝尚称贤明,政治较为清明。中后期外戚与宦官交替专权,政治每况愈下,范晔在《宦者列传》序中回溯宦者的历史,着重叙述宦官势力在两汉膨胀的过程及其危害,足可作为后世为政者的镜鉴。他说:

① 禁坐:御坐。
② 章、和:章帝(公元 76—88 年)、和帝(公元 89—105 年)。
③ 颍川四长:荀淑为当涂(治今安徽怀远东南)长,韩韶为嬴(治今山东莱芜西北)长,陈宴为太丘(治今河南永城西北)长,钟皓为林虑(治今河南林县)长。四者皆为颍川(治今河南禹县)人。
④ 时人以辈前世赵、张:时人比之于前代赵广汉、张敞。辈:类。

汉兴，仍袭秦制，置中常侍官。然亦引用士人，以参其选，皆银珰左貂，给事殿省。及高后称制，乃以张卿为大谒者，出入卧内，受宣诏命。文帝时，有赵谈、北宫伯子，颇见亲倖。至于孝武，亦爱李延年。帝数宴后庭，或潜游离馆，或请奏机事，多以宦人主之。至元帝之世，史游为黄门令，勤心纳忠，有所补益。其后弘恭、石显以佞险自进，卒有萧、周之祸①，损秽帝德焉。

中兴之初，宦官悉用阉人，不复杂调它士。至永平中，始置员数，中常侍四人，小黄门十人。和帝即祚幼弱，而窦宪兄弟专总权威，内外臣僚，莫由亲接，所与居者，唯阉宦而已。故郑众得专谋禁中，终除大憝②，遂享分土之封，超登宫卿之位。于是中官始盛焉。

自明帝以后，迄乎延平，委用渐大，而其员数稍增，中常侍至有十人，小黄门二十人，改以金珰右貂，兼领卿署之职。邓后以女主临政，而万机殷远，朝臣国议，无由参断帷幄，称制下令，不出房闱之间，不得不委用刑人，寄之国命。手握王爵，口含天宪，非复披廷永巷之职，闺牖房闼③之任也。其后孙程定立顺之功，曹腾参建桓之策，续以五侯合谋，梁冀受钺，迹因公正，恩固主心，故中外服从，上下屏

①萧、周之祸：萧望之、周堪与宦官发生冲突，皆被害。
②憝（duì）：恶。指郑众诛窦宪。
③牖（yǒu）：窗户；开凿窗户。

气。或称伊、霍之勋①，无谢于往载；或谓良、平之画②，复兴于当今。虽时有忠公，而竟见排斥。举动回山海，呼吸变霜露。阿旨曲求，则光宠三族；直情忤意，则参夷五宗③。汉之纲纪大乱矣。

若夫高冠长剑，纡朱怀金者，布满宫闱；苴茅分虎④，南面臣人者，盖以十数。府署第馆，棋列于都鄙；子弟支附，过半于州国。南金、和宝、冰纨、雾谷之积⑤，盈仞珍臧（藏）；嫱媛、侍儿、歌童、舞女之玩，充备绮室。狗马饰雕文，土木被缇绣⑥。皆剥割萌黎⑦，竞恣奢欲。构害明贤，专树党类。其有更相援引，希附权强者，皆腐身熏子⑧，以自衔达。同敝相济，故其徒有繁，败国蠹政之事，不可单（殚）书。所以海内嗟毒，志士穷栖，寇剧缘间，摇乱区夏⑨。虽忠良怀愤，时或奋发，而言出祸从，旋见孥戮⑩。因复大考钩党，转相诬染⑪。凡称善士，莫不离（罹）被灾毒。窦武、何进，位崇戚近，乘九服之嚣怨⑫，协群英之执力，而以疑留不

---

① 伊、霍之勋：伊尹、霍光的功劳。伊尹辅佐商汤，霍光辅佐西汉昭帝，皆有大功。
② 良、平之画：张良、陈平的计谋。
③ 参夷五宗：夷灭三族五宗。参：三。夷：灭。五宗：五服内亲故。
④ 苴茅分虎：指封侯。封侯必赐苴（jū）麻、白茅，分铜虎符。
⑤ 南金、和宝、冰纨、雾谷之积：皆指珠宝。和宝：卞和之宝。
⑥ 缇绣：昂贵的丝织品。
⑦ 萌黎：百姓。
⑧ 腐身熏子：受腐（宫）刑。
⑨ 摇乱区夏：指寇盗乘虚而起。
⑩ 孥戮：妻儿被杀戮。孥（nú）：妻儿。
⑪ 钩党：汉末党人。诬染：株连。
⑫ 乘九服之嚣怨：乘天下的怨愤。九服：天下。

断,至于殄败。斯亦运之极乎?虽袁绍龚行,芟夷无余,然以暴易乱,亦何云及!自曹腾说梁冀,竟立昏弱①。魏武因之,遂迁龟鼎。所谓"君以此始,必以此终"②,信乎其然矣!

范晔总结说,西汉建立之初,宦官也用士人,但人数上严格规定。武帝巡游天下,诏书奏章多经宦官之手,于是宦官的地位显要起来,在西汉后期对政治造成危害。东汉建立,宦官全用阉人,人数也有大幅度增加,加之皇帝幼小,女主专权,宦官成了皇帝与朝臣联系的中介,为国运之所系。皇帝利用宦官诛灭外戚,宦官由此封侯晋爵,势焰滔天,广树朋党,残酷压制、打击天下士人,最后汉室朝在尖锐的矛盾中灭亡。范晔从汉王朝政治兴衰得出教训,宠信宦官,最后又被宦官所灭,这是历史的辛辣讽刺。

《儒林列传》序叙述东汉儒学的历史。西汉末王莽篡汉改制,儒学之士要么为王莽称帝摇旗呐喊,要么隐逸山林,洁身自好。东汉建立,光武表彰儒学,遂使儒学大兴。范晔说:

> 昔王莽、更始之际,天下散乱,礼乐分崩,典文残落。及光武中兴,爱好经术,未及下车,而先访儒雅,搜求缺文,补缀漏逸。先是四方学士多怀协图书,遁逃林薮。自是莫

---

① 昏弱:指桓帝。
② 意谓汉宠用宦官,终为宦官所灭。曹操为宦官曹腾之子。

不抱负坟策①,云会京师,范升、陈元、郑兴、杜林、卫宏、刘昆、桓荣之徒,继踵而集。于是立《五经》博士,各以家法教授,《易》有施、孟、梁丘、京氏,《尚书》欧阳、大小夏侯,《诗》齐、鲁、韩,《礼》大小戴,《春秋》严、颜,凡十四博士,太常差次总领焉。

建武五年,乃修起太学,稽式古典,笾豆干戚②之容,备之于列,服方领习矩步者,委它乎其中③。中元元年,初建三雍④。明帝即位,亲行其礼。天子始冠通天⑤,衣日月⑥,备法物之驾⑦,盛清道之仪⑧,坐明堂而朝群后,登灵台以望云物⑨,袒割辟雍之上,尊养三老五更。乡射礼毕,帝正坐自讲,诸儒执经问难于前,冠带缙绅之人,圜桥门而观听者盖亿万计⑩。其后复为功臣子孙,四姓末属别立校舍,搜选高能以受其业,自期门羽林之士,悉令通《孝经》章句,匈奴亦遣子入学。济济乎,洋洋乎,盛于永平矣!

建初中,大会诸儒于白虎观,考详同异,连月乃罢。肃

① 坟策:图书。
② 笾豆:礼器,竹者为笾,木者为豆。干戚:盾钺,舞者所执。
③ 服方领:穿直领衣服。委它(蛇):行走。
④ 三雍:指辟雍、明堂、灵台。汉文化机构。
⑤ 通天:通天冠,皇帝所戴。
⑥ 衣日月:衣上有日月图案。
⑦ 备法物之驾:天子出,有大驾、小驾、法驾,出行时不同的车仗仪式。
⑧ 盛清道之仪:注重前驱仪仗。
⑨ 云物:天象云气之色。
⑩ 亿万:指人数众多。

宗亲临称制,如石渠故事①,顾命史臣,著为通义②。又诏高才生受《古文尚书》《毛诗》《穀梁》《左氏春秋》,虽不立学官,然皆擢高第为讲郎,给事近署,所以网罗遗逸,博存众家。孝和亦数幸东观,览阅书林。及邓后称制,学者颇懈。时樊准、徐防并陈敦学之谊,又言儒职多非其人,于是制诏公卿妙简其选,三署郎能通经术者,皆得察举。自安帝览政,薄于艺文,博士倚席不讲③,朋徒相视怠散,学舍颓敝,鞠为园蔬,牧儿荛竖,至于薪刈其下。顺帝感翟酺之言,乃更修黉宇,凡所造构二百四十房,千八百五十室。试明经下第补弟子,增甲乙之科员各十人,除郡国耆儒皆补郎、舍人。本初元年,梁太后诏曰:"大将军下至六百石,悉遣子就学,每岁辄于乡射月一飨会之,以此为常。"自是游学增盛,至三万余生。然章句渐疏,而多以浮华相尚,儒者之风盖衰矣。党人既诛,其高名善士多坐流废,后遂至忿争,更相言告,亦有私行金货,定兰台漆书经字,以合其私文。熹平四年,灵帝乃诏诸儒正定《五经》,刊于石碑,为古文、篆、隶三体书法以相参检,树之学门,使天下咸取则焉。

初,光武迁还洛阳,其经牒秘书载之二千余两(辆),自此以后,参(三)倍于前。及董卓移都之际,吏民扰乱,自辟雍、东观、兰台、石室、宣明、鸿都诸藏典策文章,竞共剖散,

---

① 石渠故事:西汉宣帝与诸儒在石渠阁讲论经书。
② 通义:《白虎通义》,又称《白虎通德论》,班固整理白虎观会议记录而成。
③ 倚席不讲:废弃学术。倚席:博士、经师的座席倚于一侧。

> 其缣帛图书,大则连为帷盖,小乃制为滕囊①。及王允所收
> 而西者,裁(才)七十余乘,道路艰远,复弃其半矣。后长安
> 之乱,一时焚荡,莫不泯尽焉。

东汉建立之初,光武兴儒学,讲礼仪,儒士间的授业讲学极一时
之盛,学术空气也较为开放,儒士间论辩成风,胜者为士林所推
重。章帝建初年间召开白虎观会议,章帝"称制临决",以封建
最高权威决断经书,后由史臣班固撰成《白虎通义》(又称《白虎
通德论》),颁行天下,以为定则。这样,儒学成为统治者直接利
用的工具,与当世盛行的谶纬迷信结合起来,沦为意志论和目
的论神学,尤其在安帝以后变本加厉。宦官大肆迫害党人,两
次"党锢之祸"将儒士精英清除殆尽,汉末董卓之乱又使典籍遭
到毁灭性的浩劫。东汉末儒学思想、儒士及典籍方面的这些变
化,对文化思想发展的影响是深刻的,儒学开始了向玄学的转
变,士人经历了由经邦济国、主天下沉浮到走入自我的心路
历程。

范晔将他的序论与贾谊《过秦论》相比,我们可视之为"过
汉论",总结东汉政治的得失教训,议论犀利,思想深刻,逻辑谨
严,文辞也颇有气势,突出地体现了"正一代得失"的写作主旨。
由此看,他在狱中对《后汉书》序论十分自负的评价,的确不是
虚言。

---

① 滕囊:束口的小囊。滕(téng):封闭。

（三）贵德义与薄公卿

清史家王鸣盛对《后汉书》推崇备至，在谈到它的思想特点时说：

> 今读其书，贵德义，抑势力，进处士，黜奸雄。论儒学则深美康成（郑玄），褒党锢则推崇李（膺）、杜（密）。宰相无多述，而特表逸民；公卿不见采，而惟尊独行。[①]

王鸣盛的这段话实际上说出了《后汉书》思想上的两个显著特点：贵德义与薄公卿。这既是东汉历史的特点，又是范晔及其所处时代思想特征的体现。自从汉武帝采纳董仲舒"独尊儒术"的建议以后，儒学成为占统治地位的思想，经过数代儒风的熏染，儒学成为东汉士人持身处世的精神范式。在后汉末期腐败的时势下，士人们为匡时救世，不畏权贵，慷慨赴难，表现出高尚的节义精神和无畏气概。士人们赤心报国，得到的回报却是残酷镇压，两次"党锢之祸"对士人精神产生强烈刺激，从此他们开始疏离现实，不再从严格的儒家道德准则中体认自我价值，而是从寻求独立人格中体认自我价值。魏晋南朝玄学大兴，士人们讲求名节，重德尚义，菲薄公卿，鄙弃礼教。范晔处

---

① 王鸣盛：《十七史商榷》卷六一。

于南朝的第一个朝代刘宋时期,深受此风的影响,为人也颇有名士风范,因而在《后汉书》中贵德义与薄公卿也就不是偶然的了。

范晔对节义之士尽情讴歌颂扬,对戴就的记载就是典型一例。戴就为会稽人,是郡守成公浮署下管理粮仓的小吏,扬州刺史欧阳参诬陷成公浮贪赃枉法,戴就为此受到牵连。欧阳参使用各种酷刑,逼戴就提供伪证,可戴誓死不屈服,范晔在《独行列传》中生动地记述了戴就的节义精神。面对刑卒的严刑拷打,他一直"慷慨直辞,色不变容"。行刑者将铁斧烧红,强迫戴就挟于两腋之下,戴就对狱卒说"可熟烧斧,勿令冷",肉焦纷纷坠地,戴就掇而食之。狱卒无计可施,"穷竭酷惨",将戴就置于覆船下,烧马粪熏之,"一夜二日,皆谓已死,发船视之,就方张眼大骂曰:'何不益火,而使灭绝。'"狱卒又以火烧地,在戴就手上刺满大针,然后强迫他以手抓土,结果"爪悉堕落"。在惨绝人寰的酷刑前,戴就志坚如磐石,大声疾呼:"就考死之日,当白之于天,与群鬼杀汝于亭中。如蒙全生,当手刃相裂!"大义凛然,豪气逼人。

东汉后期,外戚、宦官把持朝纲,政治黑暗,节义之士大量涌现,同腐朽势力拼死抗争。《后汉书》这些人物的传记中,弥漫、激荡着一股浩然之气,至今仍有着震撼人心灵的沉雄力量。桓帝时单超等"五侯"势焰滔天,为所欲为,白马令李云露布上书,公开指责"今官位错乱,小人谄进,财货公行,政化日损"(《李云传》)的情况,矛头直接指向五侯,结果被捕下狱。这时,弘农(今河南灵宝)五官掾(郡太守属吏)杜众上书表示愿与李云同日死,并认为这是他的荣耀;大鸿胪陈蕃上疏说"今日杀云,臣恐剖心之讥复议于世矣",把李云比作商代忠义之臣比干,桓帝无疑就是昏庸无道的商纣了。李云最终未得赦免,范晔对他的节义深为赞赏,说:"李云草茅之生,不识失身之义,遂乃露布帝者,班檄三公,至于诛灭而不顾,斯岂古之狂也!"

《党锢列传》是节义人物的画廊,通篇浸润着悲壮的凛然节气,范晔饱蘸笔墨,以历史的、文化的视角,记述他们的言行。在序中他对党人的形成及党议的盛况作了精要的概述:

> 孔子曰:"性相近也,习相远也。"言嗜恶之本同,而迁染之塗(途)异也。夫刻意则行不肆,牵物则其志流①。是以圣人导人理性,裁抑宕佚,慎其所与,节其所偏,虽情品万区,质文异数,至于陶物振俗,其道一也。叔末浇讹②,王道陵缺,而犹假仁以效己,凭义以济功。举中于理,则强梁褫气③;片言违正,则厮台解情④。盖前哲之遗尘,有足求者。
>
> 霸德既衰,狙诈⑤萌起。强者以决胜为雄,弱者以诈力受屈。至有画半策而绾万金,闻一说而锡(赐)琛瑞。或起

---

① 此句谓克制自己就行为端庄规范,为物所役就心浮不定。
② 叔末浇讹:末世风气败坏。
③ 此句意谓君主举动合于理,则强暴者会丧失胆气。褫(chǐ):夺。
④ 君主片言不对,卑贱者就离心背叛。厮台:卑贱者。解情:离心,背叛。
⑤ 狙诈:欺诈。

徒步而仕执珪,解草衣以升卿相。士之饰巧弛辩,以要能钓利者,不期而景(影)从矣。自是爱尚相夺,与时回变,其风不可留,其敝不能反。

及汉祖仗剑,武夫勃兴,宪令宽赊,文礼简阔,绪余四豪之烈,人怀陵上之心,轻死重气,怨惠必仇,令行私庭,权移匹庶,任侠之方,成其俗矣。自武帝以后,崇尚儒学,怀经协术,所在雾会,至有石渠分争之论,党同伐异之说,守文之徒,盛于时矣。至王莽专伪,终于篡国,忠义之流,耻见缨绋①,遂乃荣华丘壑,甘足枯槁。虽中兴在运,汉德重开,而保身怀方,弥相慕袭,去就之节,重于时矣。逮桓、灵之间,主荒政缪,国命委于阉寺,士子羞与为伍,故匹夫抗愤,处士横议,遂乃激扬名声,互相题拂,品覈公卿,裁量执政,婞直之风,于斯行矣。

夫上好则下必甚,矫枉故直必过,其理然矣。若范滂、张俭之徒,清心忌恶,终陷党议,不其然乎?

初,桓帝为蠡吾侯,受学于甘泉周福,及即帝位,擢福为尚书。时同郡河南尹房植有名当朝,乡人为之谣曰:"天下规矩房伯武,因师获印周仲进。"二家宾客,互相讥揣,遂各树朋党,渐成尤隙,由是甘陵有南北部,党人之议,自此始矣。后汝南太守宗资任功曹范滂,南阳太守成瑨亦委功曹岑晊,二郡又为谣曰:"汝南太守范孟博,南阳宗资主画

---

① 缨绋:官服。"耻见缨绋"指不愿入仕。

诺。南阳太守岑公孝,弘农成瑨但坐啸。"因此流言又转入太学,诸生三万余人,郭林宗、贾伟节为其冠,并与李膺、陈蕃、王畅更相褒重。学中语曰:"天下模楷李元礼,不畏强御陈仲举,天下俊秀王叔茂。"又渤海公族进阶、扶风魏齐卿,并危言深论,不隐豪强。自公卿以下,莫不畏其贬议,屣履到门。

时河内张成善说风角①,推占当赦,遂教子杀人。李膺为河南尹,督促收捕,既有逢宥获免,膺愈怀愤疾,竟案杀之。初,成以方伎交通宦官,帝以颇谇②其占。成弟子牢修因上书诬告膺等养太学游士,交结诸郡生徒,更相驱驰,共为部党,诽讪朝廷,疑乱风俗。于是天子震怒,班下郡国,逮捕党人,布告天下,使同忿疾,遂收执膺等。其辞所连及陈寔之徒二百余人,或有逃遁不获,皆悬金购募。使者四出,相望于道。明年,尚书霍谞、城门校尉窦武并为表请,帝意稍解,乃皆赦归田里,禁锢终身。而党人之名,犹书王府。

自是正直废放,邪枉炽结,海内希风之流,遂共相标榜(榜),指天下名士,为之称号。上曰"三君",次曰"八俊",次曰"八顾",次曰"八及",次曰"八厨",犹古之"八元"、"八凯"也。窦武、刘淑、陈蕃为"三君"。君者,言一世之所宗也。

---

① 风角:古占卜之法。以五音占四方之风而定吉凶。
② 谇(suì):诘问。

李膺、荀翌、杜密、王畅、刘祐、魏朗、赵典、朱寓为"八俊"。俊者，言人之英也。郭林宗、宗慈、巴肃、夏馥、范滂、尹勋、蔡衍、羊陟为"八顾"。顾者，言能以德行引人者也。张俭、岑晊、刘表、陈翔、孔昱、苑康、檀敷、翟超为"八及"。及者，言其能导人追宗者也。度尚、张邈、王考、刘儒、胡母班、秦周、蕃向、王章为"八厨"。厨者，言能以财救人者也。

又张俭乡人朱并，承望中常侍侯览意旨，上书告俭与同乡二十四人别相署号，共为部党，图危社稷。以俭及檀彬、褚凤、张肃、薛兰、冯禧、魏玄、徐乾为"八俊"，田林、张隐、刘表、薛郁、王访、刘祗、宣靖、公绪恭为"八顾"，朱楷、田槃、疏耽、薛敦、宋布、唐龙、嬴咨、宣襄为"八及"，刻石立墠①，共为部党，而俭为之魁。灵帝诏刊章捕俭等。大长秋曹节因此讽有司奏捕前党故司空虞放、太仆杜密、长乐少府李膺、司隶校尉朱寓、颖川太守巴肃、沛相荀翌、河内太守魏朗、山阳太守翟超、任城相刘儒、太尉掾范滂等百余人，皆死狱中。余或先殁不及，或亡命获免。自此诸为怨隙者，因相陷害，睚眦之忿，滥入党中。又州郡承旨，或有未尝交关，亦离（罹）祸毒。其死、徙、废、禁者，六七百人。

熹平五年，永昌太守曹鸾上书大讼党人，言甚方切。帝省奏大怒，即诏司隶、益州槛车收鸾，送槐里狱掠杀之。于是又诏州郡更考党人门生故吏父子兄弟，其在位者，免

---

① 墠：(shàn)：祭祀用的平地。

官禁锢，爰及五属。

光和二年，上禄长和海上言："礼，从祖兄弟别居异财，恩义已轻，服属疏末。而今党人锢及五族，既乖典训之文，有谬常经之法。"帝览而悟之，党锢自从祖以下，皆得解释。

中平元年，黄巾贼起，中常侍吕强言于帝曰："党锢久积，人情多怨。若久不赦宥，轻与张角合谋，为变兹大，悔之无救。"帝惧其言，乃大赦党人，诛徙之家皆归故郡。其后黄巾遂盛，朝野崩离，纲纪文章荡然矣。

凡党事始自甘陵、汝南，成于李膺、张俭，海内涂炭，二十余年，诸所蔓衍，皆天下善士。三君、八俊等三十五人，其名迹存者，并载乎篇。

在儒学熏陶之下，汉代士人以天下为己任，积极入世。东汉自中后期开始宦官当政，纲纪败坏，正直士人们议论执政，品覆公卿，裁量人物，以风谣的形式激浊扬清，太学生遥相呼应，整个社会的政治意识高涨，形成与宦官腐朽势力相颉颃的强大舆论、政治力量。宦官们利用皇权，对党人进行残酷镇压。汉代士人的品格决定了他们壮伟方正的人生，也决定了他们惨酷悲壮的人生归宿，范晔记述了党人们在搜捕令下时大义凛然、慷慨赴难的动人场景，至今读来仍令人荡气回肠。

李膺，字元礼，出身官宦之家，以威严刚直享誉士林。早年居家教授时有一无耻之徒樊陵求作生徒，李膺将其拒之门外，此人后来果然卖身投靠，成为宦官爪牙。李膺在司隶校尉任上亲自带人将不可一世的宦官张让之弟、野王令张朔处死，打击了宦官的嚣张气焰。范晔记道：

> 再迁，复拜司隶校尉。时张让弟朔为野王令，贪残无道，至乃杀孕妇，闻膺历威严，惧罪逃还京师，因匿兄让弟舍，藏于合柱中。膺知其状，率将吏卒破柱取朔，付洛阳狱。受辞毕，即杀之。让诉冤于帝，诏膺入殿，御亲临轩，诘以不先请便加诛辟之意。膺对曰："昔晋文公执卫成公归于京师，《春秋》是焉。《礼》云公族有罪，虽曰宥之，有司执宪不从。昔仲尼为鲁司寇，七日而诛少正卯。今臣到官已积一旬，私惧以稽留为愆^①，不意获速疾之罪。诚自知衅责，死不旋踵，特乞留五日，克殄元恶，退就鼎镬，始生之愿也。"帝无复言，顾谓让曰："此汝弟之罪，司隶何愆？"乃遣出之。自此诸黄门常侍皆鞠躬屏气，休沐不敢复出宫省。帝怪问其故，并叩头泣曰："畏李校尉。"

李膺敢于与宦官交锋，使他声誉日隆，士人都以与他结交为荣，名曰"登龙门"，但同时也逃脱不了被打击的命运，范晔记云："是时朝廷日乱，纲纪颓弛，膺独持风裁，以声名自高。士有被其容接者，名为登龙门。及遭党事，当考实膺等。案经三府，太尉陈蕃却之。曰：'今所考案，皆海内人誉，忧国忠公之臣。此

---

① 愆：过。

等犹将十世宥也,岂有罪名不章而致收掠者乎?'不肯平署①。帝愈怒,遂下膺等黄门北寺狱。膺等颇引宦官子弟,宦官多惧,请帝以天时宜赦,于是大赦天下。膺免归乡里,居阳城山中,天下士大夫皆高尚其道,而污秽朝廷。"第二次党锢事起,差役四出,年届花甲的李膺自投狱中:

> 后张俭事起,收捕钩党,乡人谓膺曰:"可去矣。"对曰:"事不辞难,罪不逃刑,臣之节也。吾年已六十,死生有命,去将安之?"乃诣诏狱。考死,妻子徙边,门生、故吏及其父兄,并被禁锢。
>
> 时侍御史蜀郡景毅子顾为膺门徒,而未有录牒,故不及于谴。毅乃慨然曰:"本谓膺贤,遣子师之,岂可以漏夺名籍,苟安而已!"遂自表免归,时人义之。

李膺慨然赴死,景毅子景顾为膺门徒,景毅因其子未被收捕而感羞耻,遂弃官归里,节义溢于其间。

与李膺同时的杜密,"为人沉质,少有厉俗志"。党锢事发,与李膺同时被收,时人合称"李杜",第二次党锢时,不甘受辱而自杀。

范滂字孟博,少怀大志,气度不凡,"滂登车揽辔,慨然有澄清天下之志"。果然为官之后举劾有司,整肃吏治,乃至愤然

---

① 平署:连署,一同签名。

弃官：

> 复为太尉黄琼所辟。后诏三府掾属举谣言①,滂奏刺史、二千石权豪之党二十余人。尚书责滂所劾猥多,疑有私故。滂对曰:"臣之所举,自非叨秽奸暴,深为民害,岂以污简札哉!间以会日迫促,故先举所急,其未审者,方更参实。臣闻农夫去草,嘉谷必茂;忠臣除奸,王道以清。若臣言有二,甘受显戮。"吏不能诘。滂睹时方艰,知意不行,因投劾去。

后范滂被诬下狱,范滂威武不屈,正气凛然：

> 后牢修诬言钩党②,滂坐系黄门北寺狱。狱吏谓曰:"凡坐系皆祭皋陶。"滂曰:"皋陶贤者,古之直臣。知滂无罪,将理之于帝;如其有罪,祭之何益!"众人由此亦止。狱吏将加掠考,滂以同囚婴病③,乃请先就格,遂与同郡袁忠争受楚毒。桓帝使中常侍王甫以次辩诘,滂等皆三木囊头④,暴于阶下。余人在前,或对或否,滂、忠于后越次而进。王甫诘曰:"君为人臣,不惟忠国,而共造部党,自相褒

---

① 谣言:风谣。
② 钩党:结党。
③ 婴病:染病。
④ 三木囊头:古之刑罚,项及手、足皆有械,而以物覆盖其头。

举，评论朝廷，虚构无端，诸所谋结，并欲何为？皆以情对，不得隐饰。"滂对曰："臣闻仲尼之言，'见善如不及，见恶如探汤。'①欲使善善同其清，恶恶同其污，谓王政之所愿闻，不悟更以为党。"甫曰："卿更相拔举，迭为唇齿，有不合者，见则排斥，其意如何？"滂乃慷慨仰天曰："古之循善，自求多福；今之循善，身陷大戮。身死之日，愿埋滂于首阳山侧，上不负皇天，下不愧夷、齐。"

范滂以铮铮铁骨在士人中获得极高声誉，"滂后事释，南归。始发京师，汝南、南阳士大夫迎之者数千两（辆）。同囚乡人殷陶、黄穆，亦免俱归，并卫侍于滂，应对宾客"。当建宁二年（公元 169 年）宦官大捕党人时，范滂也如同李膺一样，杀身成仁，舍生取义，范晔对其母子诀别场景的描写尤为动人：

> 建宁二年，遂大诛党人，诏下急捕滂等。督邮吴导至县，抱诏书，闭传舍，伏床而泣。滂闻之，曰："必为我也。"即自诣狱。县令郭揖大惊，出解印绶，引与俱亡。曰："天下大矣，子何为在此？"滂曰："滂死则祸塞，何敢以罪累君，又令老母流离乎！"其母就与之诀。滂白母曰："仲博（滂弟）孝敬，足以供养，滂从龙舒君（滂父）归黄泉，存亡各得其所。惟大人割不可忍之恩，勿增感戚。"母曰："汝今得与

---

① 意谓见善唯恐得之不及，见恶惟恐避之不及。

李、杜齐名①，死亦何恨！既有令名，复求寿考，可兼得乎？"
滂跪受教，再拜而辞。顾谓其子曰："吾欲使汝为恶，则恶
不可为；使汝为善，则我不为恶。"行路闻之，莫不流涕。时
年三十三。

这是一幅悲壮的母子诀别图，没有至亲骨肉诀别的凄楚与
悲戚，只有气冲霄汉的悲壮。范滂不欲让督邮及县令因他受到
牵连，不忍让高堂老母随他颠沛流离，随即与母亲诀别，从容上
道。其母深明大义，与其说和范滂诀别，毋宁说为爱子壮行。
令名与寿考不可兼得，这正是后汉末年历史的可悲之处。范晔
对李膺及范滂的节义十分赞赏，他说：

李膺振拔汙险之中，蕴义生风，以鼓动流俗，激素行以
耻威权，立廉尚以振贵执，使天下之士奋迅感概（慨），波荡
而从之，幽深牢破室而不顾，至于子伏其死而母欢其义。
壮矣哉！

张俭也是一位节义之士，少时被举为茂才，因刺史非其人，
称病不起，辞不赴命。延熹八年（公元 165 年）郡守翟超任他为
督邮，所辖之地包括当权宦官侯览的家乡防东（今山东金乡）。
侯览家眷依仗权势，鱼肉乡里，无恶不作，张俭上书要求严惩，

---

① 李、杜：李膺、杜密。

由是与宦官结仇。党锢祸起,宦官收捕张俭,乡民不顾性命,破家相容,遂得脱身。范晔记云:

> 延熹八年,太守翟超请为东部督邮。时中常侍侯览家在防东,残暴百姓,所为不轨。俭举劾览及其母罪恶,请诛之。览遏绝表章,并不得通,由是结仇。乡人朱并,素性佞邪,为俭所弃,并怀怨恚,遂上书告俭与同郡二十四人为党,于是刊章讨捕。俭得亡命,困迫遁走,望门投止,莫不重其名行,破家相容。后流转东莱,止李笃家。外黄令毛钦操兵到门,笃引钦谓曰:"张俭知名天下,而亡非其罪。纵俭可得,宁忍执之乎?"钦因起抚笃曰:"蘧伯玉①耻独为君子,足下如何自专仁义?"笃曰:"笃虽好义,明廷今日载其半矣。"②钦叹息而去。笃因缘送俭出塞,以故得免。其所经历,伏重诛者以十数,宗亲并皆殄灭,郡县为之残破。

乡民毁家掩护张俭,说明节义精神渗透到社会下层普通民众之中,重德义成为一时风气,范晔一方面赞张俭之贤,一方面又为他难挽狂澜于既倒、只得逃遁感到叹息,他说:"而张俭见怒时王,颠沛假命,天下闻其风者,莫不怜其壮志,而争为之主。至乃捐城委爵、破族屠身,盖数十百所,岂不贤哉!然俭以区区一

---

① 蘧伯玉:春秋卫人,为善上进和改过的贤大夫。
② 意谓毛钦如不收执张,便得义之半。明廷:明府,指毛钦。

掌,而欲独埋江河,终婴(撄)疾甚之乱,多见其不知量也。"

《党锢列传》所记人物都有悲壮的人生经历及惨酷的人生归宿,其共同点是重节尚义,壮伟而方正。范晔"褒党锢",他把士人品格提高到社会"脊梁"的高度,是他从历史的省察中对士人主体性的认识,也是他"正一代之得失"史观的生动体现。后汉的灭亡自然有多方面的因素,范晔从士人品格、社会风气上着眼,是有其卓识的。

陈蕃,字仲举,是一位敢于整肃腐败政治、试图铲除宦官弊政的著名人物。少怀厉俗清世之志,尝言:"大丈夫处世,当扫除天下。"(《陈蕃传》,下引不加注)上疏桓帝请释放后宫怨女、禁苑囿游猎、擢用贤人、贬斥奸佞等。李膺等党锢祸起,陈蕃上疏极谏说:

> 臣闻贤明之君,委心辅佐;亡国之主,讳闻直辞。故汤、武虽圣,而兴于伊、吕①;桀、纣迷惑,亡在失人。由此言之,君为元首,臣为股肱,同体相须,共成美恶者也。伏见前司隶校尉李膺、太仆杜密、太尉掾范滂等,正身无玷,死心社稷。以忠忤旨,横加考案,或禁锢闭隔,或死徙非所。杜塞天下之口,聋盲一世之人,与秦焚书阬(坑)儒,何以为异?昔武王克殷,表闾封墓,今陛下临政,先诛忠贤。遇善何薄?待恶何优?夫谗人似实,巧言如簧,使听之者惑,视

---

① 伊、吕:商汤、周武王的重要辅臣伊尹、吕尚。

之者昏。夫吉凶之效,存乎识善;成败之机,在于察言。人君者,摄天地之政,秉四海之维,举动不可以违圣法,进退不可以离道规。谬言出口,则乱及八方,何况髡①无罪于狱,杀无辜于市乎!

灵帝即位,陈蕃与窦武等谋诛侯览、曹节、王甫等宦官,不料事泄,宦官抢先下手,带领心腹爪牙捉拿陈蕃,蕃以年迈之躯手执兵器,正气凛然,宦官不敢近,范晔记下了这一惊心动魄的场面:

> 及事泄,曹节等矫诏诛武等。蕃时年七十余,闻难作,将官属诸生八十余人,并拔刃突入承明门,攘臂呼曰:"大将军(窦武)忠以卫国,黄门反逆,何云窦氏不道邪?"王甫时出,与蕃相近(遇),适闻其言,而让蕃曰:"先帝新弃天下,山陵未成,窦武何功,兄弟父子,一门三侯?又多取掖庭宫人,作乐饮宴,旬月之间,赀财亿计。"……遂令收蕃。蕃拔剑叱甫,甫兵不敢近,乃益人围之数十重,遂执蕃送黄门北寺狱。……即日害之。

年逾古稀的陈蕃带领不足百人的文弱生徒,手执利刃,与奸厉狠毒宦官率领的数倍于己的虎狼之众短兵相接,这是何等的勇

---

① 髡(kūn):古代剃去男子头发的刑罚。

气和节操，既是历史的大幸，又是历史的不幸。

当然，范晔所推崇的德义有其社会的、历史的内涵，今天当以历史的眼光视之。德义又是一个变化的范畴，不同的时代赋予了不同的历史内容。儒家思想熏陶出来的杀身成仁、舍生取义的精神，成为中华民族一以贯之的主体精神的重要组成部分，世代激励着无数仁人志士在政治黑暗、民族危亡时慷慨蹈难、从容捐躯，成为中华民族生生不息的精神源泉。明末的历史与汉末极为相似，以高攀龙、顾宪成为首的东林党人上演了与汉末党人十分相似的一幕历史活剧。历史当然不是简单的重复，后者从前者那里获得了强大的精神支柱。范晔对党人节义精神的表彰，是《后汉书》对中华文化的特殊贡献。

贵德义与薄公卿是相互联系的两个方面，是人的主体性的体现。贵节义即讲求气节，不依附权贵，不仰人鼻息，维护主体尊严，在与权贵的颉颃、冲突中显示出独立不倚的品格。范晔《后汉书》体例中不设专记公卿事迹的表，列传中有关公卿事迹的记载也惜墨如金，与此形成强烈对比的是，《后汉书》中记载了大量鄙薄公卿乃至皇帝的事例，反映了他的价值取向。

董宣在光武时为洛阳令，光武姐姐阳湖公主的苍头奴白日杀人，藏于公主府内，逍遥法外。一次公主外出，该苍头奴为公主驾车，董宣于路途将其截获正法。有道是"打狗欺主"，公主很恼怒，还宫申告，光武要斩杀董宣，范晔记载董宣朝见光武场面说：

宣叩头曰:"愿乞一言而死。"帝曰:"欲何言?"宣曰:"陛下圣德中兴,而纵奴杀良人,将何以理天下乎?臣不须棰,请得自杀。"即以头击楹,流血被面。帝令小黄门持之,使宣叩头谢主,宣不从。强使顿之,宣两手据地,终不肯俯。(《董宣传》)

董宣誓不向皇帝低头,因而获得了"强项令"的美名。

梁鸿为息影田园的隐士,范晔将其事迹归于《逸民列传》。但他并非置身方外,超脱红尘,一次路过京师目遇情生,口占一首歌谣,歌曰:

陟彼北芒兮,噫! 顾览帝京兮,噫! 宫室崔嵬兮,噫! 人之劬劳兮,噫! 辽辽未央兮,噫!

此即著名的《五噫歌》,大意是说:放眼望去,死去的帝王贵族陵墓规模宏大,活着的帝王的宫殿华丽壮观,而下层的民众是那样的勤苦辛劳,这样不公平的岁月何时是尽头! 歌中抨击统治者的奢靡腐朽,对下层劳动人民寄予深切同情,对不合理的社会制度无情诘问。这首歌很快传到皇帝耳里,皇帝听后非常恼火,急如星火地派差役搜寻梁鸿,而梁鸿却如闲云野鹤般杳无踪影了。

《逸民列传》还记载了一个草莽之民"汉阴老父"对桓帝的鄙薄,读来颇有意味:

桓帝延熹中,幸竟陵,过云梦,临沔水,百姓莫不观者,有老父独耕不辍。尚书郎南阳张温异之,使问曰:"人皆来观,老父独耕不辍,何也?"老父笑而不对。温下道百步,自与言。老父曰:"我野人耳,不达斯语。请问天下乱而立天子邪?理而立天子邪?立天子以父天下邪?役天下以奉天子邪?昔圣王宰世,茅茨采椽,而万人以宁。今子之君,劳人自纵,逸游无忌,吾为子羞之,子何忍欲人观之乎!"

这段记载通过特定场景(老父耕田与桓帝巡游)及老父与张温的对话,烘托出老父鄙视桓帝的强烈情绪。老父以远古贤圣帝王作比,黄帝、神农、尧、舜、禹等为民除害,铲除寇仇,治山导水,教民渔猎种植,制作日常器用,劳神焦思,体恤万民。而现今帝王不理政务,巡游山水,劳民自纵,失却天子的风范,所以老父独自耕田不辍,不屑观睹,称桓帝为"今子之君",不认为是自己的君主,这就不仅仅是鄙视,而是鄙弃了。明清之际著名思想家黄宗羲批判君权仍然沿袭汉阴老父的同一思路:"古者以天下为主,君为客,凡君之所毕世而经营者,为天下也;今也以君为主,天下为客,凡天下之无地而得安宁者,为君也。"[①]

《后汉书》中"宰相无多述","公卿不见采",即使有记载也对苟合取容的官僚进行辛辣讽刺,《胡广传》对胡广的记述就是这样。胡广本是个政治庸才,任济阴(今山东定陶西)太守时

---

① 黄宗羲:《明夷待访录·原君》。

"以举吏不实免"。但他精通为官的诀窍,为人温顺谨慎,遇事以中庸之道待之,无可短长,依违两可,结果飞黄腾达,成了政治不倒翁,历事安、顺、冲、质、桓、灵六帝,"一履司空,再作司徒,三登太尉,又为太傅",身居高位达三十余年,范晔引用流行于当时的谣语讽刺说:"万事不理问伯始(胡广字),天下中庸有胡公。"

范晔从社稷存亡、政治兴衰的角度审视历史,贵节义独行贬斥公卿也就自然而然了。节义独行之士是社会的脊梁,他们以凛然不可犯的正气乃至生命维系着大一统的王朝;而腐朽庸碌的公卿为一己之私,不顾大局,结果蠹政害民,在《李杜列传》末的论中,范晔表明了他对李固、杜乔等节义之士及胡广、赵戒等腐朽公卿的鲜明态度:

> 夫称仁人者,其道弘矣! 立言践行,岂徒徇名安己而已哉,将以定去就之概,正天下之风,使生以理全,死与义合也。夫专为义则伤生,专为生则骞①义,专为物则害智,专为己则损仁。若义重于生,舍生可也;生重于义,全生可也。上以残暗失君道,上下笃固尽臣节。臣节尽而死之,则为杀身以成仁,去之不为求生以害仁也。顺、桓之间,国统三绝,太后称制,贼臣虎视。李固据位持重,以争大义,

---

① 骞,同"搴",断绝。

确乎而不可夺。岂不知守节之触祸，耻夫覆折之伤任也[1]。观其发正辞，及所遗梁冀书，虽机失谋乖，犹恋恋而不能已。至矣哉，社稷之心乎！其顾视胡广、赵戒，犹粪土也！

这里，范晔表明了他的生死观，由此使我们对范晔慨然赴死有了更深切的理解。

一部史书固然是一定历史条件下的产物，会烙上时代的、阶级的印记；史书同时又是撰述者思想、品格及意志相当程度上的体现。《史记》愤世嫉俗，激情四溢，无疑与太史公惨酷的人生遭遇有关；《汉书》的正统、缜密也与班固兰台令史、皇帝高级侍从的身份密切关联；范晔率性任诞，不拘礼法，鄙视权贵，重节尚义，在《后汉书》中体现出贵德义、薄公卿的特点也就顺理成章了。

（四） 以意为主，以文传意

范晔在《狱中与诸甥侄书》中阐述了他为文的主张，他说："文患其事尽于形，情急于藻，义牵其旨，韵移其意。……常谓情志所托，故当以意为主，以文传意。以意为主，则其旨必见；以文传意，则其词不流。"即是说文章忌讳的是平淡浅露，枝蔓冗杂，因辞害意，认为文章是人心志的表现，应当以思想为主，

---

[1]《易》说："鼎折足，覆公𫗧。"意谓不堪重任。

文字是思想的载体。以思想为主，文章的主题就非常明确；文字表达思想，就不会拘泥于形式。

如果联系到范晔所处时代文体的状况，会发现范晔的文学主张是极为难能可贵的。六朝时期"四六体"的骈体文盛行，文章讲究对偶、用典，即使是文友间的书信往来也堆砌典故，对形式的过分雕琢必然影响思想的表达，因而成为文士间标榜风雅的恶劣文风。翻阅《后汉书》，我们看到其文体风格不可避免地受到骈体文的影响，文句对偶颇多，但范晔并不一味地注重形式上的雕琢，而是坚守"以意为主，以文传意"的主导思想，使得《后汉书》文字虽然不比《史记》的浑然天成、《汉书》的周到缜密，但也显得平实自然。《后汉书》中序、论、赞的骈体风格尤为突出，但并未影响到意思的表达，相反，恰恰是全书"精意深旨"之所在。范晔自认为序、论"笔势纵放，实天下奇作"，"赞自是吾文之杰思，殆无一字空设，奇变无穷，同合异体，乃自不知所以称之"①。

"以意为主"，是范晔的为文主张，从前述《后汉书》的序、论以及范晔对汉末党人、逸民及公卿们事迹的描写中可以体会到，这里不再重复。值得一提的是，"以意为主"也是范晔衡量前代文章的重要标准，《后汉书》设《文苑列传》，其中收入多篇东汉学者的文学作品，这些作品显然是经范晔严格选择而录入的，如傅毅的《迪志诗》、崔琦的《外戚箴》、杜笃的《论都赋》、边

①《宋书·范晔传》。

让的《章华赋》、赵壹的《刺世疾邪赋》及前引郦炎的诗等,或讽喻现实,或抒发情志,发自内心,言之有物,绝非前汉宫廷文学可比。如崔琦《外戚箴》直言规劝权倾朝野的外戚梁冀,开篇举出前代娥皇、女英等圣明贤惠帝妃的嘉德懿行,助帝行政,国运隆昌;接着列举干政女主败政亡国的事例,篇末告诫说:"无谓我贵,天将尔摧;无恃常好,色有歇微;无怙常幸,爱有凌迟;无曰我能,天人尔违,患生不德,福有慎机(谨慎才有福分)。日不常中,月盈有亏;履道者固,仗势者危。"(《文苑列传》)警告梁冀多行不义必自毙,果然后来梁冀遭受灭顶之灾,为宦官所除。

赵壹的《刺世疾邪赋》抒发对邪恶现实的不满及怀才不遇的愤懑,篇末通过二人诗歌唱和,强烈地表达了这种情绪,一人作诗曰:

> 河清不可俟,人命不可延,
> 顺风激靡草,富贵者称贤。
> 文籍虽满腹,不如一囊钱。
> 伊优北堂上,抗脏倚门边[①]。

另一人作诗答曰:

> 势家多所宜,咳唾自成珠。

[①] 伊优:指阿谀谄媚者;抗脏:指耿直之士。

被褐怀金玉,兰蕙化为刍①。

贤者虽独悟,所困在群愚。

且各守本分,勿复空驰驱。

哀哉复哀哉,此是命矣夫!

前诗抒发对小人当道、贤士无门丑恶现实的愤懑,后诗表达对不公平现实的无奈,从此可以看出汉末士人想为国效力但又不为社会接纳的悲凉心态,这种心态的进一步发展是对王朝政治的厌倦,转而走入自我中心,崇尚自然。从东汉末开始,士人就开始了走向魏晋玄学的心路历程。

范晔不避礼教之嫌为蔡琰立传,主要出于对她文学才华的倾慕,特录她的《悲愤诗》二首,前首可以说是汉末的史诗,后首由作者的真挚情感凝铸而成,千百年来一直为人们所传诵。范晔在《后汉书》中录入《悲愤诗》,是他对中国文学史的一个贡献。兹将前首录之于后,以供鉴赏:

汉季失权柄,董卓乱天常,志欲图篡弑,先害诸贤良。逼迫迁旧邦,拥主以自强。海内兴义师,欲共讨不祥。卓众来东下,金甲耀日光。

平土人脆弱,来兵皆胡羌,猎野围城邑,所向悉破亡。斩截无孑遗,尸骸相撑拒,马边悬男头,马后载妇女。长驱

---

① 意谓贤者怀才不遇,兰花香草作为草料。

西入关,回路险且阻,还顾邈冥冥,肝脾为烂腐。所略有万计,不得令屯聚,或有骨肉俱,欲言不敢语。失意几微间[①],辄言毙降虏[②]。要当以亭刃[③],我曹不活汝。岂复惜性命,不堪其詈骂,或便加棰杖,毒痛参并下。旦则号泣行,夜则悲吟坐,欲死不能得,欲生无一可。彼苍者何辜,乃遭此厄祸[④]!

边荒与华异,人俗少义理,处所多霜雪,胡风春夏起,翩翩吹我衣,肃肃入我耳。感时念父母,哀叹无穷已。有客从外来,闻之常欢喜,迎问其消息,辄复非乡里。

邂逅徼时愿,骨肉来迎己;己得自解免,当复弃儿子,天属[⑤]缀人心,念别无会期,存亡永乖隔,不忍与之辞。儿前抱我膝,问母欲何之?人言母当去,岂复有还时。阿母常仁恻,今何更不慈?我尚未成人,奈何不顾思!见此崩五内,恍惚生狂痴,号泣手抚摩,当发复回疑。兼有同时辈,相送告离别,慕我独得归,哀叫声摧裂,马为立踟蹰,车为不转辙。观者皆歔欷,行路亦呜咽。去去割情恋,遄征日遐迈,悠悠三千里,何时复交会,念我出腹子,胸臆为摧败。

---

① 指略有不合胡、羌意旨时。
② 降虏:指俘虏。
③ 亭刃:指刺杀。
④ 厄祸:灾祸。
⑤ 天属:天生的骨肉亲属。

既至家人尽，又复无中外①，城郭为山林，庭宇生荆艾。白骨不知谁，纵横莫覆盖。出门无人声，豺狼号且吠。茕茕对孤景②，怛咤糜肝肺③。登高远眺望，神魂忽飞驰，奄若寿命尽，旁人相宽大，为复强视息，虽生何聊赖！托命于新人④，竭心自勖厉。流离成鄙贱，常恐复捐废。人生几何时？怀忧终年岁！

蔡琰，字文姬，是东汉著名学者蔡邕的女儿，博学多才，精通音律。初嫁卫仲道为妻，夫亡无子。汉末丧乱，被匈奴掳往大漠，嫁给南匈奴左贤王，在匈奴12年，生二子。曹操与蔡邕深有交情，派使者到匈奴将文姬赎回，后来演绎成流传千古的"文姬归汉"的故事。文姬南归后，又嫁与董祀。文姬这首诗既是叙述自己坎坷不幸的人生经历，又是对汉末动荡历史的真实写照，感人肺腑。

第一段写董卓之乱。汉末自和帝以后，政权被宦官、外戚执掌，敲诈盘剥，光武以来有限的社会积蓄被虚耗殆尽，仲长统曾言当世的疲敝比秦末、新莽为甚，陈蕃上疏概括为"三空"（田野空、朝廷空、仓库空），中经黄巾军冲击，至董卓的暴虐凶残，社会的残破可想而知了。

---

① 中外：即中表亲戚。
② 茕茕：孤独。景，影。
③ 怛咤：悲伤痛惜。糜，烂。
④ 指嫁给董祀。

第二段写匈奴南下，文姬被掠。汉末羸弱不堪，毫无自卫抵抗能力，骠勇强悍的匈奴犹如决堤的洪水，汹涌南下，烧杀奸淫，将大量财物及人口席卷而归，文姬即是被掠者之一。匈奴贵族奸厉狠毒，草菅人命，稍不如意便呵斥毒打，文姬求死不得，求活不能，备受煎熬。

第三段写在匈奴12年。匈奴自然条件恶劣，"胡天八月即飞雪"，风俗习惯也与中原有很大不同，在这种条件下更是度日如年，12年中无时不眷念着故国家园的亲人。每当有外人来，心头总是一阵欣喜，希望能探听到些许亲人的信息，结果是一次次的失望，望眼欲穿，这种情绪只有经历者才有真正的体验。

第四段写被赎归汉，与爱子诀别。12年的企盼终于有了结果，可以踏上归汉的遥遥路途，这本是梦寐以求的。但随之文姬又陷入难以自拔的感情漩涡，不得不面对这样冷酷的现实：与爱子诀别。儿子是母亲的骨肉，孩提又是那样的幼稚率性、天真无邪，当得知母亲要远离而去时，他们怎么也不会相信，母亲平时对他们那样的仁慈溺爱，怎能忍心抛下他们呢？很显然，在匈奴的岁月，孩子是文姬的感情依托甚至说是生命的寄托。朝夕相处、相依为命的骨肉一朝别离，说是生离，实是死别，胡汉之间的距离不仅是地域上的，更是人为上的，从此胡天汉月，天各一方，怎能不让她五内俱焚？更有同来者对她的这种离别羡慕不已，见她南归恸哭哀号，对此人们不禁要问：这人世间的巨大不幸究竟缘何而起？蔡文姬人生、感情经历如此大的跌宕折磨，她到底又有何辜？

第五段写南归后看到的情景。蔡文姬 12 年企盼，又付出了与亲生骨肉离别的巨大代价，南归是否能与家人团聚、使备受风霜刀剑摧残的心灵得到抚平慰藉呢？现实又使她再一次陷入失望的深渊。十余年来，中原大地干戈未息，昔日的残破非但未恢复，反而变本加厉。昔日人烟稠密的城郭如今成为杂树丛生的荒原，昔日鸡鸣狗吠的村落仍断壁残垣，一片丘墟，到处白骨狼藉，豺狼出没，一派凄厉衰败的景象。"白骨露于野，千里无鸡鸣"，曹操描写的是同一惨景。

蔡琰这首诗沉雄悲壮，后人读之怆然。更重要的是反映了汉末动荡的历史，无怪乎引起范晔注意了。

"以文传意"是范晔文字风格上的要求，文字是表达意思的，无须过分雕琢，滥用典故必然导致意义的隐晦不明，可见他是针对华而不实文风而发的。但这并不意味着他对文字功夫的忽视，相反，范晔很重视文的写作，《后汉书》之前的诸家后汉史书中以华峤《后汉书》的文笔最见长，范晔著史书就以此书为本。以今人眼光视之，《后汉书》的一个显著特点是广引风谣俗谚，在二十四史中也是较为突出的。风谣俗谚产生于民间，风格朴素清新，言简意赅，是"言为心声"的产物，我国最早的一部诗歌总集《诗经》即主要由各诸侯国歌谣汇编而成，在心为志，发言为诗，"诗言志"成为中国古代文学的主要风格之一。但后世有些文人和史家认为谣谚是街巷俚俗之语，不登大雅之堂，不屑一顾。范晔对风谣俗谚的关注和采录，较为典型地反映了他"以文传意"的文学主张。

桓帝时,徐璜、具瑗、左悺、唐衡四侯把持朝政(单超封侯后不久死去),凌驾于皇帝之上,势焰冲天。范晔在《宦者列传》中引用当时谣谚形容四侯的权势说:"左回天,具独坐,徐卧虎,唐两堕。""左回天"指左悺力能回天,"具独坐"指具瑗的骄横举世无匹,"徐卧虎"形容徐璜的奸厉狠毒,"唐两堕"指唐衡随心所欲。谣谚非常形象生动地刻画了宦官们不可一世的面目。东汉学者应劭《风俗通》记这则谣语为"左旋天,徐转日,具独坐,唐应声",说明当时有多种形容宦官权势的谣语流传,二者有异曲同工之妙。

再如前述《胡广传》中范晔引谣语对胡广的评价"万事不理问伯始,天下中庸有胡公",很形象地刻画了昏庸腐朽官僚的面目,揭示了他身居高位三十余年的为官秘诀。

范晔广采风谣并不仅仅局限于文学上的偏爱,而且有他的思想基础,在《循吏列传序》中他把"广求民瘼,观纳风谣"作为循吏的重要表征之一,很自然地把风谣作为评价吏治的标准。如南阳太守杜诗,"性节俭而政治清平,以诛暴立威,善于计略,省爱民役。造作水排,铸为农器,用力少,见功多,百姓便之。又修治陂池,广拓土田,郡内比室殷足"(《循吏列传》)。当地民众将他与西汉南阳太守召信臣相比,召信臣兴修水利,开通沟渠十数处,深受民众敬重。范晔引用流行于南阳民众中的风谣说"前有召父,后有杜母",关心民瘼、勤于民政者,民视之如父母,美名世代传诵,范晔予以充分肯定。再如延笃为京兆尹,"其政用宽仁,忧恤民黎,擢用长者"(《循吏列传》),深得民心。

延笃之前边凤为京兆尹,西汉京兆尹有赵广汉、张敞、王遵、王章、王骏,他们都有嘉言懿行,名留一方,范晔引用流行京兆地区的风谣"前有赵、张、三王,后有边、延二君",反映了民众对他们的怀念。

值得注意的是,流行于士人中的风谣具有对人物的品评性质,其内容主要集中在经术和品行两个方面,风谣简洁明了、易于传诵的特点促使这种品评在士人中的影响进一步扩大。东汉末期政治混乱,品评的内容主要在人物品行及政治事件方面,大都采用风谣的形式。可以说,风谣在汉末舆论的发展及"党人"形成方面起到了不可忽视的作用。

《后汉书》中品评人物经术的风谣采录颇多,因为政治较为清明时衡量士人的主要标准是经术。如著名学者许慎著有《说文解字》,学问极为渊博,时诸称赞他说"《五经》无双许叔重";贾逵为著名经学家,身材高大,很少有问题能难住他,士人中流行说"问事不休贾长头",形象而风趣;黄香家贫,年幼苦学,博通经典,时人称"天下无双江夏黄童";杨政善说经书,别具一格,京师士人中流行说"说经铿铿杨子行";东汉学者论辩有规定,输者让席于胜者,戴凭舌克儒士五十余人,遂占五十余席,京师传说"解经不穷戴侍中"(俱见《儒林列传》)。杨震明经博览,无不穷究,京师为之语曰:"关西孔子杨伯起。"(《杨震传》)

对士人操行的品评也是一个方面。如雷义被举茂才,他自感不如同郡陈望,遂让予他,但刺史不允,雷义就披发佯狂,坚辞不应命,郡谣说:"胶漆自谓坚,不如雷与陈。"(《独行列传》)

再如，范冉遭党锢祸后，携家室徙居僻壤，柴米难以为继，生活十分简朴，但他心静如水，乐在其中，时人歌之说："甑中生尘范史云，釜中生鱼范莱芜。"（《独行列传》）范冉，字史云，桓帝让他做莱芜长，他以母丧不任官，时谚称赞他安贫乐道的节操。

桓、灵时期宦官把持朝政，风谣品评自然转向人物品行及政治事件方面，范晔在《党锢列传》中论述了风谣在党人清议中的作用。桓帝即位后将其师傅甘陵（今山东临清）周福擢为尚书，此人并无政治才能，而同郡河南尹房植素负盛名，于是郡中士人以风谣清议说："天下规矩房伯武，因师获印周仲进"（《党锢列传》），表彰房植品行高洁，讽刺周福因侥幸为帝师而得官，范晔说"党人之议，自此始矣"。风谣是党人主要的"清议"形式，一经传出便风行天下，扩大了这种言论在社会中的影响。如汝南太守宗资任用范滂，南阳太守成瑨委任岑晊，他们的知人善任颇受士人好评，二郡风谣说："汝南太守范孟博（滂），南阳宗资主画诺，南阳太守岑公孝（晊），弘农成瑨但坐啸。"李膺、陈蕃、王畅以高尚品行和卓异才学著称于世，太学中流行说："天下楷模李元礼（膺），不畏强暴陈仲举（蕃），天下俊秀王叔茂（畅）。"（以上俱见《党锢列传》）

党锢祸起，著名党人陈蕃被宦官所害，宦官还不肯善罢甘休，要斩草除根，搜求陈蕃之子。时为住（今安徽宿县西南）令的朱震（字伯厚）对陈蕃极为仰慕，舍官为其收尸，并将其子隐匿起来，不料被宦官耳目探知。宦官将朱震收捕下狱，严刑拷打，逼他交出陈蕃之子，朱震誓死不吐一言，时谚称赞他说："车如鸡栖马如狗,疾恶如风朱伯厚。"(《党锢列传》)前句说贵族官僚如同鸡窝和狗一样多,可谓满街狼犬;后句赞朱震疾恶如仇、舍官仗义的节操。

当然,出于各方面原因,《后汉书》对东汉风谣的采录并不完备,尚有遗漏,如前引讽刺东汉荐举制度的风谣贴切生动,素朴自然,见于东晋葛洪《抱朴子》中。品评政治事件的风谣顺帝时就出现了,据应劭《风俗通义》载,顺帝末年,外戚梁冀要另立幼主,李固坚决反对,结果梁冀捏造罪名将李固下狱害死,并残暴地暴尸道边,于是京师流行谣语品评这件事说:"直如弦,死道边;曲如钩,反封侯。""直如弦"指刚直耿介的李固,"曲如钩"指奸佞狠毒的梁冀。

由上所述,范晔在"以文传意"文学主张的指导下,采录大量风谣俗谚,今天看来当然不仅具有文学上的价值,对我们认识东汉的历史也有重要意义。

三、《后汉书》在中国史学史上的地位

    《后汉书》作为"前四史"之一，不仅具有重要的史料学价值，在中国古代史学思想发展史上也占有一席之地。

    首先，《后汉书》是记述东汉历史的基本材料。范书一出，诸家后汉史书逐渐散亡，就连被奉为圭臬的官修《东观汉记》也湮没无闻，范晔《后汉书》就担当起记述东汉历史的重任，成为今日治后汉史者案头须臾不可或缺的基本文献。但从史料学角度言之，《后汉书》当然存在明显的不足。其一，我们今天当然把范晔的纪、传及司马彪的志当作《后汉书》的主体来看待，司马彪志的缺失已如前述，范晔不作表，使后人对后汉许多纷繁复杂历史内容的了解加大了难度，不能不影响到史书的价值。因为史书不同于其他文献，史书的价值不能以它的思想价值作为唯一衡量标尺，相当意义上体现于"再现"历史的程度上，在这点上范晔以自己眼光似乎对后汉历史剪裁太过。其二，范晔过多地着眼于东汉"士"阶层，许多内容围绕士群体而展开，如《儒林列传》、《文苑列传》、《逸民列传》、《独行列传》、《党锏列传》等,而对下层民众的记载显得过于薄弱,这点与太史公的《史记》比较尤为相形见绌。其三,《后汉书》中有关农民起义的史料相对匮乏。《史记》有《项羽本纪》、《陈涉世家》记载秦末农民起义的情况。西汉末有绿林、赤眉起义,东汉末有著名的黄巾大起义,在对待农民起义问题上,范晔采取了与班固相同的处理方式,即不为农民起义领袖设立专传,将起义的事迹散见于相关统治者的传记中。如绿林、赤眉起义的记载见于《汉书·王莽传》中,黄巾起义的事迹见于镇压黄巾军的刽子手《后汉书·皇甫嵩传》中。在这点上,班固及范晔与司马迁相较大为逊色了。

其次,范晔"正一代之得失"的史学观使史学功能明确化,反映了"史的自觉"。

中国是重视"史"的国度,自跨进文明社会的门槛就开始了史官的设置,负责记载君主的言行及国家大事。史官的地位极高,与巫、祝等神职相埒,史学也带有较强的神学色彩。"秉笔直书"是史官的天职,齐太史、晋董狐等史官为直书而不惜牺牲性命,就具有浓厚的神学殉道意味,在史学从神学中独立出来而成为"工具理性"之后,也就难以再见到董狐辈那样纯然无功利性的殉道者了,秉笔直书成为优良的史学传统而被后人津津乐道。孔子在史学上的突出贡献是将史学世俗化和理性化,将鲁国的编年史点化为整饬纲纪、教化众生的工具,史学经学化,承担了它不堪负担的功能与职责,结局与初衷不可避免地背道而驰。

司马迁和班固都袭父职为当朝史官，著史述史是为了再现一代盛世的统治，也是史官义不容辞的职责。司马迁之父司马谈处武帝盛世，意欲著史未果而卒，临终托付给司马迁。司马迁受父之托，身遭大厄而矢志不渝，终成传诵千古的《史记》，他自称"述而不作"，以再现历史为职志。班固父班彪接《史记》作《后传》，班固承父业著史遭人告发，传稿京师，皇帝阅后因其"宣汉"非但未治罪，反而倍加赞赏，将他延入兰台，从此修撰工作处于最高统治者的监控之下，"宣汉"成了《汉书》写作的出发点和立足点。司马迁和班固的人生经历与思想见识不同，使得《史记》和《汉书》体现出不同的感性及理性特点，但从写作基点上看，二书相当程度上体现出"宣汉"的共性。

与马、班的史、汉不同，范晔明确地以"正一代之得失"为写作主旨；以总结一代存亡兴衰的历史教训为著史出发点，使史书的功能明确化。范晔这个写作主旨的产生，自然有主客观方面的因素。从主观方面来说，范晔不是史官，且所处的南朝刘宋与东汉相隔数代，忌讳较少，著史时身处远离政治漩涡的宣城，能潜心以新的视角审视历史。客观方面而言，是史书功能的明确化及史学自身发展的结果。经过司马迁、班固两位史学大师的努力，史家及史书大量涌现，史学从经学分离出来，地位日益上升，成为仅次于经学的重要门类。

两汉时期，史学仍从属于经学。西汉末刘向、刘歆父子编就的《七略》中，将文献分为六艺、诸子、诗赋、兵书、术数、方技六大类,史书归于六艺略《春秋》类下。班固《汉书·艺文志》采录《七略》而稍作增益调整,说明东汉学术门类依然。这种情形到西晋发生了变化,荀勖编《中经新簿》时将群书分为甲、乙、丙、丁四部,丙部有"史记、旧事、皇览簿、杂事"①,即史书,位于甲部经书、乙部子书之后,史学正式成为一门独立学科。东晋李充整理图书,调整四部次序:"五经为甲部,史记为乙部,诸子为丙部,诗赋为丁部。"②正式确立了经、史、子、集的四部分类体系,从此终封建社会未作变更。"史学"一词也产生于这一时期,《晋书·石勒载记》载:"太兴二年,勒伪称赵王。……署从事郎裴宪,参军傅畅、杜嘏并领经学祭酒,参军续咸、庾景为律学祭酒,任播、崔睿为史学祭酒。"③就在范晔遇害的前七年即宋文帝元嘉十五年(公元438年),朝廷建儒学、玄学、史学、文学四馆,教授生徒也分此四科。

由上叙述可以看出,史学直到范晔所处的时代,才正式发展成为一门成熟的独立学科,《后汉书》可以说是史学成为成熟独立学科后第一部有影响的史学著作,范晔的写作主旨及时地反映了学术领域的这一新变化。

①《隋书》卷三二《经籍志一》。
②《文选》卷四六任昉《王文宪集序》李善注引臧荣绪《晋书》。
③《宋书》卷九三《雷次宗传》。

《三国志》解读

作为一个朝代，三国的历史并不长，从公元 220 年曹丕称帝建魏到 265 年司马氏代魏建晋，不足 50 年；如果下延到 280 年吴的灭国，也仅 60 年的时间。但三国局面的形成，则要上溯到东汉灵帝中平元年（公元 184 年）的黄巾大起义，这样三国历史前后有近百年的时间。魏、蜀、吴三国统治的时间也长短不一，以孙吴统治时间最长，从 222 年孙权立国至 280 年"一片降幡出石头"——末帝孙皓投降西晋，共 59 年；曹魏次之，从 220 年曹丕称帝至 265 年司马氏废陈留王曹奂建立西晋，共 46 年；蜀汉统治时间最短，从 221 年刘备称帝至 263 年后主刘禅投降，凡 43 年。

百年的历史风云中，文士斗智，武夫角力，上演了一幕又一幕刀光剑影的历史活剧。然而时光的利剑无情地销蚀了鲜活的历史，昔日运筹帷幄、跃马横刀的英雄豪杰早已成了历史的匆匆过客。在历史长河中，三国史真正值得称道的是北方民族融合和民族进步以及巴蜀与江南的开发，继之两晋南北朝经济重心南移，中华民族先进的文明由黄河流域推进到长江流域，这才是三国历史的真正意义所在。晋人陈寿修撰的《三国志》就是记载三国历史的基本文献。

一、作者及成书过程

（一）陈寿与《三国志》的著述

1. 陈寿生平

陈寿，字承祚，巴西郡安汉县（今四川南充）人。生于蜀汉后主建兴十一年（公元 233 年），卒于西晋惠帝元康七年（公元297 年），卒年 65 岁。

陈寿少时聪颖好学，颇富文才，"聪慧敏识，属文富艳"[①]，拜当时著名学者谯周为师。谯周学识渊博，尤精于史，曾作《古史考》二十五卷，纠正司马迁《史记》的谬误。正因如此，当时许多学子都跟从谯周问学，以陈寿、文立、罗宪等最为突出，陈寿被时人比作孔子弟子子游，文立被比作颜回[②]。孔门弟子中子游以"文学"著称，对古代文献非常熟悉。在谯周影响下，陈寿系

---

① 常璩：《华阳国志》卷一一《陈寿传》。
②《晋书·文立传》。

统研究《史记》、《汉书》等文献，受到良好的文学及史学熏陶，为他日后著史准备了条件。

由于陈寿才学出众，蜀汉后主时曾任卫将军主簿、东观秘书郎、散骑黄门侍郎等文牍之职。刘禅庸碌无能，蜀汉统治的后期政治腐败，宦官黄皓专权，朝臣大多亲附他以保禄位，而陈寿独立直行，所以屡遭谴黜。蜀汉国祚短暂，又忙于战事，制度未备，朝廷并无史官之职，陈寿政治上不得志，但留心蜀汉史迹，耳闻目遇，积累了丰富的蜀汉史料。

公元263年，司马昭派大将钟会、邓艾自狄道（今甘肃临洮）、汉中进攻巴蜀，旋即攻克剑阁天险，大军长驱直入，刘禅率群臣出城投降，蜀汉宣告灭亡，是年陈寿31岁。两年之后，司马炎代魏自立，建立西晋，其时陈寿居家守父丧。父病期间，因病让侍婢为其父调制汤药，不巧被人看见，时人以为此举有悖于礼教，以致政治上不得重用。原来自两汉以来，为适应选拔人才察举制度的需要，乡里间盛行"清议"制度，亦即乡里舆论对人的社会监督。清议以正统道德、伦理为尺度，对人才进行品评，如遭清议等于断绝政治前程，无缘仕进，所谓"乡里举选，必先考其生平，一玷清议，终身不齿"①。因此，乡里清议在魏晋时代有着很大的社会影响，入晋以后的陈寿因此沉废累年，不能仕进。

泰始三年（公元267年），晋武帝召陈寿早年在谯周门下的

---

① 顾炎武：《日知录》卷一三"清议"条。

同学、原巴东太守罗宪入朝，进位冠军将军，罗宪趁此机会向武帝举荐陈寿等人(《霍峻传》)。同时，当时学者司空张华颇为欣赏陈寿的才华，替他遭贬议事作了辩解，于是陈寿被举为孝廉，出任佐著作郎，并兼任本郡人才铨选的中正官。著作郎是魏晋时期专设的掌编修国史之官，前人有《巴蜀耆旧传》，记述巴、蜀的先贤事迹，陈寿于著作郎任上在前人记载益部人物的基础上并汉中地撰《益部耆旧传》10卷①，散骑常侍文立表呈其书，得到晋武帝首肯。中书监荀勖等奏使陈寿编定蜀汉丞相诸葛亮文集，陈寿"删除重复，随类相从"②，于泰始十年(公元274年)告竣，上奏《诸葛亮集》24篇，并作了一篇表。《三国志·蜀书·诸葛亮传》中详细胪列其文集的24篇目录，并附所上之表，在表中陈寿对诸葛亮作了公允的评价，肯定他的政治业绩，"外连东吴，内平南越，立法施度，整理戎旅，工械技巧，物究其极，科教严明，赏罚必信，无恶不惩，无善不显，至于吏不容奸，人怀自厉(励)，道不拾遗，强不侵弱，风化肃然也"。同时指出他"于治戎为长，奇谋为短，理民之干，优于将略"。陈寿之评颇受后人訾议，但揆诸实际是较公允的。

2.《三国志》的成书情况

晋武帝太康元年(公元280年)，三国之中最后一个政权孙

----

① 《益部耆旧传》，《晋书·陈寿传》作《益都耆旧传》，误。汉武帝时分全国为13部，后改部为州，益部即益州。《华阳国志》、《旧唐书·经籍志》、《新唐书·艺文志》皆作《益部耆旧传》。
② 《晋书·陈寿传》。

吴被消灭,汉末以来近百年政治分崩离析状态终告结束,是年陈寿 48 岁,年近天命、身为著作郎的陈寿随即开始了对刚刚成为过去的三国史的修撰。在此之前,曹魏、孙吴的国史已有人修撰。在魏国,文帝黄初和明帝太和时曾命卫凯、缪袭撰写纪、传,但二人并非史才,故多年未就。后又命韦诞、应璩、王沈、阮籍、孙该、傅玄等共同撰写,最后由王沈总其成,命名《魏书》,44卷,后人评此书说"多为时讳,殊非实录"①。此外鱼豢著有《魏略》,记事迄于陈留王曹奂。在吴国,孙权末年曾命丁孚、项峻撰《吴书》,此二人亦非史才,少帝孙亮又命韦昭(又作"韦曜",晋避司马昭讳改为"曜")、薛莹、梁广等撰《吴书》,由韦昭总其事,成《吴书》55 卷,叙、赞未及完成,韦昭被孙皓所杀。上述魏、吴国史为陈寿所依据的基本材料。至于蜀国,如陈寿所说"又国不置史,注记无官,是以行事多遗"(《后主传》),无现成国史及系统材料可供借鉴。好在陈寿曾仕蜀多年,留意史事,并撰有《益部耆旧传》,编定《诸葛亮集》,对蜀汉史事甚为熟悉,又擅史才,自然是撰写蜀史的合适人选。

　　陈寿 48 岁撰史,花去多长时间史无明载,从各方面情况推测时间不会太长。《三国志》只有纪、传而无书、表,共六十五卷,其中《魏书》三十卷,《吴书》二十卷,系依据前人著述加工而成。《蜀书》十五卷,为陈寿所撰。花时不长、篇幅不大并不意味着《三国志》粗陋草率,书成之后即获得广泛的肯定和赞誉,

---

① 刘知几:《史通·古今正史》。

"称其善叙事,有良史之才"。其时有一学者名夏侯湛正撰《魏书》,"见寿所作,便坏己书而罢"。学者张华深为叹服,说"当以《晋书》相付耳",意欲将撰写晋史的重任托付给他。陈寿卒后,家乡所属的梁州(治今陕西汉中东)大中正、尚书范顺等上表说:"臣等按,故治书侍御史陈寿作《三国志》,辞多劝诫,明乎得失,有益风化,虽文艳不若相如,而质直过之,愿垂采录。"①于是朝廷令河南尹、洛阳令派人到陈寿家中抄录,藏于官府,流芳百世。"二十四史"之中,《三国志》是继《史记》《汉书》之后的第三部纪传体史书,较之范晔《后汉书》早百余年。

张华是西晋著名学者,著有《博物志》,迄今仍传于世。出于学者间的灵犀相通、同气相求,陈寿著成《三国志》后,张华对他器重有加,举荐他为中书郎。但权臣荀勖嫉妒张华,因而殃及陈寿,授意吏部出调陈寿为长广(治今山东莱阳)太守,陈寿以母老辞官不就。镇南大将军杜预向晋武帝推荐陈寿为散骑侍郎,但此职员额已满,朝廷乃命他为治书侍御史。在其位谋其政,此任期间陈寿上《官司论》及《释讳广国论》,《官司论》7篇谈古涉今,对朝政多所议论。后因母死丁忧去职,归家洛阳。母亲临终时遗言葬于洛阳,陈寿遵母命办理丧事,但清议认为他不将母亲归葬蜀地桑梓故土,是为大不孝,于是又遭贬议。年届暮年的陈寿又沉废经年,后起为太子中庶子,但未及上任,便于元康七年(公元297年)病死了,这位富有才华的史学家走

---

① 《晋书·陈寿传》。

完了他深受政治和礼教双重压迫的坎坷、抑郁的人生历程。

"木秀于林,风必摧之"。陈寿的一生说明了专制制度下正直士人险恶的政治命运。仕蜀时不附黄皓而遭排挤,入晋后两遭贬议,虽有张华的举荐,又陷于政治斗争的漩涡,遭荀勖的排斥。陈寿一生是坎坷不幸的,确如《华阳国志·陈寿传》所说"位望不充期才,当时冤之"。历史又是公正的,陈寿以《三国志》名彪史册。其著述尚有《古国志》50卷等多种,但都失传了。

(二)《三国志》的注释及版本

1.《三国志》的注释

从体例结构上看,《三国志》是不完备的,只有纪、传而无表、志。无志,有关三国时代的典章制度缺乏系统的记载;无表,难以反映三国间错综复杂的关系,对三国历史来说,尤其是一个缺憾。正因如此,后世学者为了使《三国志》成为完璧,进行了大量的补撰工作,南朝梁沈约撰《宋书》有志30卷,叙事远溯三代,包括三国典制沿革,可为参考。补撰工作以清代学者的成就最为突出,补志者如洪亮吉《补三国疆域志》、谢钟英《补三国疆域志补注》及《三国疆域志疑》、姚振宗《三国艺文志》、侯康《补三国艺文志》,现代学者有王欣夫《补三国兵志》。补表者如万斯同《三国大事年表》、《三国汉季方镇年表》、《三国诸王世表》、《魏国将相大臣年表》、《魏方镇年表》、《汉将相大臣年表》、《吴将相大臣年表》,周嘉猷《三国纪年表》,谢钟英《三国大事表》、三国疆域表》,周明泰《三国世系表》,洪饴孙《三国职官表》,吴增仅《三国郡县表》,现代学者黄大华《三国志三公宰辅年表》等。

《三国志》的另一个缺憾是过于简略,在其成书百余年后,南朝宋文帝命裴松之为之作注,裴注征引文献200余种,分量将近正文3倍。由于裴注的特殊成就及特别价值,后文列专节予以叙述,此处从略。后世为《三国志》及裴注作注者颇多,仍以清代学者成就为著,如杭世骏《三国志补注》、侯康《三国志补注续》、赵一清《三国志注补》、钱仪吉《三国志证闻》、梁章钜《三国志旁证》、钱大昭《三国志辨疑》、陈景云《三国志辨误》、潘眉《三国志考证》、周寿昌《三国志证遗》、李慈铭《三国志札记》及卢弼《三国志集解》,其中卢弼集前人注释之大成,于诸注之中价值最高。

2.《三国志》的版本

陈寿撰写的《魏书》、《蜀书》、《吴书》三者本各自为书,至北宋雕版始合为一,改称《三国志》。《旧唐书·经籍志》将《魏书》列入正史类,而将《蜀书》、《吴书》列入编年类,即为唐以前三书各自单行之明证。《三国志》最早刻本为北宋咸平六年(公元1003年)国子监刻本,将《吴书》分上、下两帙,前有刻《吴书》牒文。后来绍熙重刻本也保留有一页国子监刻《蜀书》的牒文,可知咸平时虽已合并为《三国志》,但还是三书分别发刻的。

《三国志》现在通行的版本有四:其一为衲本,据宋绍兴、绍熙两种版本配合影印。其二为清武英殿刻本（通称殿本），据明北监本雕刻，铅印、石印各本皆据殿本翻印。其三为金陵活字本，据明南监冯梦祯本校印。其四为江南书局刻本，据毛氏汲古阁本校刻。这四种版本除百衲本影印外，其余三种都经过认真校勘，并改正原本中不少错误。

中华书局1963年点校本用上述四种通行本相互校对，择善而从，并吸取了梁章钜《三国志旁证》及卢弼《三国志集解》的一些成果，是目前最为通行的善本。

为便于检索、利用《三国志》，中华书局出版《三国志人名索引》及《三国志地名索引》，二书皆以点校本为底本编制而成。与众不同的是，鉴于裴注的重要价值，二书将裴注中的人名、地名一并编入索引之中，为利用《三国志》及裴注提供了便捷的工具。

二、《三国志》内容及裴松之的《三国志注》

（一）体例及结构

1.《三国志》的体例

《隋书·经籍志》著录裴松之《三国志注》，除正文 65 卷之外，尚有《叙录》1 卷，相当于《史记》之《太史公自序》及《汉书》之《叙录》，是作者阐述写作意旨的总序，也是后人借以了解史家及史书最基本、最直接的材料。可惜唐以后《三国志》之《叙录》失传，使后人对陈寿的写作意旨、体例安排不能得到更深刻的了解。

《三国志》的体例颇为奇特，它是继《史记》、《汉书》之后的第三部正史，《史记》为纪传体通史，《汉书》为纪传体断代史。魏、蜀、吴三国鼎立，均称皇帝，各立国号，各有正朔。蜀汉为陈寿乡梓故国，晋又承魏而来，感情上他不能像李密《陈情表》中称蜀为"伪朝"，现实理智中他又不能不承认魏晋一脉相承的法统地位，在这种两难处境中，陈寿采取了一种折中的办法：其一，魏、蜀、吴三书单立独行，各书之中采用各自年号纪元，实质上将三国作为平等的三个政权看待；其二，称曹魏君主为"帝"，其传记为"纪"，如《武帝纪》《文帝纪》《明帝纪》《三少帝纪》，而称蜀、吴君主为"主"，其传记为"传"，如《先主传》《后主传》《吴主传》《三嗣主传》，很显然三国之中以曹魏为正统。所以，《三国志》体例是以曹魏为正统的断代国别纪传体。

以严格的封建正统观念衡量，陈寿的上述处理方式不仅是矛盾的，而且与正统观念相悖逆。《三国志》最遭后人訾议的是以曹魏而不以蜀汉为正统，在正统观念看来，蜀汉建立者刘备为刘汉帝室之胄，所建立的蜀汉政权理所当然为正统，而曹操"挟天子以令诸侯"，是汉室奸臣，其所建立的政权理所当然为僭伪了，江东孙吴亦为地方伪政权。东晋史家习凿齿首提异议，主张以蜀汉为正统，南宋朱熹作《通鉴纲目》以维护道统自命，是习而非陈，自此以降，沿袭不更，从古典小说《三国演义》中可见蜀汉正统观念之强烈。

所谓正统说，纯粹是为专制政治服务的，产生于清乾隆时正统观念极强的《四库全书总目提要》却道出了问题的实质，其史部《三国志》条说：

> 以理而论，寿之谬万万无辞；以势而论，则凿齿帝汉顺而易，寿欲帝汉逆而难。盖凿齿时晋已南渡，其事有类乎蜀，为偏安者争正统，此孚于当代之论者也；寿则身为晋武之臣，而晋武承魏之统，伪魏是伪晋矣，其能行于当代哉？

此犹宋太祖之篡立近于魏,而北汉、南唐迹近于蜀,故北宋之儒皆有所避而不伪魏;高宗以后偏安江左,近于蜀,而中原魏地全入于金,故南宋诸儒乃纷纷起而帝蜀。此皆当论其世,未可以一格绳也。

这里明确指出,所谓正统论是后世统治者御用的"工具理性",是论证其政权合理性的工具。陈寿作为封建史家,当然无法也不可能超越时代,但十分值得称道的是,陈寿帝魏而不伪蜀、吴,能以客观、公允的态度记述、评论三国的历史与人物,如评曹操说:"官方授材,各因其器,矫情任算,不念旧恶,终能总御皇机,克成洪业者,惟其明略最优也。抑可谓非常之人,超世之杰矣。"(《武帝纪》)评刘备说:"弘毅宽厚,知人待士,盖有高祖之风,英雄之器焉",但"机干权略,不逮魏武,是以基宇亦狭"(《先主传》)。评孙权说:"屈身忍辱,任才尚计,有勾践之奇,英人之杰矣。故能自擅江表,成鼎峙之业。然性多嫌忌,果于杀戮。"(《吴主传》)评诸葛亮:"抚百姓,示仪轨,约官职,从权制,开诚心,布公道……善无微而不赏,恶无纤而不贬;庶事精练,物理其本,循名责实,虚伪不齿……可谓识治之良才,管、萧之亚匹矣。然连年动众,未能成功,盖应变将略,非其所长欤!"(《诸葛亮传》)评关羽、张飞:"关羽、张飞皆称万人之敌,为世虎臣……并有国士之风。然羽刚而自矜,飞暴而无恩,以短取败,理数之常也。"(《关张马黄赵传》)

类似上述评论,在《三国志》每篇纪、传之后都可见到,以陈

寿所处的环境能持如此公平、客观之论,的确难能可贵。清学者钱大昕对此评价说:

> 陈承祚《三国志》,创前人未有之例……魏氏据中原日久,而晋承其禅。当时中原士人,知有魏而不知有蜀、吴也。自承祚书出,始正三国之名……吴、蜀既亡,群然一词指为伪朝,乃承祚不唯不伪之,且引魏以匹三国,其秉笔之公,视南(南史氏)、董(董狐)何多让焉![1]

从汉魏易代之际士人价值取向看,王朝正统观念并非如后世想象的那样强烈。黄巾起义后群雄逐鹿,士人并非如过江之鲫般的涌向所谓汉室正统的刘备,而是"绕树三匝,何枝可依"[2],采取了徘徊观望的态度,在曹操"唯才是举"方针感召下,倒是在这位汉室"奸相"麾下形成文士如云、猛将如雨的热闹局面。对这时期士人来说,成为管、萧那样的王佐之才、实现自身价值才是他们汲汲以求的。基于此,我们对《三国志》的体例和意旨会有更深切的理解。后世学者尤其是宋儒以后对陈寿《三国志》的认识趋向两极:要么对其以曹魏为正统大加挞伐,视为礼教千古罪人,要么处心积虑地发掘书中所谓尊崇蜀汉故国的"微言大义",二者看似不同,其实都是正统观念支配下的行为结

---

① 钱大昕:《潜研堂文集·三国志辨疑序》。
② 曹操:《短歌行》。

果，当然只能是郢书燕说而已。

2.《三国志》的结构

《三国志》六十五卷，记载魏文帝黄初元年（公元 220 年）曹丕称帝，至吴末主孙皓天纪四年（公元 280 年）孙吴被灭 61 年间的三国史事，其中《魏书》三十卷，《蜀书》十五卷，《吴书》二十卷。

《魏书》分帝纪四卷、列传二十六卷。纪以编年形式记述曹魏军政大事，《武帝纪》记曹操事迹，曹操并未称帝，其子丕称帝后追谥武帝；《文帝纪》记文帝曹丕事迹，丕 220—226 年在位 7 年；《明帝纪》记明帝曹叡事迹，叡 227—239 年在位 13 年；《三少帝纪》记齐王曹芳（在位 15 年）、高贵乡公曹髦（在位 7 年）、元帝曹奂（在位 6 年）的事迹。

列传皆为类传，同类人物合于一传集中叙述，如《董二袁刘传》记董卓、袁绍、袁术、刘表事迹，他们都是黄巾起义失败后割据一方的雄主；《荀彧荀攸贾诩传》所记三位人物都是曹操重要谋士；《任苏杜郑仓传》所记任峻、苏则、杜恕、郑浑、仓慈都是为政有方的官吏；《二李臧文吕许典二庞阎传》所记人物李典、李通、臧霸、文聘、吕虔、许褚、典韦、庞德、庞淯都是曹操麾下冲锋陷阵的猛将；《任城陈萧王传》记载与文帝曹丕同母卞皇后所生任城王曹彰、陈思王曹植、萧怀王曹熊的事迹。最后两卷为《方伎传》和《乌丸鲜卑东夷传》，前者记方士，名医华佗事迹归于此中；后者为有关乌丸、鲜卑、夫余、高句丽、挹娄等少数民族的记述，仅限于北方民族，显然承袭曹魏国史而来。

　　《蜀书》十五卷为陈寿所撰,篇幅最小,皆称"传"。首卷为《刘二牧传》,记刘备入蜀前益州牧刘焉、刘璋的事迹。继之为《先主传》和《后主传》,记述刘备及刘禅事迹,刘备在位极短,221年称帝,次年即于夷陵战败后在白帝城(今四川奉节)溘然而逝,后主刘禅继位至蜀亡共41年。《三国志》全书中除帝王传之外仅有的两个单传之一《诸葛亮传》(另一为《陆逊传》)记述诸葛亮事迹相当详备。其余传记亦皆为类传,如《关张马黄赵传》记述关羽、张飞、马超、黄忠、赵云五位大将事迹;《蒋琬费祎姜维传》记载诸葛亮卒后蜀汉三位主要人物的事迹。

　　《吴书》二十卷,首卷为《孙破虏讨逆传》,记述孙坚、孙策开创江东基业的过程。《吴主传》为孙权传记,权于222年称帝,在位31年。《三嗣主传》记述孙亮、孙休、孙皓事迹。其余传记都为类传,如《妃嫔传》、《宗室传》等。《张顾诸葛步传》记述孙权重臣张昭、顾雍、诸葛瑾、步骘的事迹;《周瑜鲁肃吕蒙传》所记三位人物皆为孙权股肱之臣;《程黄韩蒋周陈董甘凌徐潘丁传》所记人物程普、黄盖、韩当、蒋钦、周泰、陈武、董袭、甘宁、凌统、徐盛、潘璋、丁奉皆为江东名将;《陆逊传》是全书中除帝王之外的仅有两个单传之一,反映了陈寿对陆逊的重视。

　　由于三国史的材料来源不同,三书呈现各自不同的特点,总体言之,《魏书》多据魏史旧文,而王沈、鱼豢著史时司马氏炙手可热,不可能违忤其意旨,陈寿为晋臣,当然不敢擅改,所以《魏书》回护不实之处颇多。《蜀书》无旧史可据,为陈寿所撰,故较为简略,但也是最能体现作者史学才能的部分。《吴书》因

韦昭旧本相当好,又经陈寿加工,更加完善。从《三国志》全书内容看,呈现如下两方面特征:

其一,取材谨严。材料是史书的基础,其价值在于客观、真实,对史料的审核鉴别取决于史家的素质。三国史事头绪纷繁,加之彼此处于政治、军事对峙状态,音讯难通,由于主客观方面的原因使得三国史料矛盾抵牾状况甚为突出,陈寿对史料进行认真比勘审核,取材十分谨严,纠正了传世史料中的许多谬误。

如有关曹丕与甄氏的关系,真实情况是:曹操击败袁绍攻入邺城后,曹丕娶袁熙妻甄氏,非常宠爱。及至曹丕代汉称帝,后宫佳丽充斥,曹丕情随势迁,与甄氏渐渐疏远,甄氏不由口生怨言,传至曹丕耳里,遂龙颜大怒,于黄初二年(公元221年)遣使至邺城赐死。而王沈《魏书》却为曹丕涂脂抹粉,曲为之说,云曹丕登基后于黄初二年命人至邺城迎甄氏,但甄氏深明大义,自以为德薄,托辞有病再三上表谦让,而文帝一再催促,时值酷暑,文帝怜爱甄氏决定待秋凉再来迎迓,孰知未及秋凉甄氏即病死于邺,文帝哀痛不已,遂"策赠皇后玺绶"。一个草菅人命的事例被美化为一段缠绵悱恻的凄婉情缘,史官之用大矣哉!陈寿在《文昭甄皇后传》中不采王沈之说,而如实加以记载,裴松之在注中为之申说:"文帝不立甄氏,及加杀害,事有明审。"

诸葛亮是三国重要人物,关于他的事迹歧异甚多,陈寿在《诸葛亮传》中详加甄别,辨清了一些伪误。如刘备见诸葛亮的过程,《魏略》与《九州春秋》都说刘备投刘表后,屯驻樊城(今湖北襄樊),时曹操已略定北方,兵锋南指荆州,而荆州刘表愚昧不晓世务,诸葛亮便北行去见刘备。起初刘备对这位乡野村夫并不看重,交谈以后方才待以上宾之礼。陈寿根据诸葛亮《出师表》中自述的"先帝不以臣卑鄙,猥自枉屈,三顾臣于草庐之中"的说法,在《诸葛亮传》中记为"由是先主遂诣亮,凡三往,乃见"。无疑,诸葛亮的自述是可靠的,后世据此演绎成脍炙人口的"三顾茅庐"故事。

对诸葛亮的神化,在三国当代就开始了,陈寿经过严密考证,判明历史真相,将传说与历史分离开来,还历史的本来面目,如对"空城计"的考辨即为一例。王隐《蜀记》载,蜀汉后主建兴五年(公元227年),诸葛亮率军北伐,兵至阳平(今陕西宁强西阳平关),仅留万人守城,而派魏延领大军东下伐魏。魏派司马懿领20万大军对付蜀军,途中未与魏延遭遇,遂直逼阳平城而来,城中兵士大惊失色。诸葛亮令军士偃旗息鼓,大开城门,洒扫道路,造成大军开拔过的假象,而诸葛亮本人却独自端坐城楼之上,抚琴自若,神采飘逸。司马懿见此情景,疑有伏兵,便引军而去。显然这是传说中事,于情于理于事实皆不合,裴松之在注中作了辨析,蜀汉后主建兴五年即魏明帝太和元年,此时司马懿任荆州都督,坐镇宛城(今河南南阳),他与诸葛亮交兵是太和五年(公元231年)曹真死后的事,此前曹真执掌兵权,司马懿无缘染指。退而言之,即使真有此事,司马懿为绝世将才,深谙韬略,不敢轻易攻城,也断不会轻易引兵退却,因为一旦退却，城中伏兵迅疾出击，势必一溃千里，他不会犯此兵家之大忌。正因如此，陈寿在诸葛亮及司马懿传记中皆不言此事，留待后世小说家尽情发挥和演绎。

陈寿对传世文献同样十分审慎，结合人物和历史的实际作出自己的判断。如传世诸葛亮《后出师表》，出于吴人张俨《默记》中，其文气笔法及内容思想皆不像诸葛亮所作，陈寿在《诸葛亮传》中弃而不录，后世学者如清钱枚等作过详细辨析，见解与陈寿相合。反之，如果文章的文气笔法及内容符合人物的实际，即使辗转得来，陈寿也予以登录，如《吴书·陆凯传》末附载一篇谏末主孙皓的"二十事疏"，是否为陆凯所作，当世存在不同的看法，陈寿叙述登录的因由说："予连从荆、扬来者得凯所谏皓二十事，博问吴人，多云不闻凯有此表。又按其文殊甚切直，恐非皓之所能容忍也。或以凯藏之箧笥，未敢宣行……故不著于篇，然爱其指摘皓事，足为后戒，故钞列于凯传左云。"陈寿认为此疏符合陆凯的身份，但并未肯定为陆凯所作，反映了他实事求是的可贵态度。

由上所述，陈寿著史态度是相当审慎的，《三国志》的材料大都经过细致的比勘审核，清学者赵翼在《廿二史札记》卷六中列"《三国志》书事多得实处"专条举出许多事例。当然，由于三国史事的特点，加之陈寿成书较速，《三国志》尚存一些纰谬，裴松之作注时多所辨析，清钱大昕《三国志辨疑》、梁章钜《三国志旁证》、陈景云《三国志辨误》在辨伪正误方面取得了相当成就，可资参考利用。

其二，曲笔回护。由上所述，陈寿对纷繁复杂的三国史事进行了甄别选择，取材是相当审慎的。但是另一方面，现实政治的客观环境决定了他在汉魏、魏晋嬗代的敏感问题上不能做到直书实录，曲笔回护成为后人訾议的焦点。

在封建社会，九五至尊的皇位是无数人竞相觊觎的对象。为争夺皇位，父子相残、兄弟相殂的事例屡见不鲜，朝代的更替绝非雍容尔雅的"和平过渡"，"禅让"只是人们心目中的理想政治。但在历史文献中，历代统治者为强调其统治的合法性，刻意构造一个顺乎天命的法统，说明自己是天命所在。尤其自唐代以后，修史为皇帝垄断，新朝出自旧朝，后代为前代修史，曲笔回护也就成了正史的先天痼疾。三国历史虽然短暂，却经历了汉魏、魏晋的两次嬗代，陈寿仕晋，晋承魏，魏代汉，《三国志》的曲笔回护集中体现在两次政权嬗代的记载上。

东汉末政治腐败，皇帝孱弱，曹操为掌握政治上的优势，迁献帝于邺，表面上以汉相自居，实则"挟天子以令诸侯"，将献帝玩弄于股掌之中。但在《魏书·武帝纪》中所看到的仍是恪守名分的君臣之道，曹操的"魏公"就是献帝论功行赏所封，看不出任何武断自为的痕迹。建安十八年(公元213年)，献帝派御史大夫郗虑持节策命魏公，册文说："今君称丕显德，以保朕躬，奉答天命，导扬弘烈，绥爰九域，莫不率俾，功高于伊、周，而赏卑于齐、晋，朕甚恶①焉。"反而是献帝自惭自疚了。

———————

① 恶：nù，惭愧。

曹操卒后,其子丕代汉称帝,按《魏书》记载一如尧舜禹禅让故事,洋溢着温馨、和谐的气氛。献帝派御史大夫张音持节奉玺绶禅位,册曰"咨尔魏王:昔者帝尧禅位于虞舜,舜亦以命禹,天命不于常,惟归有德,汉道陵迟,世失其序,降及朕躬",如此等等,曹丕当仁不让地接受禅位建魏,是为魏文帝。

政治风云变幻莫测,曹魏立国不久,司马氏势力日益膨胀起来,至司马昭时实际上执掌枢机、问鼎九五了,所谓"司马昭之心,路人皆知"。司马氏代魏就是一个弱肉强食的倾轧过程,陈寿对这段历史的记载多据亲附司马氏的王沈《魏书》,充斥着隐恶溢美之词,刘知几批评说:"当宣(司马懿)、景(司马师)开基之始,曹(曹髦)、马(司马昭)构纷之际,或列营渭曲,见屈武侯,或发仗云台,取伤成济,陈寿、王隐杜口不言。"①赵翼《廿二史札记》卷六"《三国志》多回护"条列举了许多例证。

如齐王曹芳之被废,完全由司马师一手策划,太后被排斥在外,对事件原委一无所知,而在《魏书·三少帝纪》中陈寿对此过程只字不提,反而载录太后之令,极言曹芳无道不孝,其被废黜咎由自取。齐王被废后,高贵乡公曹髦继位,曹髦是曹氏势力的最后余波,他不甘心曹氏基业白白断送,于是向司马氏发起最后一击,结果被司马昭所杀。曹髦被杀标志着曹氏势力的最后衰亡,同时也意味着司马氏代魏步骤的最后完成,皇位唾手可及了。对于魏晋政治嬗代中的这个重要事件,裴松之注

①《史通·直书》。

引《汉晋春秋》作了完整的记载："帝（曹髦）见威权日去，不胜其忿。乃召侍中王沈、尚书王经、散骑常侍王业，诏曰：'司马昭之心，路人所知也。吾不能坐受废辱，今日当与卿等自出讨之。'……（成）济即前刺帝，刃出于背。"但是，陈寿在《魏书》中仅简略记说："五月己丑，高贵乡公卒，年二十。"紧接着载太后罪责的令说，"吾以不德，遭家不造，昔援立东海王子髦，以为明帝嗣，见其好书疏文章，冀可成济，而性情暴戾，日月滋甚。吾数呵责，遂更忿恚，造作丑逆之言以诬谤吾"，借太后之言说曹髦死有余辜。

司马昭在扫清政治障碍之后，便正式废黜陈留王曹奂而履登皇位了，在陈寿书中，这个过程与汉魏嬗代同出一辙，仍是"禅让"式的，记载说："（咸熙二年，公元 265 年）十二月壬戌，天禄永终，历数在晋。诏群公卿士具仪设坛于南郊，使使者奉皇帝玺绶册，禅位于晋嗣王，如汉、魏故事。"并记载曹奂为司马昭歌功颂德的诏书，在这种情势下，"王（晋嗣王司马昭）固辞乃止"，真是虚伪之至。

在《魏书·三少帝纪》末，陈寿为迎合晋统治者，发表了一通有关嬗代的议论，他说："古者以天下为公，唯贤是与……高贵公（曹髦）……然轻躁忿肆，自蹈大祸。陈留王（曹奂）恭己南面，宰辅统政，仰遵前式，揖让而禅，遂飨封大国。"在他看来，曹髦乃轻狂浮躁之举，咎由自取，而曹奂遵循古禅让法式，远古贤哲风范俨然。

总之，曲笔回护在《三国志》中是甚为突出的，但也要认清如下两点:其一,陈寿的曲笔乃是因现实险恶的政治形势而不得不如此使然。司马氏攫取曹魏皇位,政治箝制极严,当时士人人人自危,噤若寒蝉,不得不远离政治漩涡,息影于林泉之间,作竹林之游。其二,陈寿的曲笔与御用"弄臣"式史官迥然有异。弄臣史官仰承皇帝鼻息,亲者誉之,仇者毁之,是非褒贬,一断于皇帝意志。陈寿除对敏感的嬗代问题不得不曲为之说外,对其政治、军事对手的记载及评价并不随意毁誉,而是持较为公允、客观的态度,对史料经过精密的审核,这也是后代学者所公认的,以至于着力阐发陈寿尊崇故国的精意微旨。因之,陈寿书中取材谨严与曲笔回护的两个特点并不矛盾,清学者赵翼言颇中肯綮,他说:"《三国志》虽多回护,而其翦裁斟酌处,亦自有下笔不苟者,参订他书,而后知其矜慎也。"[1]对于我们而言,重要的不是对其曲笔回护的批判,而是对其委曲求全记载三国历史的功绩予以充分的肯定。所幸的是,南朝宋学者裴松之广征博引各类文献,对陈书的不足处作了相当程度的弥补,陈书与裴注相辅而行,相得益彰,当之无愧地立于"前四史"之列。

(二)《三国志》的思想

陈寿是矛盾的,作为一个史学家,他要客观地反映三国的历史;作为晋臣,他又不得不屈从于现实。这种矛盾贯穿于《三

---

[1]《廿二史札记》卷六"《三国志》书事得实处"条。

国志》中,写作手法上如前所述,是取材谨严与曲笔回护的矛盾;体现在思想方面,则是皇权神授与人本意识间的矛盾。

陈寿过世不久,梁州大中正尚书郎范頵向朝廷推荐《三国志》说"有益风化"[1],指的是《三国志》思想上有益于司马氏的教化统治,对维护晋室的统治有利,其中所宣扬的皇权神授思想对"篡"位的司马氏来说尤其显得迫切和重要。

为了论证司马氏政权的合理性,陈寿走了与班固相同的路径,以五德终始的神学目的论作为理论依据。五德终始说由来已久,以木、金、火、水、土五种自然物质间的生克关系附会社会政治,使政治的嬗变客观化、自然化。此说第一次由秦始皇有意识地利用,两汉统治者奉为圭臬,陈寿援引用以诠释发生在不到50年中的汉魏、魏晋两次政治大嬗变。

发生在建安五年(公元200年)的官渡之战,曹操以少胜多,打败袁绍,奠定了统一北方的基础,自然有许多主客观方面的原因。但在陈寿眼中却成了天命论,乃天意使然,《武帝纪》中记载说:"初,桓帝时有黄星见于楚、宋之分,辽东殷馗,善天文,言后五十岁当有真人起于梁沛之间,其锋不可当。至是而凡五十年,而公破绍,天下莫敌矣。"官渡之战的结局早在50年前就已在定数之中,曹氏之兴早已为天意所属。

按五德终始说,汉为火德,色尚赤,新起之德必为土,色尚黄,陈寿屡记"黄龙见",以见土德兴起之必然。《文帝纪》说:

---

[1]《晋书·陈寿传》。

"初,汉熹平五年,黄龙见谯,光禄大夫桥玄问太史令单飏:'此何祥也'?飏曰:'其国后当有王者兴,不及五十年,亦见复见。天事恒象,此其应也。'内黄门殷登默而记之,至四十五年,登尚在。三月,黄龙见谯,登闻之曰:'单飏之言,其验兹乎!'谯为曹操故里,通过前后45年黄龙两见的记载,说明谯为龙兴之地,曹氏代汉就具有天然的合理性,获得天经地义的法统地位。晋之代魏自然遵循同一法则,其合法性毋庸置疑了。司马氏扫除一切政治障碍,陈寿记载说"天禄永终,历数在晋"(《魏书·三少帝纪》),晋之为晋只不过践履天数、替天行道而已。这样一来,司马氏攘夺皇位的事实就被天经地义、客观无情的"天数"掩盖了,于司马氏可以心安理得,于天下百姓惟听之任之,其教化作用不可谓不大。

但是另一方面,陈寿所处的时代,礼教束缚松弛,人的主体性凸显,《三国志》反映了这个时代特色,体现出鲜明的人本意识。

陈寿的史识集中体现在《三国志》每篇末的"评"中。如同《史记》的"太史公曰"、《汉书》的"赞"一样,陈寿于每篇之末阐发自己的见解。与《史记》《汉书》有所不同的是,陈寿的评主要是对人物的品评,无疑是陈寿所处魏晋时代人物品题风气的反映,也与陈寿所担任过的中正官有极大关系,他曾任职巴西郡中正,是"定门胄,品藻人物"①的官。稍加考察就会发现,陈寿

---

① 《新唐书·柳冲传》。

的人物品评不以所属的政治集团和纲常礼教作为标准,而重在人物的才能与功绩,因而能做到客观、公允、恰当,如说曹操"非常之人,超世之杰",刘备"知人待士,盖有高祖之风",孙权"屈身忍辱,任才尚计,有勾践之奇英",吕布"有虓虎之勇,而无英奇之略,轻狡反覆,唯利是视,自古及今,未有若此不夷灭也"。评关羽、张飞:"羽报效曹公,飞义释严颜,并有国士之风。然羽刚而自矜,飞暴而无恩,以短取败,理数之常也。"评周瑜、鲁肃:"周瑜、鲁肃建独断之明,出众人之表,实奇才也。"(俱见本传)

陈寿对东吴后期两位著名将领陆逊、吕蒙的评价更鲜明地体现出他的人本意识。陆逊为书生将领,年轻有为,与吕蒙合计擒关羽,猇亭之战火烧连营,给蜀汉以致命打击,刘备兵败后忧愤交加,于白帝城一命呜呼。无疑,陆逊是蜀汉政权之死敌,陈寿出于蜀汉,对他非但无陈见,反而对他的才能赞赏不已,将他与蜀诸葛亮等量齐观,足见对他的重视,充分肯定他在吴后期所起的中流砥柱作用,在"评"中说:"刘备天下称雄,一世所惮,陆逊春秋方壮,威名未著,摧而克之,罔不如志。予既奇逊之谋略,又叹权之识才,所以济大事也。及逊忠诚恳至,忧国亡身,庶几社稷之臣矣。"(《吴书·陆逊传》)对吕蒙白衣渡江擒杀关羽的奇谋也击节赞赏:"吕蒙勇而谋断,识军计,谲郝普,禽(擒)关羽,最其妙者。"(《吴书·周瑜鲁肃吕蒙传》)可见,陈寿品评人物重在谋、略、才,即主要从人的主体性上着眼,具有鲜明的人本意识。联想到陈寿两遭礼教贬议、毕生郁郁不得志的际遇,会感到他的上述见解是难能可贵的。

（三）《三国志》的文笔

文学上，《三国志》不如《史记》自然生动，也不如《汉书》周到缜密，其突出特点是简洁，着墨不多却能勾勒出事件的情节及人物神态，脍炙人口的古典小说《三国演义》中的许多场景就直接从《三国志》演化而来，具有经久不衰的魅力。

曹操与刘备"青梅煮酒论英雄"的故事流传极广，《蜀书·先主传》载：

> 曹公从容谓先主曰："今天下英雄，惟使君与操耳，本初（袁绍）之徒，不足数也。"先主方食，失匕箸。

寥寥数语将曹操睥睨天下的神态及刘备韬光养晦的心理揭示了出来，简洁而生动，《三国演义》只不过在此基础上稍作艺术加工而已。

关羽"刮骨疗毒"的故事，《蜀书·关张马黄赵传》记载极为传神生动：

> 羽尝为流矢所中，后虽创愈，每至阴雨，骨常疼痛，医曰："矢镞有毒，毒入于骨，当破臂作创，刮骨去毒，然后此患乃除耳。"羽使伸臂令医劈之。时羽适请诸将饮食相对，臂血流离，盈于盘器，而羽割炙引酒，言笑自若。

张飞于长坂坡喝退曹兵，《蜀书·关张马赵黄传》记载说：

> 曹公追之，一日一夜，及于当阳之长坂。先主闻曹公卒至，弃妻子走，使飞将二十骑拒后。飞据水断桥，瞋目横矛曰："身是张益德也，可来共决死！"敌皆无敢近者，故遂得免。

生动的情节、简洁的笔法为文学的创作提供了丰富的素材和驰骋的空间，《三国志》对《三国演义》文学艺术上的影响，不可小视。

诸葛亮的《隆中对》也经《三国志》的记载而传诵千古，《蜀书·诸葛亮传》记云：

> 时先主屯新野，徐庶见先主，先主器之，谓先主曰："诸葛孔明者，卧龙也，将军岂愿见之乎？"先主曰："君与俱来。"庶曰："此人可就见，不可屈致也，将军宜枉驾顾之。"由是先主遂诣亮。凡三往，乃见。因屏人曰："汉室倾颓，奸臣窃命，主上蒙尘。孤不度德量力，欲信大义于天下，而智术浅短，遂用猖獗，至于今日。然志犹未已，君谓计将安出？"亮答曰："自董卓以来，豪杰并起，跨州连郡者不可胜数。曹操比于袁绍，则名微而众寡，然操遂能克绍，以弱为强者，非惟天时，抑亦人谋也。今操已拥百万之众，挟天子而令诸侯，此诚不可与争锋。孙权据有江东，已历三世，国

险而民附,贤能为之用,此可以为援而不可图也。荆州北
据汉、沔,利尽南海,东连吴会,西通巴蜀,此用武之国,而
其主不能守,此殆天所以资将军,将军岂有意乎?益州险
塞,沃野千里,天府之土,高祖因之以成帝业。刘璋暗弱,
张鲁在北,民殷国富而不知存恤,智能之士思得明君。将
军既帝室之胄,信义著于四海,总揽英雄,思贤如渴,若跨
有荆、益,保其岩阻,西和诸戎,南抚夷、越,外结好孙权,内
修政理;天下有变,则命一上将将荆州之军以向宛、洛,将
军身率益州之众出于秦川,百姓孰敢不箪食壶浆以迎将军
者乎?诚如是,则霸业可成,汉室可兴矣。"先主曰:"善。"

隆中对策是诸葛亮躬耕南阳时对天下大势所作的战略性考虑,
陈寿的记载为后世保留了这则重要文献,也使诸葛亮的"卧龙"
形象更为炫目。

公元 208 年的赤壁之战是三国历史上的重大事件,众多的
三国英雄人物登场亮相。陈寿继承了《左传》以来记叙战争的
优良传统,重在战前双方运筹帷幄、斗智斗谋的描写。孙、刘联
盟是整个战争过程的关键环节,也就成为陈寿着力点所在。他
先写诸葛亮出使江东,巧妙说服孙权抗曹,文笔甚为精练,《蜀
书·诸葛亮传》载:

先主至于夏口,亮曰:"事急矣,请奉命求救于孙将
军。"时权拥军在柴桑,观望成败,亮说权曰:"海内大乱,将

军起兵据有江东,刘豫州亦收众汉南,与曹操并争天下。今操芟夷大难,略已平矣,遂破荆州,威震四海。英雄无所用武,故豫州遁逃至此。将军量力而处之:若能以吴、越之众与中国抗衡,不如早与之绝;若不能当,何不案兵束甲,北面而事之!今将军外托服从之名,而内怀犹豫之计,事急而不断,祸至无日矣!"权曰:"苟如君言,刘豫州何不遂事之乎?"亮曰:"田横,齐之壮士耳,犹守义不辱,况刘豫州王室之胄,英才盖世,众士慕仰,若水之归海,若事之不济,此乃天也,安能复为之下乎?"权勃然曰:"吾不能举全吴之地,十万之众,受制于人。吾计决矣!非刘豫州莫可以当曹操者,然豫州新败之后,安能抗此难乎?"亮曰:"豫州军虽败于长坂,今战士还者及关羽水军精甲万人,刘琦合江夏战士亦不下万人。曹操之众,远来疲弊,闻追豫州,轻骑一日一夜行三百余里,此所谓'强弩之末,势不能穿鲁缟'者也。故兵法忌之,曰'必蹶上将军'。且北方之人,不习水战;又荆州之民附操者,逼兵势耳,非心服也。今将军诚能命猛将统兵数万,与豫州协规同力,破操军必矣。操军破,必北还,如此则荆、吴之势强,鼎足之形成矣。成败之机,在于今日。"权大悦,即遣周瑜、程普、鲁肃等水军三万,随亮诣先主,并力拒曹公。

孙权抗曹之意已决,但在其政权内部意见远未统一,以长史张昭为代表的投降派一时占据上风,关键时刻只有周瑜、鲁肃两位股肱之臣力主抗曹。周瑜才情洋溢,意气风发,而鲁肃心如古井,老成持重,陈寿对这两位重要历史人物的描写颇有分寸,尽显各自本色。当满朝文武慑于曹兵威势倡言束手投降时,周瑜力排众议,条分缕析说:

> 不然。操虽托名汉相,其实汉贼也。将军以神武雄才,兼仗父兄之烈,割据江东,地方数千里,兵精足用,英雄乐业,尚当横行天下,为汉家除残去秽。况操自送死,而可迎之邪?请为将军筹之:今使北土已安,操无中忧,能旷日持久,来争疆场,又能与我校胜负于船楫间乎?今北既未平安,加马超、韩遂尚在关西,为操后患。且舍鞍马,仗舟楫,与吴越争衡本非中国所长。今又盛寒,马无藁草,驱中国士众远涉江湖之间,不习水土,必生疾病。此数四者,用兵之患也,而操皆冒行之。将军禽(擒)操,宜在今日,瑜请将精兵三万人,进往夏口,保为将军破之。(《吴书·周瑜鲁肃吕蒙传》)

孙权听了周瑜一席之言,喜不自胜,脱口赞道"此天以君授孤也"。而在此时,鲁肃采取另一种方式,同样令孙权心花怒放,《吴书·周瑜鲁肃吕蒙传》载:

> 会权得曹公欲东之问,与诸将议,皆劝权迎之,而肃独不言。权起更衣,肃追于宇下,权知其意,执肃手曰:"卿欲

何言?"肃对曰:"向察众人之议,专欲误将军,不足与图大事。今肃可迎操耳,如将军,不可也。何以言之? 今肃迎操,操当以肃还付乡党,品其名位,犹不失下曹从事,乘犊车,从吏卒,交游士林,累官故不失州郡也。将军迎操,欲安所归? 愿早定大计,莫用众人之议也。"权叹息曰:"此诸人持议,甚失孤望,今卿廓开大计,正与孤同,此天以卿赐我也。"

由上所述,《三国志》叙事不论在整体布局上还是在局部细节上,都有值得称道的特点。陈寿的简洁并非捉襟见肘的因陋就简,而是在一定材料基础上的由博反约,因而避免正史中常见的叠床架屋之弊,叙事疏朗简洁,文字干净利落,清学者赵翼举例说:"《献帝传》禅代时有李伏、刘原、许芝等劝进表十一道,(曹)丕下令固辞亦十余道,寿志亦尽删之,惟存九锡文一篇、禅让策一通而已。故寿书比宋、齐、梁、陈诸书较为简净。"①基于材料的严格取舍,陈寿并非一味求简,《三国志》中也收录了许多篇幅甚长的文献,如诸葛亮的《出师表》,曹植的《求自试表》、《通亲亲表》以及杜恕、高堂隆等人所上奏疏多篇。这些文献既具有历史意义,又有文学价值,宋代学者叶适对陈寿的文法甚为赞赏,他说:"陈寿笔高处逼司马迁,方之班固,但少文义缘饰

---

① 《廿二史札记》卷六"《三国志》书事得实处"条。

尔,要终胜固也。"①评价未免过高,但也说明《三国志》文笔简洁,避免后世史书好引杂说、芜滥不堪的通病,这在古代史学文献中也是十分难得的。

（四）别具一格的裴松之《三国志注》

1. 裴松之的身世

裴松之,字世期,祖居河东郡闻喜县(今山西闻喜),西晋末父辈随永嘉南渡移居江南。生于东晋简文帝咸安二年(公元372年),卒于南朝宋文帝元嘉二十八年(公元451年),享年80岁。

裴松之出身于官宦世家,自幼受到良好的家风习染,8岁即读《论语》《诗经》,20岁踏上仕途,东晋孝武时历任殿中将军、员外散骑侍郎,安帝时任吴兴郡故鄣县(今浙江安吉境内)令、尚书祠部郎。安帝义熙十二年(公元416年)太尉刘裕兼领司州刺史,率军北伐,以松之为州主簿,转治中从事史。晋军攻占洛阳后,松之即任职洛阳。不久回朝任世子洗马、零陵内史、国子博士等职。420年刘裕代晋称帝,建立宋朝,松之时年49岁。

元嘉三年(公元426年)文帝派16人分巡各州,松之被派赴湘州(治临湘,今湖南长沙)。回朝后又任中书侍郎,司、冀二州大中正,并被封为西乡侯。文帝因陈寿《三国志》过于简略,命

① 马端临:《文献通考·经籍考》"《三国志》"条引。

裴松之作注。松之"鸠集传记,增广异闻",于元嘉六年上呈《三国志注》,文帝看后称赞说:"此为不朽矣!"其时松之已58岁了。

此后,裴松之任永嘉(今浙江温州)太守,"勤恤百姓,吏民便之"①。又任通直散骑常侍、南琅琊太守。元嘉十四年(公元437年)致仕,后又拜中散大夫、大中大夫,兼领国子博士。又奉命继何承天未竟之业撰述国史,未及动笔就去世了。裴氏平生著述除《三国志注》外,还有《晋纪》、《宋元嘉起居注》、《裴氏家传》、《集注丧服经传》、《裴松之集》等5种,惜皆失传。

裴氏后人能承其儒风,其子裴骃撰《史记集解》,为著名的《史记》"三家注"之一。曾孙裴子野撰有刘宋编年史《宋略》,惜失传。

2. 裴注的内容

《三国志注》的内容,裴松之在《上三国志注表》中作了概括的说明,他说:

> 臣前被诏,使采三国异同以注陈寿《三国志》。寿书铨叙可观,事多审正,诚游览之苑囿,近世之嘉史。然失在于略,时有所脱漏。臣奉旨寻详,务在周悉,上搜旧闻,傍摭遗逸。按三国虽历年不远,而事关汉、晋,首尾所涉,出入百载,注记纷错,每多舛互。其寿所不载,事宜存录者,则

---

① 《宋书·裴松之传》。

囷不毕取以补其阙；或同说一事而辞有乖杂，或出事本异，疑不能判，并皆钞内以备异闻；若乃纰缪显然，言不附理，则随事矫正以惩其妄；其时事当否及寿之小失，颇以愚意有所论辩。

依其所述，裴松之主要进行了补缺、备异、惩妄、辨失四方面工作，《四库全书总目提要》将其内容概括为六个方面："一曰引诸家之论以辨是非，一曰参诸书之说以核讹异，一曰传所有之事详其委曲，一曰传所无之事补其阙佚，一曰传所有之人详其生平，一曰传所无之人附以同类。"细究此说，实际上仍不出上述四方面内容。

（1）补缺

《三国志》的突出缺憾是简略，补缺是宋文帝命裴松之作注的动机所在，理所当然构成裴注的主要内容。裴松之广引各类文献，增补了许多重要史料，内容涉及政治、经济、军事、文化诸方面。

政治方面：《魏书·武帝纪》建安十五年注引《魏武故事》补充了曹操十二月己亥令，即通常所称的《让县自明本志令》，这是一篇了解曹操思想经历的重要文献，同时也是曹操散文代表作品。建安二十二年注引王沈《魏书》八月令，即一般所说的曹操求贤第三令，体现曹氏惟才是举的用人方针。《蜀书·后主传》末注引王隐《蜀记》有关蜀亡时的各种数字："（刘禅）又遣尚书郎李虎送士民簿，领户二十八万，男女口九十四万，带甲将士十万二千,吏四万人,米四十余万斛,金银各二千斤,锦绮彩绢各二十万匹,余物称此。"这是一组很重要的数字,蜀汉人口 94 万,兵吏近 15 万,从事农业的丁口之少可想而知了,其国力之弱可以概见。同样,裴松之在《吴书·三嗣主孙皓传》末注引《晋阳秋》补充了孙皓投降王浚时孙吴家底的明细账:"(王)浚收其图籍,领州四,郡四十三,县三百一十三,户五十二万三千,吏三万二千,兵二十三万,男女口二百三十万,米谷二百八十万斛,舟船五千余艘,后宫五千余人。"与蜀汉相似,孙吴吏兵达 26 万,后宫充斥 5000 余人,可见孙皓时期的荒淫腐败。

军事方面:裴注补充了很多珍贵史料,《魏书·郭嘉传》末注中,引《傅子》载郭嘉于官渡战前向曹操分析的曹、袁双方形势优劣的十个方面,即所谓"十胜"、"十败",精辟入微,体现了郭嘉的军事卓识,他说:

> 嘉窃料之,绍有十败,公有十胜,虽兵强,无能为也。绍繁礼多仪,公体任自然,此道胜一也;绍以逆动,公奉顺以率天下,此义胜二也;汉末政失于宽,绍以宽济宽,故不摄,公纠之以猛而上下知制,此治胜三也;绍外宽内忌,用人而疑之,所任唯亲戚子弟,公外易简而内机明,用人无疑,唯才所宜,不间远近,此度胜四也;绍多谋少决,失在后事,公策得辄行,应变无穷,此谋胜五也;绍因累世之资,高议揖让以收名誉,士之好言饰外者多归之,公以至心待人,推诚而行,不为虚美,以俭率下,与有功者无所吝,士之忠

正远见而有实者皆愿为用,此德胜六也;绍见人饥寒,恤念之形于颜色,其所不见,虑或不及也,所谓妇人之仁耳,公于目前小事,时有所忽,至于大事,与四海接,恩之所加,皆过其望,虽所不见,虑之所周,无不济也,此仁胜七也;绍大臣争权,谗言惑乱,公御下以道,浸润不行,此明胜八也;绍是非不可知,公所是进之以礼,所不是正之以法,此文胜九也;绍好为虚势,不知兵要,公以少克众,用兵如神,军人恃之,敌人畏之,此武胜十也。

裴松之增补郭嘉之言,对于认识曹操以少胜多、奠定统一北方的基础的因由大有裨益。

《吴书·周瑜鲁肃吕蒙传》注引《江表传》详细记述了勤于问学、终成一代名将的"吴下阿蒙"——吕蒙的事迹,留下一段佳话,对后人也颇有启示意义。吕蒙本不通文墨,又以军务繁忙不肯就学,在孙权开导下苦读兵书,才学大进,熟谙韬略,"白衣渡江"偷袭荆州,擒杀关羽,功绩显赫。陈寿《三国志》言之甚略,裴注引《江表传》云:

> 初,(孙)权谓蒙及蒋钦曰:"卿今并当途掌事,宜学问以自开益。"蒙曰:"在军中常苦多务,恐不容复读书。"权曰:"孤岂欲卿治经为博士邪?但当令涉猎见往事耳。卿言多务孰若孤,孤少时历《诗》、《书》、《礼记》、《左传》、《国语》,惟不读《易》。至统事以来,省三史、诸家兵书,自以为

大有所益。如卿之人，意性朗悟，学必得之，宁当不为乎？
宜急读《孙子》、《六韬》、《左传》、《国语》及三史。孔子言'终
日不食，终夜不寝以思，不如学也'。光武当兵马之务，手
不释卷。孟德亦谓老而好学。卿何独不自勉勖邪？"蒙始
就学，笃志不倦，其所览见，旧儒不胜，后鲁肃上代周瑜，过
蒙言议，常欲受屈。肃拊蒙背曰："吾谓大弟但有武略耳，
至于今者，学识英博，非复吴下阿蒙。"蒙曰："士别三日，即
更刮目相待。"……权常叹曰："人长而进益，如吕蒙、蒋钦，
盖不可及也。富贵荣显，更能折节好学，耽悦书传，轻财尚
义，所行可迹，并作国士，不亦休乎！"

"吴下阿蒙"、"士别三日，当刮目相待"成了我们今天习用
的典故成语。

经济方面：典型的是裴注有关曹魏屯田史迹的增补。汉末
兵荒马乱，社会生产遭到极大破坏，以致出现曹操所描述的"白
骨露于野，千里无鸡鸣"的惨败景象。在社会经济基础十分薄
弱的形势下，屯田自给对于一个军事集团的生存发展可谓生死
攸关，曹操成功地推行屯田制度，是他统一北方的重要因素之
一，对于这样一个十分重要的事件，《魏书·武帝纪》建安元年
载"是岁用枣祗、韩浩等议，始兴屯田"，寥寥 10 余字。《任峻传》
着墨稍详："是时岁饥旱，军食不足，羽林监颍川枣祗建置屯田，
太祖以峻为典农中郎将〔募百姓屯田许下，得谷百万斛，郡国置
田官〕，数年中所在积粟，仓廪皆满……军国之饶，起于枣祗而

成于峻。"从陈寿所载,后人对屯田的具体制度、运作办法及实际效果仍得不到清晰完备的认识,裴松之有鉴于此,在《武帝纪》注中引王沈《魏书》补147字、《任峻传》注中引《魏武故事》182字,对屯田的背景、措施、作用及屯田倡议者枣祗的生平事迹都作了补充,有关屯田史料始备。应该说,裴注的补充是十分必要的,经过千余年历史的沧桑,裴氏所征引的文献大都失传,这样裴注更显弥足珍贵。

文化方面:陈寿《三国志》的记载尤显不足,如有关魏晋名士的史迹相当简略,裴注在这方面做了大量补充工作,相当程度上弥补了原书的不足。《魏书·王粲传》附有阮瑀之子、名士阮籍的记载寥寥数笔:"瑀子籍,才藻丰逸,而倜傥放荡,行己寡欲,以庄周为模则,官至步兵校尉。"仅此我们无法想象出一个放浪形骸的名士形象,裴注引《魏氏春秋》说:"籍旷达不羁,不拘礼俗。性至孝,居丧虽不率常检,而毁几至灭性。兖州刺史王昶请与相见,终日不得与言……时率意独驾,不由径路,车迹所穷,辄恸哭而反(返)……籍乃对之长啸,清韵响亮……籍口不论人过,而自然高迈,故为礼法之士何曾等深所仇疾。"从此我们对阮籍可以有更多的了解。

与阮籍情形相类似,陈寿对玄学另一位代表性人物嵇康的记载也惜墨如金,同卷载道:"时又有谯郡嵇康,文辞壮丽,好言老庄,而尚奇任侠。至景元中,坐事诛。"裴松之在注中广引《嵇氏谱》、虞预《晋书》、《康别传》、《晋阳秋》、《魏氏春秋》等多种文献,增补甚详,《魏氏春秋》曰:"及山涛为选曹郎,举康自代,康答书拒绝,因自说不堪流俗,而非薄汤、武。大将军(指司马昭)闻而怒焉……康临刑自若,援琴而鼓,既而叹曰:'雅音,于是绝矣!'时人莫不哀之。"此即嵇康临刑"索琴而弹"的故事。一曲《广陵散》,千百年来一直萦回在士人心头,具有丰富的文化内涵。

再如哲学家王弼,陈寿在《魏书·钟会传》附载:"弼好论儒道,辞才逸辩,注《易》及《老子》,为尚书郎,年二十余卒。"如此简略的记载对于在中国哲学史上具有重要地位的"天才少年"来说,是远远不够的。裴氏引何劭《王弼传》补充其生平事迹及思想学说,凡750余字,为后人研究王弼提供了宝贵资料。

文化学术反映一个时代的精神生活,往往一个时代的物质文化随着历史的演进而逐渐淡去,消失在历史的尘埃之中,后人只能从前代的遗迹中"自将磨洗认前朝"。而一个时代的精神文化却遵循文化传承的自身规律薪火相传,积淀、融合于新文化之中。史书记述历史、反映精神文化是其不可或缺的使命,并由此构成史书的灵魂。遍观古代文献,我们可以得出这样的启示:纯粹的工具性文献绝少传世,而流传至今的文献大都具有厚重的文化内涵,先秦经书及诸子文献自不必说,《史记》、《汉书》中的儒林传及书志记录了丰富的文化内容。《三国志》作为第三部正史,其中的文化内涵相对于前两书是大为逊色的,就这个意义上说,裴松之文化方面内容的补充有着非同寻常的意义。

此外,裴松之还注意登录文学作品,《魏书·曹植传》注中引《魏氏春秋》所载曹植《赠白马王彪》诗,评述此诗写作背景,为文学史珍贵材料。曹植文才极高,本深得曹操宠爱,并有意传位于他,但其行为不检,加之曹丕工于心计,结果植渐渐失宠,曹丕做了皇帝。曹丕嫉妒曹植之才,即位后仍对他放心不下,百般排挤,不让他任职,并派人监视其行动。在一次边地军事行动中,任城王曹彰战死,曹植十分哀痛,欲与白马王曹彪一同还归京师,以叙兄弟之情。但文帝不许曹彪东归,曹植悲愤不已,只身东去,临别赋诗以赠,抒发兄弟相残的愤懑及手足别离的愁恨,全诗抑郁沉雄,悲凉慷慨,堪称"建安风骨"的杰出代表。诗云:

> 谒帝承明庐,逝将归旧疆。清晨发皇邑,日夕过首阳。伊、洛广且深,欲济川无梁……中逵绝无轨,改辙登高冈。修阪造云日,我马玄以黄。玄黄犹能进,我思郁以纡。郁纡将何念?亲友在离居。本图相与偕,中更不克俱。鸱枭鸣衡轭,豺狼当路衢,苍蝇间黑白,谗巧令亲疏。欲还绝无蹊,揽辔止踟蹰。踟蹰亦何留,相思无终极。秋风发微凉,寒蝉鸣我侧。原野何萧条,白日忽西匿,孤兽走索群,衔草不遑食。归鸟赴高林,翩翩厉羽翼。感物伤我怀,抚心长太息。叹息亦何为,天命与我违。奈何念同生,一往形不归!孤魂翔故域,灵柩寄京师。存者勿复过,亡没身自衰。人生处一世,去若朝露晞。年在桑榆间,影响不能追。自顾非金石,咄唶令心悲。心悲动我神,弃置莫复陈。丈夫志四海,万里犹比邻。恩爱苟不亏,在远分日亲。何必同

衾帱,然后展殷勤。忧思成疾疹,无乃儿女仁。仓卒骨肉
情,能不怀苦辛?苦辛何虑思?天命信可疑?离别永无
会,执手将何时?王其爱玉体,俱享黄发期。将添即长途,
援笔从此辞。

汉末社会动乱,人生处境险恶,对残酷现实的揭露、对短暂生命
的咏叹是建安文人的共同关怀。曹植因其特殊的人生际遇,诗
作的主题更为深化。长期的穷蹙逼迫,抑郁寡欢,曹植刚及不
惑之年便匆匆走完了短暂的人生历程。

总之,裴注的内容全面而丰富,原书记载不足者都尽力增
补,如关于边疆各族及域外诸国的记载,《三国志》仅列《乌丸鲜
卑东夷传》一卷,裴氏引《魏略·西戎传》等,对西北氐、匈奴、
羌、西域诸国、大秦及其属国作了重要补充,详细叙述大秦的地
理、交通、风俗、习惯、物产等情况,为后人提供了珍贵的材料。
再如在《方伎传·杜夔传》注中,裴松之详细叙述著名科学家马
钧的生平事迹及指南车、水排等的创造发明,保存了重要的科
技史料。裴注如此重要,以至其中许多内容在后世混入《三国
志》正文之中而难以分别,如《魏书·明帝纪》注引《魏略》孔桂
的传记,《魏书·钟繇华歆传附王肃传》注引《魏略》贾洪等六人
传记,《蜀书·邓张宗杨传》末注引《益部耆旧杂记》王嗣、常播、
卫继三人传记,现存各版本都列为《三国志》正文,经清学者钱
大昕指出为裴注所增补。历史业已作出公正评价,裴注与原书
足可等量齐观。

（2）备异

当关于同一史事或同一人物的记载互有出入或致相反，而又难以判定是非时，就采取存疑的态度，诸说并存，以供后人比照参考。这是一种实事求是的态度，也是史家责任感的体现。司马迁在《史记》中存疑备异，树立了良好的典范。由于三国历史的特点，诸多主客观方面原因使文献的乖舛出入尤为普遍，陈寿著书时就比较注意史料的审核选择。裴松之所见到的有关三国史文献种类繁多，因而也特别注重材料的取舍，近人沈家本说："今观其征引繁富之中，时寓矜慎之意，并非蔓引滥登，且所引事迹首尾完具，不似他书之割裂翦裁。"①在注中裴氏广泛采取存疑备异的方式，这里略举数例以见其大概。

其一，关于张邈之死。《三国志》本传载："邈诣袁术请救，未至，自为其兵所杀。"裴注引《献帝春秋》载："袁术议尊号，邈诣术曰……"前者言张邈未见到袁术即被杀，后者言邈已见袁术，二者歧异颇大，裴氏不能决，注中说："按本传，邈诣术，未至而死。而此云谏称尊号，未详孰是。"二说并存。

其二，关于郭图是否劝谏袁绍迎献帝。《三国志·董二袁刘传》载："初，天子之立非绍意，及在河东，绍遣颍川郭图使焉。图还说绍迎天子都邺，绍不从。"裴注引《献帝传》载沮授劝袁绍"宜迎大驾，安宫邺都，挟天子而令诸侯"，但郭图阻止袁绍说："若迎天子以自近，动辄表闻，从之则权轻，违之则拒命，非计之

---

①《三国志所引书序》。

善者也。"二说明显矛盾,裴氏未作决断,录《献帝传》以备异闻。

其三,关于陈温之死。《三国志·董二袁刘传》载术"杀扬州刺史陈温,领其州"。裴注引《英雄记》云:"陈温字元悌,汝南人,先为扬州刺史,自病死。"裴氏接着加案语说:"如此,则温不为术所杀,与本传不同。"

其四,关于郭嘉对刘备投奔曹操时的态度,《三国志》未见记载,裴注征引两种文献正相矛盾,王沈《魏书》谓刘投曹后,曹以其为豫州刺史。或主张杀之以绝后患,操询诸郭嘉,嘉说:"今备有英雄名,以穷归己而害之,是以害贤为名,则智士将自疑,回心择主,公谁与定天下? 夫除一人之患,以沮四海之望,安危之机,不可不察!"而《傅子》载备投操后,嘉进言说:"备有雄才而甚得众心。张飞、关羽者,皆万人之敌也,为之死用。嘉观之,备终不为人下,其谋未可测也。古人有言:'一日纵敌,数世之祸。'宜早为之所。"裴氏在录完二说后说:"案《魏书》所云与《傅子》正反也。"

裴松之的"备异"并非好杂猎奇、不加甄别地罗列,而是建立在较为严格的材料审查基础上,因而所备录诸说虽不能判别是非,在他看来都有一定的依据。他经过比勘审查,对当世文献有全面系统的认识,使用、征引也就具有针对性。对各种文献的评价,在注中时有所见,如《魏书·高贵乡公纪》注:"张璠、虞溥、郭颁,皆晋之令史……璠撰《后汉纪》,虽似未成,辞藻可观。溥著《江表传》,亦粗有条贯。惟颁撰《魏晋世语》,蹇乏全无宫商,最为鄙劣。《魏书·王粲传》注评张骘《文士传》:"凡鹜虚伪妄作,不可复疏,如此类者不可胜记。"《蜀书·马超黄忠传》注:"袁晔、乐资等诸所记载,秽杂虚谬,若此之类,殆不可胜言也。"《魏书·袁绍传》注:"不知资晔之徒,竟为何人,未能识别然否,而轻弄翰墨,妄生异端,以行其书。如此之类,正是以诬罔视听,疑误后生矣。实史籍之罪人,达学之所不取者也。"此外还指出鱼豢"妄说"、谢承"妄记"、王隐"虚说"、干宝"疏谬"等,这样一些断语是在严格的比勘审查基础上得出的,对后世的史料审查甄别有一定启示意义。

（3）惩妄

对陈寿《三国志》的虚妄之处进行辨析,指出谬误,这是裴注的又一重要内容。此类例子甚多,略举之如下:

其一,关于曹操与袁绍决战时兵力的记载。《魏书·武帝纪》云:"(建安五年)八月,绍连营稍前……公亦分营与相当,合战不利。时公兵不满万,伤者十二三。"陈寿言曹操官渡战时兵不满万,绝非信史,裴松之从曹操起兵的历史及官渡之战的实际力辨其非:

> 臣松之以为魏武初起兵,已有众五千,自后百战百胜,败者十二三而已矣。但一破黄巾,受降卒三十余万,余所吞并,不可悉纪,虽征战损伤,未应如此之少也。夫结营相守,异于摧锋决战。本纪云:"绍众十余万,屯营东西数十里。"魏太祖虽机变无方,略不出世,安有以数千之兵,而得逾时相抗者哉?以理而言,窃谓不然。绍为屯数十里,公

能分营与相当，此兵不得甚少，一也；绍若有十倍之众，理应当悉力围守，使出入断绝，而公使徐晃等击其运车，公又自出击淳于琼等，扬旌往还，曾无抵阂，明绍力不能制，是不得甚少，二也；诸书皆云公坑绍众八万，或云七万，夫八万人奔散，非八千人所能缚，而绍之大众皆拱手就戮，何缘力能制之？是不得甚少，三也。将记述者以少见奇，非实录也。

其二，关于魏明帝、孙坚、嵇康卒年的记载。

《魏书·明帝纪》载明帝卒年36岁，裴氏在注中辨析说："魏武以建安九年八月定邺，文帝始纳甄后，明帝应以十年生，计至此年正月，整三十四年耳；时改正朔，以故年十二月为今年正月，可强名三十五年，不得三十六年也。"

孙坚的卒年，《吴书》本传载为献帝初平三年（公元192年）。裴松之指出所记有误，于注中考证说，《孙策传》谓策卒于建安五年（公元200年），终年26岁，则策应生于灵帝熹平四年（公元175年）。《吴录》载孙策言曰："臣年十七，丧失所怙"，孙策17岁当初平二年（公元191年），即孙坚卒年。张璠《后汉纪》及《吴历》等文献皆言孙坚卒于初平二年，由此可证陈寿误。

嵇康的卒年，陈寿与其他诸书记载不同。《魏书·王卫二刘傅传》记嵇康卒于魏元帝景元中（公元260—263年），裴注说："臣松之案本传云康以景元中坐事诛，而干宝、孙盛、习凿齿诸书，皆云正元二年（公元255年）。司马文王（司马昭）反自乐嘉，杀嵇康、吕安。……景元与正元相较七八年,以《(山)涛行状》检之,如本传为审。又《钟会传》亦云会作司隶校尉时诛康,会作司隶,景元中也。"这里裴氏肯定陈寿的记载而惩诸家之妄。

其三,关于赤壁之战与曹吴合肥鏖兵孰先孰后的记载。陈寿《吴书》言赤壁战在前,而合肥战在后,裴松之《魏书·武帝纪》建安十三年注录乐资《山阳公载记》与此相反,他认为以陈寿为是,"案《吴志》刘备先破公(曹操)军,然后权攻合肥;而此《记》(指《山阳公载记》)云权先攻合肥,后有赤壁之事,二者不同,《吴志》为是"。

裴松之在比勘审核各种文献的基础上对三国史实进行辨析厘正,可说是一次系统的清理,《三国志》是者则从之,非者则改之。不仅如此,他还以亲身历见订正文献错误,《魏书·齐王芳纪》注引《搜神记》载明帝"诏三公曰:先帝昔著《典论》,不朽之格言,其刊石于庙门之外及太学,与石经并,以永示来世。"裴氏案语指其非:"松之昔从征西至洛阳,历观旧物,见《典论》石在太学者尚存,而庙门外无之,问诸长老,云:'晋初受禅,即用魏庙,移此石于太学,非两处立也。'"他以亲耳所闻长老之言,断定《搜神记》所载为非,自是不刊之论。

(4)辨失

裴松之是一位很有见识的史学家,作注的主要任务是增补史料,当然也不仅仅局限于此,对陈寿的史学观点不能不有所论辩,内容涉及史书体例及史评等方面。

在体例安排方面,裴松之指出陈寿的不当,在《魏书·荀彧荀攸贾诩传》注中，裴氏认为见贾诩与二荀同卷甚不当，"松之以为列传之体，以事类相从……魏氏如贾诩之俦，其比幸多，诩不编程、郭之篇，而与二荀并列，失其类矣"。二荀功勋卓著，贾诩不可与其同日而语，三者同卷不伦不类。在《蜀书·董刘马陈董吕传》注中，裴氏认为董允不应列传，根据全书以子系父的统一原则，董允应附于其父董和传后，"松之以为陈群子泰、陆逊子抗传，皆以子系父，不别载姓；及王肃、杜恕、张承、顾劭之流，莫不皆然。惟董允独否，未详其意，当以允名位优重，事迹逾父故邪？"任何一部史书都不是完美无缺的，裴氏之言并非无端之论，对于全面认识《三国志》自然是有益的。

在对待陈寿的史评上，裴松之也有独立的看法。前已有述，陈寿的史评总体上不失公允客观，但经裴氏指出，仍可见其疏漏，从此也可见出二位史家史识上的高下之别。

陈寿《魏书·荀彧传》末"评"曰："荀彧清秀通雅，有王佐之风，然机鉴先识，未能充其志也。"陈氏以为荀彧有王佐之才，但辅佐曹操成其帝业，致使汉室倾覆，不免有明珠暗投之意。这是当世颇有代表性的迂腐之见，裴氏不以为然，注中说："世之论者，多讥彧协规魏氏，以倾汉祚，君臣易位，实彧之由。……陈氏此评，盖亦同乎世识。臣松之以为斯言之作，诚未得其远大者也。彧岂不知魏武之志气，非衰汉之贞臣哉？良以于时王道既微，横流已极，雄豪虎视，人怀异心，不有拨乱之资，仗顺之略，则汉室之亡忽诸，黔首之类殄矣。"裴氏在此体现了可贵的顺乎时势的权变思想，深得孔子评管仲之真谛。孔子极言君臣

"名分",痛惜礼坏乐崩,管仲襄助齐桓公以成霸业,孔子不以为非,肯定其九合诸侯、一匡天下的历史功绩,赞说:"微(无)管仲,吾其被发左衽矣!"①以此推之,汉末群雄并起,汉室衰颓,曹操一代英杰,荀彧以王佐之才襄佐曹氏,削平董卓、袁术、袁绍、吕布等豪暴之徒,结束北方战乱状态,后世因之以成帝业,荀彧功绩可与管仲相比侔。陈氏之评实世俗之见,相形之下裴氏高出远甚。

《魏书·董二袁刘传》末陈寿"评"曰:"袁术奢淫放肆,荣不终己,自取之也。"裴氏认为此评将袁术的败亡归于奢淫放肆,过于宽容,不足以见其大恶,注说:"袁术无毫芒之功、纤介之善,而猖狂于时,妄自尊立,固义夫之所扼腕,人鬼之所同疾,虽复恭俭节用,而犹必覆亡不暇。而评但云'奢淫不终',未足见其大恶。"裴氏甚至对陈寿文辞不当处也予以指摘,《魏书·董二袁刘传》陈氏"评"说"董卓狼戾贼忍,暴虐不仁",裴氏批评说:"评既曰'贼忍',又云'不仁';贼忍,不仁,于辞为重。"类似评论近乎苛刻,细细思量并非无据之言,反映出裴氏的严谨、缜密。

除了上述四方面内容之外,裴注对传统注释的名物训诂功能并不忽视,涉及各个方面:解释文义,《魏书·文帝纪》"款塞内附",注:"应劭《汉书注》曰:款,叩也,皆叩塞门来服从。"校勘文字,《蜀书·霍王向张杨费传》"(朗)自去长史,优游无事垂三

---

① 《论语·宪问》。

十年",注:"案朗坐马谡免长史,则建兴六年中也;朗至延熹十年卒,整二十年耳。此云三十,字之误也。"解释语词,《蜀书·刘彭廖李刘魏杨传》兼骂刘备"老革荒悖",注"老革"说:"扬雄《方言》曰:'㑉……革,老也。'郭璞注曰:'皆老者皮毛枯瘁之形也。'臣松之以为去毛曰革。古者以革为兵,故语称兵革,革犹兵也。兼骂备为老革,犹言老兵也。"注释名物,裴氏在《诸葛亮传》注引《魏氏春秋》释"连弩"说:"损益连弩,谓之元戎,以铁为矢,矢长八寸,一弩十矢俱发。"又如《魏书·齐王芳纪》景初三年二月载"西域重译献火浣布",裴注引《异物志》、《傅子》、《搜神记》、东方朔《神异经》等,对"火浣布"的产地、形状、性能作了详细说明。注释地理,《吴书·吴主孙权传》言"分歙为始新、新定、犁阳、休阳县",裴注:"《吴录》曰:晋改新定为遂安……改休阳为海宁。"

3. 裴注的评价

其一,裴注增补了大量史料,对三国史实进行系统的审查清理,厘正了许多乖舛谬误。

裴松之征引的文献相当广博,前代学者作过统计,钱大昕谓"凡百四十余种,其与史家无涉者不在数内"[①],赵翼说一百五十余种[②]。近人沈家本编《三国志注所引书目》,统计甚为详细,

---

①《廿二史考异》卷一五。

②《廿二史札记》卷六。

将其所引文献分为四部，计经部 22 家，史部 142 家，子部 23 家，集部 23 家，凡 210 家①。今人马念祖编《水经注等八种古籍引用书目》（中华书局 1959 年版）统计为 203 种。后两种数字系从所征引文献逐种统计而得，较为准确，裴注所引书目在 200 种以上，与实际情况是相符的。从裴注的分量而言，裴氏注文约 54 万言，而陈寿《三国志》约 20 万言，注文将及原书三倍。由此看，裴注基本上弥补了原书的缺憾，对后人了解三国史是不可或缺的。

当然，裴注并非完美无缺，不足处表现在如下三个方面：一、裴注详则详矣，不免有芜杂累赘之嫌。《四库全书总目提要》指出："《袁绍传》中之胡母班，本因为董卓使绍而见，乃注曰：'班尝见太山府君及河伯，事在《搜神记》，语多不载。'斯已赘矣；《钟繇传》中乃引陆氏《异林》一条，载繇与鬼妇狎昵事；《蒋济传》中引《列异传》一条，载济子死为泰山伍伯，迎孙阿为泰山令事。"从四库馆臣所举可以看出，裴氏屡引荒诞不经之文为正史作注，显然是不恰当的。二、裴注仍存在一些错误。清人钱大昕在《三国志辨疑》中作了一些辨别，如裴松之在《魏书·二公孙陶四张传》注中引《典略》所记汉末五斗米道情况有"汉中有张脩"之语，裴氏按说："张脩应是张衡，非《典略》之失，则传写之误。"钱氏辨析说，《典略》所记不误，乃裴氏自误。三、裴注仍有遗漏，繁简亦有不当处。清人赵翼《陔余丛考》卷六

---

① 《沈寄簃先生遗书乙种·三国注所引书目序》。

"《三国志》"条列举裴注遗漏例说："然钟繇书法妙绝古今,本传不载,注中自应补入,而裴注不及一字;华歆从逆奸臣,管幼安视之殆犹粪土,则其先割席捉金之事,亦应附载,以见两人品识之相悬,本传既遗,而注亦并不及,则世期之脱漏亦多矣。"就裴注的整体情况而言,《三国志》纪、传 320 篇,附传 148 篇,凡 468 篇,其中 61 篇通篇无注,包括魏之乐进、许褚、典韦,蜀之黄忠、蒋琬等人的传记,这些都是当时股肱之臣,经历了许多重大事件,只字不注是不妥的。

其二,裴注开创了史注的新体例。

就原本意义而言,注犹"通"也,如沟渎堵塞以水注之使通,所以此前的注释呈现出两种路径:其一注史者以名物训诂为职志,如贾逵、服虔、杜预注《左传》,贾逵、唐固、韦昭注《国语》,高诱注《战国策》,徐广注《史记》,服虔、应劭、韦昭、晋灼注《汉书》等,内容局限于注释文辞音义、名物典故、地理制度等,决定了注释的附庸、从属地位;其二注经者以阐发经书的微言大义为要务,准的无依,断以己意,任意发挥,以致繁杂琐碎不堪,如桓谭《新论》所说:"秦近君说《尧典》,篇目两字之宜,至十余万言。但说'曰若稽古'三万言。"

裴松之超越前贤,开辟了史注的新路子,以增补史料为目的,"务在周悉",遵循"缀事以众色成文,蜜蜂以兼采为味"[①]的宗旨,同时兼顾名物训诂、典章制度,这样扩大了史注的职能,

---

① 裴松之:《上三国志注表》,见《宋书·裴松之传》。

创立了史注新模式,对中国史学的发展是极为有益的,影响甚为深远。南朝梁刘孝标注《世说新语》,效法裴氏,引书达395种①,保存其后散佚的不少文籍之片断。宋王禹偁《五代史阙文》、陶岳《五代史补》、清彭元瑞《五代史记注》、吴士鉴《晋书斠注》等,都祖承裴氏,在各自史学领域做出了贡献。

此外,裴松之对文献的甄别评议,对史实的比勘清理,为后世考史树立了典范。著名史家司马光修撰《资治通鉴》,效仿裴氏,对各种文献遍加比勘考证,完成史学名著《资治通鉴考异》。考史在清代更是发扬光大,乾嘉学人心仪裴氏,钱大昕就对裴松之赞誉有加:"注史以达事为主,事不明,训诂虽精无益也。尝怪服虔、应劭之于《汉书》,裴骃、徐广之于《史记》,其时去古未远,稗官载记碑刻尚多,不能汇而通之,考异质疑,而徒戋戋于训诂,岂若世期之博引载籍,增广异闻,是是非非,使天下后世读者昭然共见乎?"②

总之,裴注的成就是巨大的,古人以立德、立言、立功为"三不朽",裴氏因有此注而名垂青史,昔日宋文帝见裴注后赞说"此为不朽矣",果然言中。裴注与陈寿原书不可分离,相得益彰,现今编制的《三国志》人名、地名索引都将裴注连同正文一同编入,这在《二十四史》中是独一无二的。裴注在中国史学史上占有重要的一席之地。

---

① 马念祖:《水经注等八种古籍引用书目》。
②《三国志辨疑·序》。

（五） 从《三国志》到《三国演义》

在《二十四史》中，就影响中国文化的广度而言，《三国志》首屈一指。形成这种局面，至少有如下两方面的原因：其一，三国历史错综复杂，角力斗智扣人心弦，英雄人物众多，使三国历史富于趣味性，尤其符合俗文化的趣味。其二，三国之中蜀汉帝胄正统与曹魏"奸相"、孙吴豪主间的对立，为后世尤其宋以后正统观念的教化及其普及提供了极好的素材。三国故事在魏晋间是名士们挥麈玄谈的谈资，隋唐即在民间流传，经过宋、元"说话"人的不断加工，元至治年间（公元 1321—1323 年）形成完整的话本《全相三国志平话》，经元末明初罗贯中艺术加工，最终完成了《三国演义》这部影响深远的古典小说。而这一切都以陈寿《三国志》及其后的裴注为依据，清人魏裔之言颇中肯綮，他说："世人鲜有读三国史者，惟罗贯中演义得其梗概耳。"[①]

魏晋之世，有关"三国"话题仍限于历史领域，限于文人学士之间。其时玄风正劲，名士清谈成习，内容除老、庄之外，品评三国人物、臧否其行为得失也是一个重要方面，也正是在这种品评、臧否之中，使三国故事流传日趋广泛。隋唐时代，三国故事逐渐脱离历史轨道，进入文学领域，在话本系统和杂剧系统中不断丰富和完善。

---

① 魏裔：《三国问答·序》。

民间讲说三国故事，唐代已较普遍，刘知几《史通·亲撰》说："至如曾参杀人，不疑盗嫂，翟义不死，诸葛犹存，此皆得之于行路，传之于众口。"说明在唐代三国故事已在街谈巷议之中。李商隐《娇儿诗》有云："或谑张飞胡，或笑邓艾吃"，小儿皆能取笑、打趣三国人物，三国故事真可谓妇孺皆知了。张飞为一员猛将，"胡"言其脸黑；邓艾口吃见诸记载，"以口吃，不得作干佐"（《魏书·邓艾传》），但其为人聪颖，《世说新语》中的一则事例反映出他的机警："邓艾口吃，语称艾艾，晋文王戏之曰：'艾艾是为几艾?'对曰：'凤兮凤兮，故是一凤。'"有的研究者甚至认为，李商隐两句诗描写三国人物的外部及个性特征，是三国故事见诸舞台这种直观艺术形式的反映。

宋代城市经济繁荣，市民阶层扩大，市民文化异军突起，成为一种独立的文化形态，勾栏瓦肆之中"说话"艺术非常兴盛，内容当然五花八门，但在严重外患伴随始终的宋代，三国故事中的英雄气分外为积弱积贫的时代所青睐，特别是三国历史题材便于讲说，鲁迅先生于《中国小说史略》中分析甚为透彻："说《三国志》者，在宋已甚盛，盖当时多英雄，武勇智术，瑰伟动人，而事状无楚汉之简，又无春秋列国之繁，故尤宜于讲说。……'说三分'为说话之一种，与'讲五代史'并列。"讲说三国故事，宋有专门名目"说古话"，北宋京师汴京有以此著名的艺人，孟元老《东京梦华录》卷五"京瓦伎艺"条载汴京说话情形："孙宽、孙十五、曾无党、高恕、李孝祥讲史；李慥、杨中立、张十一、徐明、赵世亨、贾九小说……霍四究说三分；尹常卖五代史。……

不以风雨寒暑,诸相目看人,日日如是。"霍四究就是以说三国故事而著名的艺人。苏轼《东坡志林》卷六所记更为形象:"王彭尝云:'涂巷中小儿薄劣,为其家所厌苦,辄与钱令聚坐,听说古话,至说三国故事,闻刘玄德败,频蹙眉有出涕者,闻曹操败即喜唱快,是以知君子小人之泽,百世不斩。'"三国故事能如此强烈地吸引顽劣少年,由此我们不难窥见三国故事广泛流传的原因。

三国故事在宋代至为普及,浸润到社会文化的各个方面。文人诗文中频频出现三国题材,方回有诗说:"有时不用琵琶歌,辩如仪秦勇贲轲。武昌东西说赤壁,洙泗南北夸黄河。"[①]朱熹教人读书也以三国故事作喻:"正如关羽擒颜良,只知有此人,更不知有别人,其取其头而归。"[②]宋杂剧以三国故事为主要题材,为世人所喜闻乐见,《宋史·范纯礼传》记载这样一则故事:"鞫享泽村民谋逆,纯礼(礼)审其故,此民入场观优,归途见匠者做桶,取而戴于首曰:'与刘先主如何?'遂为匠擒。"弄影戏也取材于"说三分",宋人高承《事物记原》卷九《影戏》云:"宋朝仁宗时,市人有能谈三国史者,或采其说加缘饰,作影人,始为魏吴蜀三分战争之像。"影戏在当世极受欢迎,宋人张耒《明道杂志》记载了一位嗜财如命的富家子弟因迷恋三国影戏而被迫输财的故事,颇有滑稽色彩:

---

① 方回:《桐江续集》卷二〇《于氏琵琶行》。
②《朱子语类》卷五二。

京师有富家子,少孤专财,群无赖百方诱导之。而此子甚好看弄影戏,每弄至斩关羽,辄为之泣下,嘱弄者缓之。一日,弄者曰:"云长古猛将,今斩之,其鬼或能祟,请既斩而祭之。"此子闻甚喜,弄者乃求酒食之费,此子出银器数十,至日,斩罢,大陈饮食如祭者。群无赖聚享之,乃白此子请遂散此器。此子不敢违,于是共分焉。旧闻此事不信,近见事有类是,聊记之,以发异日之笑。

走马灯上也绘有三国故事,宋词人姜夔有诗说:"纷纷铁马小回旋,幻出曹公大战年,若使英雄知国事,不教儿女戏灯前。"[①]

金、元时期伴随着杂剧的繁荣,三国故事的流行达到新阶段,内容更为丰富,情节更为曲折生动,以直观的艺术形式展现于舞台之上。元人陶宗仪《辍耕曲录》记宋、金杂剧院本三国题材的剧目有《刺董卓》、《蔡伯喈》、《襄阳会》、《骂吕布》、《大刘备》、《赤壁鏖兵》等六种。元代三国题材杂剧更是大量涌现,关汉卿、王实甫、高文秀、武汉臣、花李郎等杂剧名家都创作了较有影响的三国戏。据统计,元代反映三国故事的杂剧约60种,已佚39种,现存21种,如关汉卿《关大王单刀赴会》、《关张双赴西蜀梦》,高文秀《刘玄德独赴襄阳会》,郑光祖《虎牢关三战吕布》,朱凯《刘玄德醉走黄鹤楼》及无名氏的《诸葛亮火烧博望屯》、《关云长千里独行》、《关张单刀劈四寇》、《张翼德单战吕

---

①《白石道人诗集》卷下《观灯口号十首》。

布》、《曹操夜走陈仓路》、《阳平关五马破曹》、《寿亭侯怒斩关平》、《周公瑾得志娶二乔》等,这些剧目根据杂剧艺术的特点设计了引人入胜的完整情节,为后来通俗演义的形成准备了条件。

据学者研究①,三国故事在元代已具雏形,三国戏中约35个故事见于《三国志平话》及《三国演义》中。这35个故事是:桃园结义、鞭督邮、三英战吕布、连环计、三让徐州、曹操斩吕布、论英会(即"青梅煮酒论英雄")、三勘吉平、关羽刺颜良、灞桥挑袍、五关斩将、斩蔡阳、古城聚义、襄阳会、三顾茅庐、博望烧屯、赵云救主、张飞拒水断桥、孔明祭风、火烧战船、曹操华容道遇关羽、刘备东吴招亲、庞统之死、刮骨疗毒、单刀会、黄忠斩夏侯渊、关羽斩庞德、水淹七军、关羽失荆州、张飞遇害、孔明布八阵图、七擒孟获、孔明斩马谡、秋风五丈原、死诸葛走活仲达等。

在历代艺人辛勤创作的基础上,三国故事日臻系统完善,元至治(公元1321—1323年)时集三国故事话本系统之大成的《全相三国志平话》由建安(今福建建瓯)虞氏书坊刊行,八万余言,已初具《三国志通俗演义》的结构格局和艺术造型。值得注意的是,《三国志平话》中的人名、官名、地名与陈寿《三国志》及裴注多有不同:人名方面,如"糜芳"作"梅芳","皇甫嵩"作"皇甫松","李催"作"李壳","司马懿"作"司马益","张郃"作"张合","张裔"作"张升";地名方面,"新野"作"辛冶","襄州"作"包

---

① 周兆新:《〈三国演义〉考评》,北京大学出版社1990年12月版。

州"，"葭萌关"作"嘉明关"；官名方面，关羽封爵汉寿亭侯作寿亭侯，将司徒王允、刺史丁建阳、侍中蔡邕皆称丞相，称刘表为荆王、袁绍为冀王等。这些歧异都有一个共同的规律，即将生僻繁难的字换成常见易晓的字，反映了《三国志平话》在民间流行的特色。

在思想上，《三国志平话》也与《三国志》不同，具有鲜明的拥刘贬曹的正统观念特色。一个社会占主导地位的思想是统治者的思想，三国故事的广泛流传，必然经过统治阶级思想的浸透与改造。《三国志平话》以蜀汉为主体，话本前33个题目以张飞为主线，后36个题目则以诸葛亮为主线，将三国人物、事件组织起来。但与后来《三国志通俗演义》相比，其政治色彩相形逊色，更多地体现俗文学的性质，如写曹操，笔墨主要集中在他的残暴、贪色上，杀吕布、陈宫，还无辜滥杀吉平、马腾、杨修、华佗及皇太子等。甚至把赤壁之战说成曹操欲得乔公二女的一场情战，把曹操赎回蔡文姬说成是为了纳充后宫，还在长安建铜雀宫，挑选天下佳丽，日以继夜寻欢作乐等等，这些都是民间文学特色的体现。

元末明初人罗贯中在前代三国故事基础上加工而成的《三国志通俗演义》（即《三国演义》）是中国古典小说的杰作。其素材不外两个方面：陈寿《三国志》及裴注和历代民间艺人的话本、杂剧等，后者归根结底仍以前者为依据。比照《三国志》与《三国演义》会发现，罗贯中细致研读《三国志》，《三国演义》的创作在史实方面以陈书和裴注为依据，因而它比《三国志平话》

更接近于历史事实。前引曹、刘煮酒论英雄、关羽刮骨疗毒、张飞长坂坡"据水断桥、嗔目横矛"(《蜀书·张飞传》)等众多情节皆从陈寿书而来。不惟如此,二者在语言方面甚为相似,对比二书隆中对、赤壁之战等的描写,罗贯中是直接从陈寿书中迻移并稍作艺术加工而成的,清人魏裔说罗贯中是《三国志》的真正研读者,是符合实际的。

当然,《三国演义》有着很高的艺术成就,罗贯中充分吸收了历代三国平话、杂剧的成果,经过艺术加工,使《三国演义》成为一部情节曲折生动,人物情态鲜明,充满智慧、计谋的古典小说。同时,它在宣扬封建正统观念上也起着史书不可替代的作用。

在清代,《三国志》及《三国演义》起到了非同寻常的作用。由于满族文明程度较低,为了征服、驾驭全国,必须学习先进的汉文化,入关前便将二书译成满文,作为军事及临政规范用书,"崇德四年(公元1639年),文庙(太宗皇太极)患国人不识汉字,命巴克什达文成公海翻译国语《四书》及《三国志》各一部,颁赐耆旧,以为临政规范"①。入关后仍继续翻译,佚名《八旗掌故》卷三载:"顺治七年(公元1650年),翻译《三国志》成。"大量印刷后,遍赐文臣武将,"顺治十七年(公元1660年)二月甲寅,赐诸王以下甲喇章京等官以上翻译《三国志》"②。很显然,满族统治

---

① 昭梿:《啸亭续录》卷一《翻书房》。
② 《大清世祖章皇帝实录》卷一三二。

者将《三国志》视为兵书,这种独特作用在史部文献中是极为罕见的。

《三国演义》也与《三国志》同时翻译,太宗时达海的译事中《三国演义》即为其中之一,而且满族统治者十分清楚二者间的关系,他们认识到《三国演义》绝非一般的文人作品,而有重要的资政意义,"罗贯中《三国演义》多取材于陈寿、习凿齿之书,不尽子虚乌有也。太宗崇德四年,命大学士达海译《孟子》、《通鉴》、《六韬》及是书,未竣,顺治七年《演义》告成。……国初,满洲武将不识汉文者,类多得力于此"①。魏源《圣武记》卷一三《武事余记》亦谓:"且罗贯中大半引申于陈寿,非尽凿空,故朝廷开局,译为官书,以资教育。"除了习文与习武的工具性价值外,《三国演义》所体现的思想观念也是清朝统治者着意取资的重要因素。

陈寿《三国志》及裴注记录了较为完整的三国史实,由于三国历史的特点及各种历史机缘,在此基础上衍生了丰富多彩的三国故事,在古代社会乃至现代都有着深刻而广泛的影响。三国故事不仅丰富了中国古代的文学和艺术,在思想观念上也有着重要的影响。由上述三国故事流传的粗略线索可以看出,史实方面以陈书及裴注为基本依据,但在思想观念上却发生了重要变异,这种变异折射出封建社会后期正统观念的强化及专制统治的加强。

---

① 陈康祺:《燕下乡脞录》卷一〇。

三、《三国志》的评价

　　封建正统史家对《三国志》总体上持贬斥态度，根本原因在于陈寿以曹魏为正统，对司马氏代魏颇多回护之词，"曲笔"也就成为《三国志》的最大罪状。在今天，社会历史条件发生了根本性变化，我们对《三国志》的评价当然不同，对"曲笔"这个标准本身也有重新审视的必要。

　　中国古代有着重史的传统，史学承担着纲维人世、教化天下百姓的重要政治功能，古代史学的基础是由孔子奠立的。孔子在"礼坏乐崩"的春秋时代，企图恢复"礼乐征伐自天子出"的王道政治，因而特别强调社会秩序即"名分"，"齐景公问政于孔子，孔子对曰'君君、臣臣、父父、子子。'"①孔子把等级名分看作政治的核心内容，一切都要服从于名分，以至后世称儒学为"名教"。《论语·子路》篇记载了一则孔子为维护名分而不顾客观事实的事例："叶公语孔子曰：'吾党有直躬者，其父攘羊，而子

①《论语·颜渊》。

证之。'孔子曰:'吾党之直者异于是。父为子隐,子为父隐,直
在其中矣。'""直躬者"指正直的人,孔子认为为父者偷盗别人
的羊,其子揭发,破坏了父慈子孝的名分,因而不能说是"正
直"。相反,父子相隐,维护大义,正直也就在其中了。可见,孔
子的"正直"是以名分为前提的。

孔子删订《春秋》确立了史学在中国文化中的重要地位。
他将儒家大义融于《春秋》之中,从史实的笔削褒贬中体现儒家
大义,以史实服从于"名分",如周天子本是被诸侯霸主利用而
不得已参加诸侯盟会,《春秋》用"狩"字表明是天子主动巡狩,
此即所谓"《春秋》笔法",成为后世著史的准则。"《春秋》笔法"
包括两方面的内容:其一,为维护名分,不惜隐瞒、改变事实,是
为"曲笔";其二,为维护名分,极力突出、渲染事实,是为"直书"。

晋国董狐、齐国南史氏是被孔子称颂不已的"书法不隐"史
家。董狐事迹见于《左传》宣公二年(公元前607年):

> 赵穿弑灵公于桃园,宣子(赵盾)未出山而复。太史书
> 曰"赵盾弑其君",以示于朝。宣子曰:"不然。"对曰:"子为
> 正卿,亡不越竟(境),反(返)不讨贼,非子而谁?"……孔子
> 曰:"董狐,古之良史也,书法不隐。赵宣子,古之良大夫
> 也,为法受恶。惜也,越竟(境)乃免。"

赵穿是晋大夫赵盾之弟,弑晋灵公,赵盾出逃尚未出晋国听说
此消息后返回。史官董狐认为赵盾身为兄长教弟不严,不合为

兄之义;作为大夫不讨伐弑君之臣,不合为臣之义,于是记载说"赵盾弑其君"。董狐为维护君臣、兄弟名分而改变事实,并得到孔子"书法不隐"的赞赏。

南史氏事迹见于《左传》襄公二十五年(公元前 548 年),齐国大夫崔杼杀死国君庄公:太史书曰:"崔杼弑其君。"崔子(杼)杀之。其弟嗣书,而死者二人。其弟又书,乃舍之。南史氏闻太史尽死,执简以往,闻既书矣,乃还。

这则事例中历来称赞的是南史氏,而太史兄弟二人都已为"直书"献身反不被人注意。同样,太史及南史氏前仆后继秉笔直书,是为了贬斥乱臣贼子,伸张君臣大义,目的在于维护名分。

由此看,所谓"直书"、"曲笔"并非以客观事实作为衡量标准,而是以观念的"名分"作为权衡,为维护名分,直书和曲笔都是必要的。唐史学批评家刘知几毫不掩饰地道出了这两方面的重要性,史家要直书破坏名教的乱臣贼子事迹,让千载遗其骂名,以为后世所鉴,他说:"犹须好是正直,善恶必书,使骄主贼臣所以知惧,此则如虎傅翼,善无可加,所向无敌者矣。"①又说:"史之为务,申以劝诫,树之风声。其有贼臣逆子,淫君乱主,苟直书其事,不掩其瑕,则秽迹彰于一朝,恶名被于千载。"②相反,为维护名教,必须隐讳曲折,不能照书直录,他说:"臣子

①《旧唐书·刘子玄传》。
②《史通·直书》。

所书,君父是党,虽事乖正直,而理合名教。"①又说:"史氏有事涉君亲,必言多隐讳,虽直道不足,而名教存焉。"②名教为根本,只要符合名教,"直道"是可以不必顾忌的。

基于上述,再看看《三国志》的情况。司马氏固然篡魏自立,但为陈寿之君,陈寿为司马氏之臣,《三国志》对司马氏的回护是符合名教君臣大义的,是《春秋》式"笔法"。这并非为《三国志》辩护,而是说明这样一个事实:在封建社会中,史书是为当世统治者服务的。反过来说,如果一部史书与当世统治者相对立,也绝不会通过正统渠道流传下来。司马迁《史记》被誉为"实录"的典范,清学者钱大昕指出:"《史记》微旨有三:一曰抑秦,二曰尊汉,三曰纪实。"③"纪实"在"抑秦"与"尊汉"基础之上,《史记》成书后即广为流传,也是由这个"微旨"决定的。

清代史家章学诚在刘知几史学"三长"才、学、识的基础上提倡"德",他所言的"德"主要就本体而言,即史家所具备的品德,"德者何?著书者之心术也"④。章氏继承前人"心术"之说,《管子·七法》:"实也,诚也,厚也,施也,度也,恕也,谓之心术。"尹知章注:"凡此六者,皆自心术也。"史家具备这六种心术,就具有史德。相反,史官利用秉笔之便,仇者毁之,亲者誉之,随

①《史通·惑经》。
②《史通·曲笔》。
③ 钱大昕:《潜研堂文集》卷三四《与梁耀北论〈史记〉书》。
④ 章学诚:《文史通义·史德》。

意是非褒贬,挟私售奸,就是心术不正,不具备史德,所著之史只能是"秽史",这才是真正意义上的"曲笔"。

由此标准看,陈寿是具有良好史德的史家。前已有述,陈寿由于所处的环境,出于维护名教的需要,对司马氏多所回护,但在其他方面尚能做到实事求是,公平客观。体例上,虽以曹魏为正统,又将魏、蜀、吴三国同等看待,书名即定为《三国志》;内容上,对三国历史如实记述,评价人物能越出政治集团的畛域,主要以才能和功绩作为衡量标准。从这些方面说,陈寿的心术(即史德)值得肯定。

总之,从传统史学批评的标准看,《三国志》"《春秋》笔法"式回护符合名教大义,陈寿史德也值得称道。犹如《四库全书总目提要》所说,后世统治者因宣扬正统观念的需要,反对以曹魏为正统,"曲笔"也就理所当然成了《三国志》的罪名,"曲笔"与"正统"一样,都是为当世统治服务的工具。

附　录

论董仲舒与司马迁《史记》著述之关系

　　司马迁是董仲舒的私淑弟子,《太史公自序》中自言问学于董仲舒。董于元狩二年(公元前 121 年)致仕,居茂陵,卒年史无明载,一般认为在元狩六年(公元前 117 年)。司马迁于元朔二年(公元前 127 年)随家徙居茂陵,此后(20 岁)壮游天下,两年后回到故里。从二者的行年看,司马迁的问学当在二者同居茂陵的一段时间,即元狩二年董的致仕至元狩六年董的谢世,司马迁在 25 至 29 岁之间。董为当时大儒,又是有汉一代政治学说的构建者,晚年思想更为成熟和精到,而此时的司马迁意气风发,遍阅群书,踏勘史迹,正积极酝酿著史的宏业。在注重师承的汉代,茂陵问学四年对司马迁及其著述不能不产生深刻影响。

一、"天人感应"与"天人合一":董仲舒政治学说的内涵

　　董仲舒的贡献在于将儒学政治化,构建起一套完整的政治

学说体系,他的政治学说是顺应时代的要求而产生的。

一个政权的建立,统治理论上要解决两个方面的问题,一是政权的合理性问题,另一是政权的长久性问题。启代父禹自立,传说中的"禅让"民主制被"家天下"专制取代,中国古代社会跨入文明的门槛。上古重天道,三代都以得天命自居,但"天命不永"始终困扰着统治者,"靡不有初,鲜克有终"成为《诗经》中反复咏叹的主题。自西周始,思想领域内经历着"重民轻天"的重大转变,夏以来以"天"为基础的正统理论逐渐失去存在的依据,时代要求产生新的正统学说。

战国齐人邹衍以自然比附社会历史,根据木、火、土、金、水五种自然物质的生克属性建立五德终始学说,并在此基础上产生了自黄帝轩辕氏以降的五德终始体系。此说首先为秦始皇有意识地利用,周为火德,水克火,继周而兴的秦以水德自命。水阴性,数用六,色尚黑,并将黄河更名为德水,以此获得秦统治天下的天然合理性。但五德终始是一个循环不已的动性体系,仅解决了统治的合理性问题,在统治的长久性即如何永保其德问题上悬而未决,秦无暇进行理论上的论证,只是在名号上希冀始皇、二世、三世乃至万世永远传承下去,但到二世即亡。

汉继秦兴,刘邦起自微末,建汉后迫不及待地将其政权纳入五德体系之中,在汉居何德问题上汉初几十年中一直存在分歧,或说刘邦为黑帝,得水德,因袭秦制;或说刘邦为赤帝,秦为正统中的闰位,汉承尧后,继周为火德。汉德之争毕竟只是五德终始体系中的技术性问题,对于国祚已立的汉统治者所关心的是统治命运的长短问题。汉兴几十年间,革秦弊政,推行休养生息的无为而治政策,社会经济迅速得到恢复和发展,出现封建史家艳称不已的"文景之治"盛世局面。伴随着社会阶级的繁荣出现了诸如土地兼并、豪强猖獗、奢靡浪费、弃本逐末等一系列严重社会问题,诸侯王纷纷举兵反叛,北面匈奴虎视眈眈,所有这些都对汉政权构成严重威胁,形势要求统治者亟需解决长治久安的理论问题,西汉前期一些有远见的政治家如贾谊、晁错等针对具体问题提出了深刻的见解,但没有形成完整的体系。在这种形势下,董仲舒的政治学说应运而生了。[①]

对西汉统治的严峻状况,董仲舒有着更为深切的认识,他说:"昔秦受周之弊,而亡(无)以化之;汉受亡秦之弊,又亡(无)以化之。夫继二弊之后,水其下流,兼受其猥,难治甚矣。"[②]在对策武帝时直言不讳地指出当时政治的危殆状况:"今汉继秦之后,如朽木粪墙矣,虽欲善治之,亡(无)可奈何! 法出而奸生,令下而诈起,如以汤止沸,愈甚无益也!"[③]董仲舒"三年不窥园",经过理论上的艰苦努力,终于构就成天人感应而又天人合一的政治学说体系。

在董仲舒学说中,"天"具有自然与人格的双重特征,《春秋

---

① 关于董仲舒政治学说的论述,参见拙文《论董仲舒五德终始说的影响及终结》,《史学月刊》1996 年第 2 期。
②《汉书·五行志》。
③《汉书·董仲舒传》。

繁露》中有许多"天人相副"即自然之天与自然之人外在特征相合一的细致描述,但只是中介,是为了实现人格之天与社会之人相合一理论视点上的转换,体现出由自然观照社会的传统思维模式特征。"天"具有意志,为至高无上的主宰,"天者,百神之君也"①。天指派天子即皇帝统理万民,所谓"唯天子受命于天,天下受命于天子"②,"受命之君,天意之所予也"③。皇天对天子的为政状况进行监督,以灾祥形式兆示意志,进行臧否褒贬。政治清明时,天降符瑞,万物和顺,"天下之人同心归之,若归父母,故天瑞应诚而至"④。反之,天子不德,政治无道,天降灾异以警示天子,促其改制更化,如执迷不悟,冥顽不化,皇天可授命于他人,"刑罚不中,则生邪气……此灾异所缘而起也"⑤。此即"天人感应"。

灾异作为上天的意志,是对天子的警告,"灾者,天之谴也;异者,天之感也","凡灾异之本,尽生于国家之失。国家之失乃始萌芽,而出灾异以惊骇之,惊骇之余尚不知畏恐,其殃咎乃至"⑥。上天兆示灾异,意味着政治出现衰败,目的在于让统治者改弦更张,董仲舒以琴瑟的调节作比:"窃比之琴瑟不调,甚者必解而更张之,乃可鼓也;为政而不行,甚者必改而更化之,

---

① 《春秋繁露·郊义》。
② 《春秋繁露·为人者天》。
③ 《春秋繁露·深察名号》。
④ 《汉书·董仲舒传》。
⑤ 《汉书·董仲舒传》。
⑥ 《春秋繁露·必仁且智》。

乃可理也。当更张而不更张，虽有良工不能善调也；当更化而不更化，虽有大贤不能善治也。故汉得天下以来，常欲善治而至今不可治者，失之于当更化而不更化也。"①为政者只有及时修复补救，恭谨自励，清除积弊，政治才能保持生机。

然而苍天对天子的奖惩予夺是有标准的，取决于"民"的状况，民在政治中占有重要地位，"人之超然万物之上，而最为天下贵也"②，"且天之生民，非为王也，而天立王以为民也。其德足以安乐民者，天予之；其恶足以贼害民者，天夺之……故夏无道而殷伐之，殷无道而周伐之，周无道而秦伐之，秦无道而汉伐之。有道伐无道，所从来久矣"③。有道伐无道为自古以来"天理"使然，汉无道亦必将被伐，天意以民心为本，此即"天人合一"。

董仲舒以天人感应而又天人合一的思维模式，构建成系统的政治学说，其内涵包括两个层面：其一，君权天授。"天"处于最高地位，指派天子统理万物亘古不变，此即"道"，所谓"道之大原出于天，天不变，道亦不变"④。这样，君权就有神圣性。其二，民本观念。民的状况直接反映政治状况，也决定上天的意志。灾异（天）、政治状况（为政者）与民（人）三位一体，天人感应而又天人合一，为政者居天、人之间，政治命运完全掌握在自己手中，怨天与尤人皆无济于事，"治乱兴废在于己"⑤。皇如同

①《汉书·董仲舒传》。
②《春秋繁露·土地阴阳》。
③《春秋繁露·尧舜不擅移，汤武不专杀》。
④《汉书·董仲舒传》。
⑤《汉书·董仲舒传》。

爵称，并非一人一姓所专有，政治清明便享有天下，反之则国祚不保，目的在于强化为政者的人格责任。董仲舒将人君视为整个政治的核心，正己方能正人，他说："故为人君者，正心以正朝廷，正朝廷以正百官，正百官以正万民，正万民以正四方。四方正，远近莫敢不一于正，而亡（无）有邪气奸其间者。是以阴阳调而风雨时，群生和而万物殖，五谷孰（熟）而草木茂……诸福之物，可致之祥，莫不毕至，而王道终矣。"①

董仲舒发挥儒学中的民本、内圣外王等学说，并予以政治化与具体化，使儒家由心性修养学说变而为直接指导政治运作的理论。以此为指导，他提出了改革现实的施政方案："限民名田，以赡不足，塞并兼之路。盐铁皆归于民。去奴婢，除专杀之威。薄赋敛，省徭役，以宽民力。"②同时注重礼义教化，"立太学以教于国，设庠序以化于邑，渐民以仁，摩民以谊，节民以礼"③。董仲舒顺应西周以来思想领域内"重民轻天"观念转变的历史潮流，将夏、殷正统学说的理论基点由"天"转换到"人"上，建立新的政治学说。

这样，董仲舒通过完整的理论形态，解决了汉统治者最为迫切的统治理论问题，一方面强化君权天授观念，强调汉统治的合理性；另一方面试图通过民本性原则限制、规范君权，以维护天命国祚，长治久安，使汉家统治"传至无穷，而施之无极"，

---

① 《汉书·董仲舒传》。
② 《汉书·董仲舒传》。
③ 《汉书·董仲舒传》。

"永惟万世之统"①。因此,董仲舒的政治学说理所当然为汉武帝所采纳,成为统治学说。

二、"究天人之际"与"通古今之变":司马迁《史记》对乃师政治学说的史学阐释

　　太史世家、先父遗命是司马迁著史的原动力,他对历史必然有自己的见解,也必然有自己的著史目的。在《太史公自序》中,司马迁与壶遂就《史记》的写作义例进行了讨论,这是他著史心迹的袒露,《史记》全书则是他思想的物化形式。以下就《史记》的义例与内容两方面探讨《史记》著述与董仲舒政治学说间的关系。

　　在义例上,司马迁将《史记》著述与孔子删定《春秋》作比,以阐释乃师学说自命。

　　司马谈毕生欲仿《春秋》著史,并以五百年后孔子自况,但未能如愿,抱憾而终,临卒前将未竟之业托付给司马迁。司马谈步武《春秋》著史是为了光弘祖业,扬名后世,是对"孝"的终极关怀,"扬名于后世,以显父母,此孝之大者"②。与其父不同,司马迁则步武《春秋》的阐"道"精神,孔子负"道"周游列国,不得重用,晚年删定《春秋》,以"道"融汇贯串其中,以纲维人世,

———————————

① 《汉书·董仲舒传》。
② 《史记·太史公自序》。

传诸久远。答壶遂就以董仲舒的话为依据:"余闻董生说:'周道既废,孔子为鲁司寇,诸侯害之,大夫壅之。孔子知言之不用、道之不行也,是非二百四十二年之中,以为天下仪表,贬天子,退诸侯,讨大夫,以达王事而已矣!'子曰:'我欲载之空言,不如见之于行事之深切著明也。'《春秋》上明三王之道,下辨人事之纪,明是非,定犹豫,善善恶恶,贤贤贱不肖,存亡国,继绝世,补敝起废,王道之大者也。"①

确如壶遂所诘问,《春秋》产生于乱世,孔子希图在礼崩乐坏的时代恢复"礼乐征伐自天子出"的王道政治,但"上无明君,下不得任国"②,于是晚年借《春秋》以载道。而司马迁"上遇明天子,下得守职"③,表面看来与孔子及其时代判若霄壤,其实,武帝后期面临着十分严峻的政治形势。

汉兴七十年间积累了大量财富,也产生了大量社会问题,尤其武帝兴师劳民,遂使天下纷然而动,司马迁在《平准书》中说:"自是之后,严助、朱买臣等招来东瓯事两越,江淮之间萧然烦费矣。唐蒙、司马相如开路西南夷,凿山通道千余里,以广巴蜀,巴蜀之民罢(疲)焉。彭吴贾灭朝鲜,置沧海之郡,则燕齐之间靡然发动。及王恢设谋马邑,匈奴绝和亲,侵扰北边,兵连而不解,天下苦其劳,而干戈日滋。"南面江淮、西面巴蜀、东面燕齐、北面诸郡,溥天之下都受兵赋之害。加之武帝好方术仙道,

---

① 《史记·太史公自序》。
② 《史记·太史公自序》。
③ 《史记·太史公自序》。

长期巡游天下,耗费无数,弄得财力枯竭,民生凋敝。为弥补国库空虚,武帝大开"兴利"之路,如卖武功爵、造皮币、官营盐铁、算缗、告缗、入谷补官、入粟补官赎罪等,实质是与民争利,使民的处境日益恶化。一如董仲舒所说,民处境的恶化意味着政治状况的恶化,这种观念在当世儒士中甚为突出,徐乐将天下之患分为"土崩"和"瓦解"两种类型,前者指政治崩溃,改朝换代,以秦亡为代表;后者指政治分裂,王权旁落,以春秋、战国为代表。他认为心腹之患不在瓦解而在土崩,直言不讳地指出由于民心不稳,当世面临土崩的严重局面:"闻者关东五谷不登,年岁未复,民多穷困,重之以边境之事,推数循理而观之,且民有不安其处者矣。不安故易动,易动者,土崩之势也。"[①]有道伐无道为自古以来的"天理",解除土崩的根本出路在于改弦更张。董仲舒学说为政治哲学,不免抽象,虽被武帝所采纳,但政治实践却与之发生分离。司马迁引孔子言"我欲载之空言,不如见之于行事之深切著明也",司马贞《索隐》云:"孔子言我徒欲立空言,设褒贬,则不如附见于当时所因之事。"太史公就职责所及,仿《春秋》作《史记》,从历史的兴衰通变中阐释、论证董仲舒的政治学说,在有着重史传统的文化背景下会收到更好的效果,这是司马迁仿《春秋》作《史记》的"微言"所在。

在司马迁看来,"补敝起废"是重要的王道,亦即《春秋》的灵魂。武帝政如累卵,"更化"为当务之急,与《春秋》相类,《史

---

① 《史记·平津侯主父偃列传》。

记》始终贯穿着"承敝易变"的微旨。司马迁认为自古以来政治的嬗变就是一个"承敝易变"的过程:"夏之政忠。忠之敝,小人以野,故殷人承之以敬;敬之敝,小人以鬼(事鬼),故周人承之以文;文之敝,小人以僿(轻薄),故救僿莫若以忠。周、秦之间,可谓文敝矣,秦政不改,反酷刑法,岂不谬乎?故汉兴,承敝易变,使人不倦,得天统矣。"①救周之敝在于"忠",即笃本务实,涵养根基,秦不晓此理故速亡,汉兴清静无为,与民休养生息,故得"天统"。武帝一改汉初萧规曹随式政治,内外兴作,动摇根本,结果必蹈亡秦覆辙,此中"微言"实为武帝盛世"危言",具有警醒作用。

在内容上,《史记》"究天人之际,通古今之变",对董仲舒天人政治学说进行史学阐释。

首先,司马迁认为自黄帝以降政治兴替的历史就是"有道伐无道"的历史,亦即五德终始体系下"再授命"的历史。黄帝"有土德之瑞,故号黄帝"②。夏末"桀不务德而武伤百姓,百姓弗堪","汤修德,诸侯皆归汤"③。夏亡,"汤乃改正朔,易服色,上白,在朝以昼"④。殷季纣无道,臣祖伊谏说天降弃殷,授命于他,"天既弃我殷命",纣答说:"我生不有命在天乎!"纣不思补救,其亡指日可待,祖伊由此说"纣不可谏矣"⑤。武王克殷,以

①《史记·五帝本纪》。
②《史记·五帝本纪》。
③《史记·夏本纪》。
④《史记·殷本纪》。
⑤《史记·殷本纪》。

受命天子自居，"膺更大命，革殷，受天明命"①。幽王政治无道，伯阳甫意识到"周将亡矣"，"天之所弃，不过其纪"②，断言周不出十年即亡。

秦代周而兴，嬴政以受命天子自任，居水德，"以为周得火德，秦代周德，从所不胜"③。但秦承周弊不知变更，迅即被天所弃，继之陈涉首难，项、刘起兵。依五德终始说，司马迁认为陈、项、刘都是承顺天命的人物，"太史公读秦楚之际，曰：初作难，发于陈涉；虐戾灭秦，自项氏；拨乱诛暴，平定海内，卒践帝祚，成于汉家。五年之间，号令三嬗，自生民以来，未始有受命若斯之亟也"④。三者都适逢其会，承有天命，陈、项得其时但非其人，故中途溃败，刘邦得其时又是其人，建立汉祚，履登九五。从这一个意义上我们更深切地领会《史记》将陈涉列为世家、项羽与刘邦列为本纪的含义。

司马迁认为天人关系中以人为本，政治兴衰成败的决定因素在为政者自身，强调为政者的人格责任。与乃师相同，他认为灾异的隐与现取决于人为，"太史公曰：国之将兴，必有祯祥，君子用而小人退；国之将亡，贤人隐，乱臣贵……甚矣，'安危在所令，存亡在所任'，诚哉是言也"⑤。他继承乃师的灾异观⑥，灾

①《史记·周本纪》。
②《史记·周本纪》。
③《史记·秦始皇本纪》。
④《史记·秦楚之际月表序》。
⑤《史记·楚元王世家赞》。
⑥ 关于董仲舒灾异观的论述，参见拙文《汉代灾异观略论》，《学术月刊》1997 年第 5 期。

异被幻为上天意志,实际上是民状况的反映,灾异也就成了衡量天子政治状况的标尺,这个本质特征被司马迁一语道破,他说:"然其(灾异)与政事俯仰,最近天人之符。"①灾异与政事俯仰,反映天人感应而又天人合一的本质关系。据此,他提出了为政的次序:"太上修德,其次修政,其次修救,其次修禳,正下无之。"②注重德教,勤政理民,这是上等政治。当政治出现弊乱后及时修复补救,改弦更张,仍不失为明智之举。最等而下之的是政治无道,上天降灾异警示,君主不反躬自省,修救补弊,反而祭祀禳祈,耗费钱财,本末倒置,结果可想而知了,这恰是武帝时的状况。司马迁自言作《孝武本纪》的目的在于记述武帝"尤敬鬼神之祀"的情况:"太史公曰:余从巡祭天地诸神名川而封禅焉,入寿宫侍祠神语,究观方士祠官之言,于是退而论次自古以来用事于鬼神者,具见其表里。"③司马迁突出武帝"修禳"政治,促其更化"修救",可谓苦心孤诣。

需要指出的是,司马迁认为灾异负有重要的政治功能,并非人人所能言,而是一项十分严肃、神圣的职责,家占物怪、牵强附会不足为训,他说:"幽、厉以往,尚矣。所见天怪,以和合时应,其文图籍机祥不法。"方术之士附象比类,以言灾异作为干利营生工具,沦为神秘的意志论和目的论,当然不足具言。④

①《史记·天官书》。
②《史记·天官书》。
③《史记·孝武本纪》。
④《史记·天官书》。

载之空言不如见诸行事,司马迁"究天人之际,通古今之变",对董仲舒天人政治学说进行史学实证阐释。大凡像武帝这样雄才大略之人难以听进逆耳忠言,徐乐的"土崩"之论不可谓不尖锐,却难以为这位雄主所接受。《史记》成书后即上奏朝廷,武帝御览后的情形史无明载,但历史告诉我们,武帝晚年悔征伐之事,就在他身卒的前一年即征和四年(公元前 89 年)下《轮台罪己诏》,田余庆先生认为"是中国古代帝王罪己以收民心的一次比较成功的尝试,它澄清了纷乱局面,稳定了统治秩序,导致了所谓'昭宣中兴',使西汉统治得以再延续近百年之久"①。关于下诏的原因,田先生认为与开边无着及武帝与卫太子的矛盾有关,自为确当之论。1977 年在甘肃玉门花海汉代烽燧遗址出土简牍中有戍卒所抄诏书,武帝"制诰"皇太子"善遇百姓,赋敛以理,存贤近圣,必聚士谞","胡亥(亥)自汜(圯),灭名绝纪,审察朕言,众(终)身毋欠(已?)"②,其要在告诫太子善遇百姓,听信忠言,修身持己,惩亡秦之败,武帝下此诏应与看了这位被他施以酷刑的史臣所著《史记》有关。

三、　结语

董仲舒与司马迁是汉代两位重要人物。董仲舒适应时代

---

① 田余庆:《秦汉魏晋史探微·论轮台诏》,中华书局 1993 年 11 月版。
② 田余庆:《秦汉魏晋史探微·论轮台诏》,中华书局 1993 年 11 月版。

需要,将儒学政治化与实践化,建构起天人感应而又天人合一的政治学说体系,体现出儒学以民本为特征的实践品格,为汉祚的长治久安提供理论依据。武帝的政治实践与董仲舒政治学说发生背离,"载之空言不如见诸行事深切著明",司马迁从历史兴衰通变中探究天人关系,对乃师天人政治学说进行史学的实证阐释。因之,从著述方式及主旨上,司马迁都将《史记》与《春秋》作比,由此也决定《史记》有明确的现实性和针对性。

董仲舒的政治学说着眼于维护统治的秩序,侧重点在政治伦常和社会制度,呈现出正统性;司马迁的史学重在从历史的兴衰通变中阐述成败兴亡的道理,强化民本观念,突出为政者的人格责任,从而呈现出民本性。在强调二者差异性的同时不应忽视其主体性继承的一面,这样才能更深切地认识和把握二者的思想,对于认识汉代思想史也是有意义的。

原刊于《河北学刊》1997 年第 4 期

后汉风谣、清议与士人品格

自前汉武帝采纳董仲舒"罢黜百家,独尊儒术"的建议以后,经过百余年儒风的熏染,至后汉儒家思想成为士人持身处世的主导思想。他们以经术、德行相标榜,相互砥砺,以"风谣"形式对人物、时政进行品评,形成一股生机勃勃、积极向上的士林风气。另一方面,士人们积极入世,勇担社会道义,虽身处草莽,但心系朝政,品覈公卿,裁量执政,"清议"成为在野士人参与政治的重要方式。风谣与清议具有对社会时政品评褒贬的同质性,在后汉这样的文化氛围中,二者自然地结合起来:清议往往以风谣的形式表现出来,风谣又以其简捷、易传的韵文学方式使清议在士林乃至整个社会中的影响扩大和深化,最终形成与宦官等腐朽势力相颉颃的强大舆论、政治力量。本文拟从风谣与清议角度透视后汉士人的品格。

后汉前期的风谣依据其流行的社会层次可分为民众风谣和士人风谣两种类型,其共同点是以儒学的标准品衡人,说明儒家观念已深入社会之中,也为后期士人清议风谣被社会接纳准备了条件。

民众风谣反映了底层民众对抚民爱民、品行方正的地方官吏的敬慕与怀念。南阳太守杜诗，"性节俭而政治清平，以诛暴立威，善于计略，省爱民役造作水排，铸为农器，用力少，见功多，百姓便之。又修治陂池，广拓土田，郡内比室殷足"①。当地民众把他与前汉南阳太守召信臣相比，信臣兴修水利，开通沟渠数十处，深受民众敬重，南阳流行风谣说："前有召父，后有杜母。"②为民谋福利之士，民视之如父母，受到世代传颂。延笃为京兆尹，"其政用宽仁，忧恤民黎，擢用长者"③。前任京兆尹为边凤，前汉京兆尹有赵广汉、张敞、王遵、王章、王骏，他们都有嘉言懿行，为官一任，留名一方，京兆尹民众风谣说："前有赵、张、三王，后有边、延二君。"④

士人风谣流行于士林之中，对士人进行清议品评，内容不外经术才学和德行操守两个方面，才德卓异者受到士人的推重，风谣一出，名播士林。见才思进、见贤思齐，蔚然成为士林风气。

在后汉前期，政治尚称清明，士人专注儒学。经术成为品评士人的重要标准，风谣中以议经术为最著。许慎学识极为渊博，著有《说文解字》，士人甚是推崇，称曰："《五经》无双许叔

①《后汉书·循吏列传》。
②《后汉书·循吏列传》。
③《后汉书·循吏列传》。
④《后汉书·循吏列传》。

重。"(许慎字叔重)①贾逵也以经学著称,很少有问题能难住他,身材高大,风流倜傥,士人中流行说"问事不休贾长头"②,形象而风趣。杨政(字子行)善说经书,别具一格,京师士人中说:"说经铿铿杨子行。"③后汉学者常聚集辩论经书,比试才学,并规定输者让席于胜者。戴凭(官任侍中)学识超群,舌克五十余人,因而独坐五十余席,京师流行说:"解经不穷戴侍中。"④黄香自幼家贫,但刻苦向学,大器早成,风谣赞之说:"天下无双江夏黄童。"⑤井丹(字大春)通晓经书,辩才无碍,京师士人评之曰:"《五经》纷纷(浩博意)井大春。"⑥

修身养性是儒学的根本原则,后汉士人恪守、推崇儒家的道德修养准则,清议德行操守的风谣比比可见。杨震(字伯起)明经博览,品行高洁身处官位一尘不染,两袖清风,士人把他比之于孔子,说"关西孔子杨伯起"⑦。召训(字伯春)以志义闻名于世,人们颂之曰:"德行恂恂召伯春。"⑧雷义被举茂才,他自感学识、德行不如同郡陈望,于是力荐陈望自代,但刺史不允,他就披发佯狂,坚辞不应命,刺史无奈,只得将他们二人一同举荐,州中风谣说:"胶漆自谓坚,不如雷与陈。"⑨颂雷、陈的礼、

①《后汉书·儒林列传》。
②《后汉书·儒林列传》。
③《后汉书·儒林列传》。
④《后汉书·儒林列传》。
⑤《后汉书·文苑列传》。
⑥《后汉书·逸民列传》。
⑦《后汉书·杨震列传》。
⑧《后汉书·儒林列传》。
⑨《后汉书·独行列传》。

义、诚、信。范冉(字史云)因反对宦官被终身禁锢,携家眷徙居僻壤,生计极为艰难,时遇断炊之窘境,但心静如水,桓帝征他做莱芜长,他以母丧不任官,风谣评之曰:"甑中生尘范史云,釜中生鱼范莱芜。"①称颂他安贫乐道、志如磐石的节操。

后汉士人注重才学与德行的修养,他们并非如岩穴隐逸之士孤芳自赏、洁身自好,而是以修身作为治国、平天下的基础,身在江湖,心存魏阙,目光时刻关注着政坛的风云际会,对董宣、胡广等当政人物的清议风谣就是动于中而行于外的产物。

董宣(字少平)光武时为洛阳令,执法严明,刚直不阿。光武姊阳湖公主的苍头奴白日杀人,匿身于公主府内,逍遥法外。一次,该苍头奴为公主驾车外出,董宣于路头截获捕杀。公主告到光武处,光武要治罪于他,董宣平静地说:"陛下圣德中兴,而纵奴杀良人,将何以理天下乎? 臣不须棰,请得自杀。"②随即以头叩楹,血流满面。光武令小黄门将他夹持住,让他叩头谢主,董宣不从,小黄门使劲按董宣头,董宣两手据地,誓不低头,由此获得了"强项令"的美名。他"搏击豪强,莫不震栗,京师号为'卧虎'"③,京师流行风谣颂他说:"枹鼓不鸣董少平。"④枹鼓是公堂上用于击打鸣冤的,风谣称颂董宣任内无冤狱,政治清明。"董宣事件"殊可注意者有二:其一,士人"国贵君轻"的观

---

① 《后汉书·独行列传》。
② 《后汉书·酷吏列传》。
③ 《后汉书·酷吏列传》。
④ 《后汉书·酷吏列传》。

念,无疑承孟子"民为贵,社稷次之,君为轻"思想而来。董宣不向光武叩头,并非恣意犯上,而是维护国家秩序,维护法的尊严。其二,士人积极入世的政治品格,从董宣"以头叩楹"已些许感到汉末士人的慷慨悲壮了。

对清正、耿介官吏颂扬,必然对尸位素餐、蠹政误民官吏贬黜。胡广并无突出政治才干,但精通权术,善于官场计较应酬之道,遇事不讲原则,不顾君国利益,中庸无为,但仕途平坦,历事安、顺、冲、质、桓、灵六帝,"一履司空,再作司徒,三登太尉,又为太傅"[1],士大夫风谣贬之曰:"万事不理问伯始,天下中庸有胡公。"(胡广字伯始)[2]

文献中的历史与现实中的历史毕竟不是一回事,后者要比前者丰富得多,流行于后汉的风谣比我们现在能见到的也要丰富得多。不过,从上述清议风谣可以看出后汉士人的基本品格。一方面,他们恪守孔、孟儒家的持身处世之道,崇尚经术,修身律己,相互激励,蔚然成风。另一方面,他们积极入世,身处草野,心系朝廷,裁量人物,品评执政,以整饬纲纪、澄清天下为己任。如著名"党人"陈蕃说"大丈夫处世,当扫除天下"[3],"蕃登车挽辔,慨然有澄清天下之志"[4],杜密"为人沉质,少有厉俗志"[5]等。从后汉中叶开始,外戚、宦官操纵朝纲,左右政局,

---

①《后汉书·胡广传》。
②《后汉书·胡广传》。
③《后汉书·党锢列传》。
④《后汉书·党锢列传》。
⑤《后汉书·党锢列传》。

胡作非为,士人的这种品格决定了奋而抗争、杀身成仁、舍生取义的人生价值取向,也决定了他们壮伟方正而又惨酷悲壮的人生归宿。

风谣对黑暗政治的清议自外戚、宦官干政时起就开始了。外戚、宦官擅权,控制选举,以致群小弄政,贤士报国无门,风谣揭露说:"举秀才,不知书;察孝廉,父别居。寒素清白浊如泥,高第良将怯如鸡。"①可以想象,类似这样简捷、形象、易晓批评时政的方式,对当世社会产生了多么深刻的影响。

顺帝时,外戚梁冀一手遮天,操纵权柄,在立嗣问题上受到朝中正直之士李固、杜乔的掣肘,多次发生冲突。为剪除异己,梁冀捏造罪名将李固下狱害死,并残暴地曝尸路边,引起士人们的极大愤慨,士人中流行风谣说:"直如弦,死道边;曲如钩,反封侯。"②直如弦,指李固;曲如钩,指梁冀。是非曲直、爱恨褒贬一目了然,妇孺可晓,很容易为社会接纳。

桓帝即位后,利用单超、徐璜、具瑗、左悺、唐横五位宦官诛灭了不可一世的梁冀,五人同日被封为侯,世称"五侯",各赐钱一千三百万。单超不久死去,四侯把持朝政,翻手为云,覆手为雨,势焰滔天,风谣描述说:"左回天,具独坐,徐卧虎,唐两坠。"③"左回天"指左悺力能回天,喻其权势之大;"具独坐"指具瑗骄横世罕其匹;"徐卧虎"形容徐璜像卧虎一样贪残狠毒;"唐

---

① 葛洪:《抱朴子外篇·审举》。
② 应劭:《风俗通义》。
③《后汉书·宦者列传》。

两坠"指唐衡随心所欲,为所欲为。对四侯形象的刻画极为生动,后汉学者应劭在《风俗通义》中记载为"左旋天,徐转日,具独坐,唐应声",与上述范晔《后汉书》的记载略有不同,说明二者各有所本,是当时流行于不同区域造成的,由此可见风谣在当世流行之广。

"风雨如晦,鸡鸣不已",明清之际著名学者顾炎武用《诗经》中的两句诗描述后汉士人状况是再贴切不过的了。[①] 汉末是风雨如晦的时代,外戚、宦官两股势力交替掌权,频繁地废立皇帝,以致后汉诸帝大都不及中年就夭折。他们败坏朝纲,逞其私欲,草菅人命,误国害民,这就使以天下为己任的士人忍无可忍了,范晔在《后汉书·党锢列传》序中描述这种情形说:

> 逮桓、灵之间,主荒政谬,国命委于阉寺,士子羞与为伍,故匹夫抗愤,处士横议,遂乃激荡名声,互相题拂,品核公卿,裁量执政,婞直之风,于斯行矣。

随着政治腐朽程度的加剧,士人对政治关切的程度愈益强烈,风谣式清议直接充当了与外戚、宦官斗争的工具,所谓"名行善恶,托以谣言"[②],"谣言"即风谣。在信息传播手段落后的时代里,风谣无疑是大众信息传播行之有效的方式,它一经产

---

① 顾炎武:《日知录》卷一七"两汉风俗"条。
② 袁宏:《后汉纪》卷二二。

生迅即流布天下,左右着整个社会的舆论方向。"风谣"在舆论的壮大及"党人"的形成过程中发挥了重要作用。

桓帝将其师傅甘陵(今山东临清)人周福(字仲进)擢为尚书,此人并无政治才能,而同郡素负盛名的房植(字伯武)无缘仕进,于是郡中士人流行风谣说:"天下规矩房伯武,因师获印周仲进。"①有些论者认为这则风谣系房、周两家门客相互攻讦之语,显然失之偏颇,就事件及风谣内容看,其中是非曲直皎然,无疑是士人对桓帝用人不公的讥讽品评。范晔说"党人之议,自此始矣"②,说明至此士人作为对抗宦官的一股政治力量(所谓"党人")已经形成,"清议"被史家称为"党议"。陈蕃、范滂、李膺等一批士林精英在党人中享有崇高的威信,"是时太学生三万余人,皆推先陈蕃、李膺,被服其行。由是学生同声,竞为高论,上议执政,下议卿士。"③士人乃至整个社会的政治意识空前高涨。

汝南太守宗资任用范滂,南阳太守成瑨委任岑晊,范、岑皆为党人领袖,士人对宗、陈两位太守的知人善任交口称赞,风谣说:"汝南太守范孟博(范滂),南阳宗资主画诺;南阳太守岑公孝(岑晊),弘农成(成瑨)但坐啸。"④太学中流行说:"天下楷模李元礼(李膺),不畏强暴陈仲举(陈蕃),天下俊秀王叔茂

①《后汉书·党锢列传》。
②《后汉书·党锢列传》。
③ 袁宏:《后汉纪》卷二二。
④《后汉书·党锢列传》。

（畅）。"①

正因为士人"鸡鸣不已"的品格，政治处于士人的监视之中，社会中形成以士人为中坚的对抗宦官、外戚腐朽势力的强大社会政治力量，接踵而来的便是宦官、外戚对士人的两次迫害和镇压。陈蕃被害之后，宦官还不肯罢休，要斩草除根，搜求陈蕃之子。时为铚（今安徽宿县西南）令的朱震（字伯厚）舍官为其收尸，并匿藏其子，宦官得知后将朱震收捕下狱，严刑迫令他交人，朱震誓死不吐一言，风谣赞他说："车如鸡栖马如狗，嫉恶如风朱伯厚。"②意谓官僚如鸡窝和狗一样多，颂扬朱震嫉恶如仇、毁身仗义的节操。

两次党锢之祸特别是第二次党禁，死者百余人，受牵连而死、徙、废、禁者达六七百人，作为社会中坚的士人被摧残殆尽，风谣式清议当然不复存在，后汉王朝也逐步走向衰亡了。

风谣式清议是后汉士人勇担社会道义、主天下之沉浮的体现，士人们指点江山社稷，以天下自任，慷慨赴难，其壮伟方正的人生足为后世楷模。自顺帝至汉亡百余年间政治混乱，但大一统王朝危而不亡、倾而未颠，士人的砥柱中流无疑是非常重要的因素之一，诚如范晔所说：

　　　汉世乱而未亡，百余年间，数公之力也。③

---

① 《后汉书·党锢列传》。
② 《后汉书·党锢列传》。
③ 《后汉书·党锢列传》。

> 在朝者以正义婴戮，谢事者以党锢致灾，往车虽折，而
> 来轸方遒，所以倾而未颠而决而未溃，岂非仁人君子心力
> 之为乎！①

"往车虽折，而来轸方遒"，正是后汉士人前赴后继、成仁取义的可贵品格。

但是另一方面，后汉末的历史教训也是极其深刻的，士人们赤心报国，得到的回报却是残酷的迫害、镇压，两次党禁对士人造成精神分裂式的影响，忠而见疑、忠而被弃是对士人心理的极大伤害，从此他们开始疏离政治，走入自我，走向玄学，风谣式"清议"转入玄妙高远的"清谈"，内容由标榜名节、品评时政转入形而上的玄学命题，这对中古社会不能不产生影响，晋学者傅玄说：

> 使天下无复清议，而亡秦之病复发于今。②

顾炎武更痛切地感到：

> 天下风俗最坏之地，清议尚存，犹足以维持一二，至于
> 清议亡而干戈至矣。③

---

① 《后汉书·左周黄列传》。
② 《晋书·傅玄传》。
③ 顾炎武：《日知录》卷一七"两汉风俗"条。

魏晋南北朝几百年政治分崩离析的状态固然有诸多原因，士人以自我为中心，无关时务，政失准的，士无特操，随遇而安，纵欲享乐，语虚谈玄，一句话，士人品格的变化无疑是其中重要原因之一。当我们今天高谈魏晋人的主体性发现的时候，不能不想到历史为潇洒的"魏晋风度"而付出的沉重代价。宋代理学兴起，以复兴孔、孟儒学为要务，故又称"新儒学"，于是才有宋抗金派的"壮怀激烈"，才有文天祥《正气歌》，才有明末东林党人的"事事关心"，才有顾炎武的"天下兴亡，匹夫有责"，才有近代志士仁人的"横刀向天笑"。世之论理学者多矣，其救玄学之失、复兴孔孟儒学、纲维人伦、收拾人心，一句话，重塑士人品格之功不可不察也。

原刊于(台北)《孔孟月刊》第三十四卷第十一期(1997 年 11 月号)

以史证经:章学诚"六经皆史"意义新诠

经、史、子、集是古代文献的四部分类方法,同时也表明了古代学术的次序和格局,表明了古代社会中学术功能和地位的高下等次。因此,关于清代乾隆时著名学者章学诚的"六经皆史"说,就产生了这样一种颇有影响的说法,认为章氏以史贬经,贬抑经学至高无上的地位,章氏也被认为是传统精神的叛逆者。但揆诸章氏学术的实际,上述说法似是而非,章学诚不仅没有贬经,恰恰相反,借史"即器存道"的性质以证经,强调经的道器合一性,反对明末游谈无根的禅学和清乾、嘉泥古不化考据学对经学的歪曲和割裂,维护经学经世致用的实践精神。章学诚毕生不屈不挠,为"原经"付出了巨大的努力,体现了以天下学术自任的自觉牺牲品格。

一、 禅学和考据学：明后期和清前期经学的两个误区

首先有必要对儒学历史做一简要的回溯。汉武帝采纳董

仲舒"罢黜百家，独尊儒术"的建议以后，儒学统治两汉精神世界数百年。魏晋以降，玄学盛行，政失准的，士无特操，儒学修人经世的品格萎缩。宋代儒学融汇佛道，以新的理论形态——理学复兴，故称"新儒学"。要旨在于恢复儒学修人治世的精神，如理学家张载所言："为天地立心，为生民立命，为往世继绝学，为万世开太平。"[①]治学方法上，以经典文本为依据阐释义理，注重言之有据，反对凭空臆说。

至明代中叶情形发生了变化，王阳明心学产生，主张"六经注我"，束书不观、枵腹玄谈渐成风气，理学沦为虚空的禅学。明清之际学者顾炎武极其精练地概括了这种学术嬗变的本质："然愚独以为理学之名自宋人始有之。古之所谓理学，经学也，非数十年不能通也……今之所谓理学，禅学也。"[②]

经过明清之际天地大裂变的学者在抗清失败以后，进行深刻的学术省思，痛感明末学术空疏是导致"亡天下"的根源，而由理学向禅学的转捩点就在于虚空。因此，顾炎武、黄宗羲等大儒高举实学的旗幡，力矫空疏的积弊，坚持人格的自立和学术的务实经世，以恢复"圣人之道"。顾氏说：

> 愚所谓圣人之道如之何？曰博学于文，曰行己有耻。自一身至于天下国家，皆学之事也；自子臣弟友以至出入

---

① 张载：《张子语录·中》。
② 顾炎武：《亭林文集·与施愚山书》。

> 往来辞受取予之间，皆有耻之事也……士而不先言耻，则
> 为无本之人；非好古而多闻，则为空虚之学。以无本之人
> 而讲虚空之学，吾见其日从事于圣人而去之弥远也。①

在顾、黄等的大力提倡和践履之下，以实学为基础，以经世为目的，清初形成一股实事求是的经世学风，但好景不长。清王朝在军事、政治上的统治稳固以后，着力加强文化上的钳制，一方面大兴文字狱，大规模地残酷镇压、株连士人；另一方面开博学宏词科，开馆大规模地修书，通过镇压和笼络的两面手段消弭士人的思想。在清统治者的强力干预下，清初的学术遭到扭曲而畸形发展：经世的层面逐渐萎缩乃至消失，务实的层面片面强化，形成为汲汲于文字训诂的考据学。一时间，上至达官贵人，下至一般士子，都以佞古为时尚，出现"家家服（虔）郑（玄），人人许（慎）马（融）"的局面，龚自珍的"避席畏闻文字狱，著书只为稻粱谋"两句诗揭示了这种状况。

章学诚就生活在这个时代里，他的一生基本上与乾隆朝相始终。考据家们沉溺于文字的训诂、典故的考释之中，而对经的大旨漠然置之。对这种本末倒置的学风，章学诚有着深刻的认识，他尖锐地指出：

> 近日学者风气，征实太多，发挥太少，如有桑蚕食叶而

---

① 顾炎武：《亭林文集》卷三《与友人论学书》。

不能抽丝。①

　　诸子百家之患,起于思而不学;世儒之患,起于学而不思。②

　　学者昧于知时,动矜博古,譬如考西陵之蚕叶,讲神农之树艺,而谓可御饥寒而不须衣食也。③

　　从上述明中叶至乾隆朝学术变迁大势的约略鸟瞰中可以看出,经学陷入两大误区,亦即两个极端:要么束书不观、游谈无根,流入禅学;要么数典忘祖、泥古不化,成为考据学。其共同之点拘执于义理训诂的一个方面,将两个方面割裂开来,经学修人治世的精神也被阉割了。在这种情形下,"原经"也就成为有识之士义不容辞的责任。

二、　六经皆史:章学诚对经学两个误区的矫正及对经主旨的维护

　　中国古代史学是由儒学创始人孔子奠立的,他通过鲁国编年史《春秋》的删定,同时确立了史的重要功能——即器存道。章学诚以史的这个特性观照经,力主六经皆史说,旨在强调六经的"器""道"合一性,由此自然得出结论:拘泥于"器"(考据

---

① 章学诚:《章氏遗书》卷九《与汪龙庄书》。
② 章学诚:《文史通义·原道下》。
③ 章学诚:《文史通义·史释》。

学)或道(禅学)任何一端都是对经学的割裂和歪曲,以此矫正两个误区,维护经的主旨。

在学术渊源上,章学诚上承顾炎武、黄宗羲的经世实学传统,坚持独立思考,顽强地逆时俗而动,他说:"而世之言学者,不知持风气,而惟知徇风气,且谓非是不足邀誉焉,则亦弗思而已矣。"①与考据学风背道而驰,他倾毕生之力,著成了与汗牛充栋的考据之作迥然不同的《文史通义》,体现出卓越的学术见解及传统士人强烈的历史使命感和学术责任感。其中明晰地透视出章学诚"三段论"逻辑思维轨迹:

大前提:史即器存道;

小前提:六经皆史;

结论:经道器合一。

下面循着章氏的思路略予论述。

（一）史的特质:即器存道

首先,章学诚发挥了传统学术中"道不离器"的思想精华。他说:"《易》曰:'形而上者谓之道,形而下者谓之器。'道不离器,犹影不离形……夫天下岂有离器言道、离形存器者哉?"②章氏以此为基础,论述社会历史之"器"与儒学之"道"间的密切关系,他说:

---

① 章学诚:《文史通义·原道下》。
② 章学诚:《文史通义·原道中》。

> 天地之前,则吾不得而知也。天地生人,斯有道矣,而未形也;三人居室,而道形矣,犹未著也;人有十五而至百千,一室所不能容,部别班分,而道著矣。仁义忠孝之名,刑政礼乐之制,皆其不得已而后起者也。[①]

没有人也就无所谓道。在人类社会的早期,人类间交往不多,道虽产生但其重要性未显现出来。人类社会发展到一定阶段,人类间的各种交往日趋频繁密切,于是产生相应的契约规范,规定"名分"即社会秩序。道不离器,章学诚把儒学之"道"看作社会历史之"器"的统一体,突出了儒学的实践性。

其次,章学诚论述了史"即器存道"的性质。《春秋》本为鲁国编年史,与晋《乘》、楚国《梼杌》及百国《春秋》相同。孔子负济世匡时之道,周游列国,终生不得重用,晚年回到鲁国,痛感载之空言不如见之行事,于是删定《春秋》,通过笔削褒贬,寓大义于其中。《春秋》由编年史而成为儒家经典,是通过"即器存道"的途径实现的,古代史学自产生之时起就被赋予了"即器存道"的特殊文化功能。事实说明,"即器存道"取得了至为明显的效果,不仅使《春秋》发生质的升华,更重要的是孔子之"道"通过《春秋》之"器"传承下来,并渗透人心,成为后世的纲维准的。孔子本人也由生前负策"不遇"的窘况而成为统治两千余年古代中国人精神世界的"素王"。古代史学之所以特别发达,

---

① 章学诚:《文史通义·原道上》。

是与这种特殊的文化功能密不可分的。

当然,章学诚所言"史学"是有特殊含义的,他对实学的概念作了严格的界定,所指史学是具有别识心裁、即器存道、经世致用的学术,而非史纂、史考之类。他说:"整齐排比,谓之'史纂';参互搜讨,谓之'史考',皆非史学。"①史纂和史考只是史学的基础和条件,章氏称为"功力",他举例说:"指功力以为学,是犹指秫黍以为酒也。"②

再其次,章学诚认为清代浙东学派之所以别树一帜,与考据学相颉颃,就在于专注于史,藉器以存道。浙东学派由黄宗羲开创,据实言义理,主张经世致用,章学诚是浙东学派后期重要人物,他总结该学派的根本特征就在于重史学。他说:

> 天人性命之学,不可以空言讲也。故司马迁本董氏天人性命之说,而为经世之书。儒者欲遵德性,而空言义理以为功,此宋学之见讥于大雅也。夫子曰:"我与托之空言,不如见诸行事之深切著明也。"此《春秋》之所以经世也……故善言天人性命,未有不切于人事者……近儒谈经,似于人事之外,别有所谓义理矣。浙东之学,言性命者必究于史,此其所以卓也。③

---

① 章学诚:《文史通义·书教下》。
② 章学诚:《文史通义·博约中》。
③ 章学诚:《文史通义·浙东学术》。

他认为史学之所以为经世之学,就在于即器存道,切合于人伦世务,并非虚空之言,"史学所以经世,固非空言著述也。且如六经,同出于孔子,先儒以为其功莫大于《春秋》,正以切合当时人事耳。后之言著述者,舍今而求古,舍人事而言性天,则吾不得而知之矣。学者不知斯义,不足言史学也。"①

(二) 六经皆史

"六经皆史"说并非章学诚始倡导,明代有数位学者主此说。王阳明说:"(六经)以事言谓之史,以道言谓之经,事即道,道即事,《春秋》亦经,五经亦史。《易》是包牺氏之史,《书》是尧舜以下史,《礼》《乐》是三代史,其事同,其道同,安有所谓异。"②王世贞说:"天地间无非史而已。六经,史之言理者也。"③李贽说:"《春秋》一经,春秋一时之史也;《诗经》《书经》,二帝三王以来之史也;而《易经》则又示人以经世之所自出,史之所从来,为道屡迁,变易匪常,不可以以定执也。故六经皆史也。"④不同学者谈"六经皆史",意义当然也不相同,章学诚在《文史通义》中对"六经皆史"这一命题作了最为系统、详尽的阐释,目的在于强调六经"未尝离事而言理",即强调经的器、道合一性,《文史通义》开宗明义便说:

---

① 章学诚:《文史通义·浙东学术》。
② 王阳明:《阳明全书》卷一《传习录》。
③ 王世贞:《弇州四部稿·艺苑卮言》。
④ 李贽:《焚书·经史相为表里》。

　　　　六经皆史也。古人不著书,古人未尝离事而言理,六
　　　　经皆先王之政典也。①

又说:

　　　　事有实据,而理无定形。故夫子之述六经,皆取先王
　　　　之政典,未尝离事而言理。②

　　六经之中,《诗经》是周代庙堂及民间诗歌的汇编,足可用
以证史;《尚书》是先王诏告盟誓之辞汇编,直接反映上古政治
状况;《春秋》本为鲁国编年史更无须说;礼、乐在古代社会负有
重要的政治功能,由专门职司所掌握,《礼》《乐》记载先王典章
制度,为后世史书中重要类别政书的滥觞。《易》为卜筮之书,
一般认为最与史无缘,《文史通义》开篇以《易教》上、中、下三篇
论述《易》的史书性质。他认为先王以《易》作为神道设教的工
具,在政治生活中有着不可忽视的地位与作用,是礼乐刑罚的
必要补充,"盖圣人首出御世,作新视听,神道设教,以弥纶乎礼
乐刑政之所不及者,一本天理之自然,非如后世之诡异妖祥、谶
纬术数,以愚天下也。"③

　　从历史的实际考察,章氏对《易》的认识是符合历史主义

① 章学诚:《文史通义·易教上》。
② 章学诚:《文史通义·经解中》。
③ 章学诚:《文史通义·易教上》。

的。在文明的早期,生产力水平低下,人类对自然和社会认识和支配的能力都很低,巫作为天、人间的媒介和使者,占有重要的政治地位,而卜筮则是沟通天人的手段和途径。因此,《易》具有辅助礼乐刑政的作用,与后世神学目的论的妖祥谶纬有着质的区别。六经皆史,章学诚道出其学术要旨:"若夫六经,皆先王得位行道、经纬世宙之迹,而非托于空言。"①

(三)经的特质——道、器合一

经为史书,其特性是道、器合一,两者密不可分。禅学和考据学拘执于其中一个方面,导致经学泯灭,这是章学诚所着力反对的。一方面,六经不是无根无柢的义理之作,空疏玄虚的禅学与经学格格不入,章氏说:"夫天下岂有离器言道、离形存影者哉?彼舍天下事物、人伦日用,而守六籍以言道,则固不可与言夫道矣。"②另一方面,经学为载道之书,考据学汲汲于文字训诂、名物典故,本末倒置,自然亦非经学,他说:"训诂名物,将以求古圣之迹也,而侈记诵者,如货殖之市矣;撰述文辞,欲以阐古圣之心也,而溺光彩者,如玩好之弄矣。"③章氏以恢复道器合一、经世致用的经学为使命,毕生为此付出了巨大的代价和努力。

---

① 章学诚:《文史通义·易教上》。
② 章学诚:《文史通义·原道中》。
③ 章学诚:《文史通义·原道下》。

三、 章学诚为"原经"而付出的巨大努力

"原经",即恢复经学的原本精神,是章学诚的学术抱负,也是他毕生追求的学术目标,他为此付出了巨大的代价,体现出学术殉道者可贵精神。在考据学如日中天的时代,他逆时俗而动,饱尝人世的艰辛,于"车尘马足"之中著成《文史通义》。从下面章氏人生轨迹的简略描述中可以看出他为"原经"而做出的牺牲。

章学诚坚持独立的学术品格,不趋时媚俗,早年曾数次赴经师应试,结果自然都未中。乾隆三十三年(公元 1768 年)31岁的章学诚第四次应试,仅中副榜,考场邻座考官朱筠元(字春浦)都为他抱不平。他曾在乾隆四十三年和五十三年两次放弃出仕的机会,因担心官场俗务侵蚀他的心灵空间,影响《文史通义》的写作,他选择了一条荆棘满途的学术之路,以纠正时弊、厘正学风为己任。他说:

> 世俗风尚必有所偏,达人显贵之所主持,聪明才隽之所奔赴,其中流弊必不在小。载笔之士不思救挽,无为贵著述矣。苟欲有所救挽,则必逆于时趋。时趋可畏,甚于刑曹之法令也。①

---

① 章学诚:《章氏遗书》卷二九《上辛楣宫詹书》。

　　乾隆三十一年(公元 1766 年)冬,其父去世,全家生活的重担就落到刚到而立之年的章学诚肩上,他自称"迂执",不肯入仕,靠书院讲学及为封疆大吏修书维持生计,因此毕生居无定所,事无常职,全家老少跟随他东奔西投,颠沛流离,生活极其窘迫。尤其乾隆四十六年赴河南谋业途中遇盗,文稿、衣物被洗劫一空,倾注他心血的另一部著作《校雠通义》亦未幸免。是书原四卷,其中三卷赖友人抄录流传下来。遇盗对章氏全家无异雪上加霜,辗转至河北肥乡,无依无靠,无奈之中致书请求座师梁国治接济,其书至今读来仍感痛切:

> 驰驱半载,终无所遇,一家十五六口,浮寓都门,嗷嗷待哺,秋尽无衣,数年遭困以来,未有若此之甚者。目今留滞肥乡,至于都门内外一切糊口生涯,无论力不能谋,且地处僻远,消息亦无从刺访。当此水火急迫之际,不得仰望长者知己一为拯援,先生当不以为躁也。[①]

生活如此艰辛,章氏并不后悔,他感到最为疼惜的是岁月蹉跎,难以从事《文史通义》的著述,难以实现厘正学风以"原经"的使命,他说:"若不逼于困苦饥寒,呼吁哀号,失其故态……尚思用其专长,殚经穷史,宽以岁月,庶几勒成一家,其于古今学术,未必稍无裨补。若使尘封笔砚,仆仆风霜,求一饱之无时,混四民

---

① 章学诚:《章氏遗书》卷二九《上梁相公书》。

而有愧,则不过数十寒暑,便无此身,以所得之甚难而汩没之甚易,当以长者所恻然悯惜者也。"①

章学诚不仅有着强烈的学术使命感和人生紧迫感,而且谆谆告诫比他优越的友人弟子珍惜时日,不要趋时附势,虚度宝贵人生。邵晋涵是他的挚友,也富才学,但在为人及为学上走了一条与他迥异的趋时之路,他致书推心置腹地说:

> 岁月不居,节序易逝,足下京师困于应酬,仆亦江湖疲于奔走,然仆能撰著于车尘马足之间,足下岂可伏箧于经折传单之际!此言并示余村(章氏弟子史余村),策以及时勉学,无使白首无成,负其灵秀之钟,而与世俗之人归趣不相远也。②

随后数年,年过天命的章学诚仍然四处颠簸,"辗转与当涂、怀宁之间,一钵萧然,沿街乞食"③。然而也就在这几年中,章氏完成了《文史通义》的大部分写作,"原经"成为艰难人生中强大的精神支柱。

暮年的章学诚穷困潦倒,仍孜孜不倦地进行《文史通义》的著述。嘉庆五年(公元 1800 年),由于长期穷愁蹙迫和勤勉于学,六十三岁的章学诚双目失明,仍坚持口授著述,论述浙东学

---

① 章学诚:《章氏遗书》卷二九《上梁相公书》。
② 章学诚:《文史通义·与邵二云》。
③ 章学诚:《章氏遗书》补遗《上毕制府书》。

派的重要篇章《浙东学术》即成于是年。次年，章学诚带着未能最后成书的遗憾离开人世。

关于《文史通义》的主旨和目的，章学诚做过自白，认为"不仅作文史计"，他说：

> 鄙著《文史通义》之书，诸知己者，许其可与论文，不知中多有为之言，不仅为文史计者……尝谓百年而后，有能许《通义》文辞，与老杜歌诗同其沉郁，是仆身后之桓谭也。①

"老杜"即杜甫，其理想是"致君尧舜上，再使风俗淳"②。章学诚以杜甫自况，历尽艰辛，于车尘马足之中坚持《文史通义》的撰著，力主"六经皆史"说，维护经的道、器合一性质，反对禅学和考据学，以针砭时弊、厘正学风自命，为"原经"付出了毕生的努力，反映了传统士人成仁取义的殉道品格。

原刊于（台北）《孔孟月刊》第三十五卷第九期(1998 年 10 月号)

---

① 章学诚：《章氏遗书》补遗《上朱少白书》。
② 杜甫：《奉赠韦左丞丈二十二韵》。

后　记

　　"前四史"指的是"二十四史"中的前四部史书,即《史记》《汉书》《后汉书》《三国志》。这是"二十四史"中最好的四部史书。说"最好"当然是就史书的内容和价值而言的,本书对前四史的解读就是对其内容、价值内涵的分析与阐述。

　　中国古代史学文献浩如烟海,以前四史为范本的纪传体的正史成为最重要的史书类别,后人加上《清史稿》成为"二十五史",形成中华五千年文明的完整记录,这是司马迁、班固、范晔、陈寿对中华文明的独特贡献。前四史具有如此重要的地位固然有诸多原因,基本原因有二:一是纪传体以人为中心,聚焦历史活动的主体;二是这四部史书都是独著,史家有着艰辛乃至惨酷的人生经历,作品浸润着史家的观念和思想。之后的正史都是官修的,体现的是当世统治者的观念,形式上类似而已。

　　1995 年秋,我在高校任教六年之后投奔南京大学魏良弢老师门下攻读博士学位,入校不久魏老师承担"中国典籍精华丛书·史著英华"卷主编工作,把前四史的写作任务交付给我,写作是在魏老师细心指导、鼓励下完成的,凝聚着他的心血,同时参考了前贤的成果。数万字的手写稿交给他,一夜之间修改完毕,次日早一准返还,满纸留下他极其工整的修改笔迹,错别字都一一改正,无不精准确当。此书后由中国青年出版社出版,今抽取旧稿独立成书,除改动少数错谬外一仍其旧。对古代先贤的伟大遗产只有膜拜与仰视,深入其中堂奥只是梦想与愿望,这里不揣鄙陋与各位分享的是个人阅读的体验和心得。书后收录三篇主题关联的论文,都是公开发表过的,基本保持原貌。

光阴荏苒,岁月不居。南大的三年过去了近三十年,三十年中魏老师的言传身教片刻未忘。永远铭记于心的是魏老师对我的关心与指导,那时他住校外,乘公交车来校颇费周折,无论寒暑,时常一早就来到南园的宿舍,竟日长谈,直至星光满天时方才离去。所谈内容不限专业,海阔天空,横无际涯,现在想来这种重在提升素养的教法恰体现魏老师的高明之处,让我受益终身。如今先生年近九秩,衷心祝愿他健康长寿!

2022 年 5 月 20 日　南京大学 120 周年校庆日